民法典视野下

运动员形象权法律保护研究

宋雅馨 / 著

Study on the Legal Protection of Athletes' Image Right from the Perspective of Civil Code

法律出版社
LAW PRESS · CHINA
北京

图书在版编目（CIP）数据

民法典视野下运动员形象权法律保护研究 / 宋雅馨著. -- 北京 : 法律出版社, 2024. -- ISBN 978 - 7 - 5197 - 9302 - 9

Ⅰ. D923.14

中国国家版本馆 CIP 数据核字第 2024Q0S379 号

民法典视野下运动员形象权法律保护研究
MINFADIAN SHIYE XIA YUNDONGYUAN XINGXIANGQUAN FALÜ BAOHU YANJIU

宋雅馨 著

策划编辑 张 颖
责任编辑 张 颖
装帧设计 鲍龙卉

出版发行 法律出版社
编辑统筹 法律应用出版分社
责任校对 晁明慧
责任印制 刘晓伟
经　　销 新华书店

开本 A5
印张 9.375　**字数** 225 千
版本 2024 年 8 月第 1 版
印次 2024 年 8 月第 1 次印刷
印刷 北京新生代彩印制版有限公司

地址:北京市丰台区莲花池西里 7 号(100073)
网址:www.lawpress.com.cn
投稿邮箱:info@lawpress.com.cn
举报盗版邮箱:jbwq@lawpress.com.cn
销售电话:010 - 83938349
客服电话:010 - 83938350
咨询电话:010 - 63939796

书号:ISBN 978 - 7 - 5197 - 9302 - 9　**定价**:52.00 元

凡购买本社图书,如有印装错误,我社负责退换。电话:010 - 83938349

目录
CONTENTS

绪　论

第一节　研究背景

如果说土地是农业社会最重要的资源、有形资本是工业社会最重要的资源的话，那么21世纪以知识形态存在的无形财产就是当今社会最重要的资源。运动员形象资源开发利用最早可追溯至20世纪70年代，英国当时的足球明星凯文·基冈（Kevin Keegan）是第一个实质上实现了本人形象商业化的体育运动员。当时他从英国转会到德国，签订了一份被称为“face contract”的合同，其实质就是当今所说的“运动员形象开发合同”，体现了他在赛场之外的商业影响力。20世纪90年代早期，英格兰足球超级联赛（以下简称英超）与BSkyB公司之间第一份转播合同的签订成为运动员形象商业开发利用的“里程碑”，标志着整个英格兰职业足球领域成为一个新型产品，从此开启了其商业化的高速进程。比赛转播与冠名、赞助等商业活动关联着巨大的经济利益，导致俱乐部与运动员，运动员与球迷，球迷与俱乐部这三者之间的关系被重新定义。公布于2004年9月的一份报告指出西班牙的皇家马德里足球队是当时世界上拥有最多球迷的球队,那个时期球迷数量就达到5亿人之多。这种成功不再仅仅源于比赛本身的激烈性与吸引力,还与众多重量级国际球星的品牌效应密不可分。2003年,在某运动员诉某游戏公司一案中,原告球员诉称被告游戏公司在开发与经营某款足球电脑游戏中未经原告本人同意使用了他的姓名与肖像,属于侵权行为。被告游戏公司的抗辩理由是虽未获得原告授权,但其已经与该球员所登记注册的国家足协以及国际足联(FIFA)签订了有关游戏开发的协议,这些授权协议中都明确规定了被告可以在电子游戏中使用该国足联成员俱乐部球员的肖像来制作虚拟游戏形象。最终,二审法院支持了原告的诉求,批准了禁止游戏在该国境内销售的禁令申请,支持了原告提出的经济赔偿请求。此案的判决说明了运动员的形象是一种无形财产,应当受到法律的保护。

"形象经济"是注意力经济时代的产物,在信息已经成为相对过剩资源的注意力时代,如何让人们注意这些信息成为更值得研究的问题。形象是吸引注意力的本质所在,有了形象才会招来注意力,才会产生注意力效应。运动员的形象由于能够吸引公众的注意力而成为一种蕴藏着巨大经济价值的稀缺资源,遭遇到域内域外不同程度的侵犯。近年来,体育行业全球化纵深发展,不同国家之间的体育经济文化交流日益频繁,体育运动的产业化改变了推动其发展的传统驱动力,将其驱动机制转移到了利益,尤其是经济利益的激励上来。

体育无形资产在体育产业的发展中占据着越来越重要的地位,运动员、教练员以及体育经纪人的形象不仅可以创造出巨大的经济利益,还具有广泛的影响力。运动员形象的商业开发利用一方面为体育运动和赛事注入了空前的生机与活力,另一方面也引发了体育组织、俱乐部与运动员之间的一系列矛盾。运动员形象权益保护制度在区域范围内（如欧盟）以及国际范围内，目前尚未形成统一的成文规则，因为运动员的肖像、姓名、生物数据等属于运动员的标表型人格要素，依据不同国家、地区的法律规定有不同的保护路径。大陆法系国家主要通过扩展人格权体系的方式来保护人格背后的经济利益，而英美法系国家既有构建独立公开权制度的方式，又有适用知识产权法的方式，所以国际体育组织也难以在此方面达成有指导意义的实体法共识，只能从运动员人权保护的角度规定最低的保护标准。

在国际体育产业的链条中，媒体与赞助商通过多种复杂的形式展开各类经济活动，此过程中出现了大量新类型的商事交易，对传统的法律思维提出了挑战，体育协会章程条款、运动员雇佣合同与运动员形象许可使用合同之间的关系也有待进一步厘清，这些都对国家的法律制度供给提出了更高的要求。体育商业化发展的高潮迭起、体育市场的深入挖掘、体育经济的日益发展、体育法律制度的完善，促进了全世界运动员形象权益保护的发展，运动员倡导形象权益的意识得到激发。我国体育体制机制改革目前正处于艰难推进的阶段，运动员形象商业利用制度既保留了"举国体制"的传统，又因国外体育职业化与体育经纪业发展对运动员自我开发意识的影响而彰显出市场性的特征。

《民法典》的出台为我国运动员形象商业开发利用确定了一条保护道路，不仅承认运动员将自身形象许可给其他主体使用，还为这种基于身份权利商业开发的合同确立了解释原则，而这只是为运动员形象商业化利用提供了一般性的规定，"运动员产权"所发生的纠纷并没有因此迎刃而解。就中国目前的体育产业发展形势而言，某篮球运动员诉某体育用品有限公司侵犯人格权及不正当竞争案、某运动员诉某杂志刊物案、某球员的商标与姓名权侵权案、某次大型综合性赛事期间的某运动员参赛资格事件以及比赛期间运动员未能完整展现赞助商标志事件等，反映出的是运动员形象权益已经成为体育无形资产开发的重要内容。大量运动员依靠姓名和肖像等获取利益，对相关商业权益的保护需求显得尤为迫切。体育行业为极力维护业内的生态平衡，出台了各级强制性的、指导性的规定，有时候以国家法律除外适用条款的方式体现，有时候以不成文的规则形式体现，综上所述，实有必要结合体育行业封闭性、相对独立性的特点，对该领域的“体育自治”限度做一个全面的梳理与解读。

第二节　研究意义

一、理论意义

本书是对体育法学理论的总结与发展。具体如下：

其一，归纳、总结既往的研究成果。长期以来，我国体育界和法学界的学者对运动员商业价值开发的法律问题进行了持续的研究，运动员形象价值的开发活动本质上是人格要素的商业化利用行为，直到2020年《民法典》的出台我国才对人格要素的经济利益有了明确的规定。本书对此前学界关于如何保护运动员形象权益的研究成果根据其结论进行了类型化梳理，主要在第二章。

其二，关注、分析新的立法成果。本书以《民法典》为背景，分析了该法对运动员形象许可使用合同产生的影响，不仅涉及权益保护的依据，还涉及合同解释与解除规则、侵权认定与责任承担等各方面。同时,本书结合《体育法》修订的内容,针对我国运动员权利保障与权利救济机制的立法进展作出了全面的论述。

其三,理解、充实"体育自治"的概念与内涵。运动员作为体育行业中的特殊主体,其形象权益的保护不仅要依靠一般民事法律,更需要行业领域的体育规则作出进一步的调整,只有两者相配合才能真正落实运动员形象权益,否则无法限制俱乐部、体育联盟及体育行政管理机构对运动员形象权益的自由行使。体育自治的封闭性主张将体育行业的纠纷和问题在行业内部解决,即便是不得不与业外发生联系,体育组织或者俱乐部也竭力将矛盾内部消化。这一特点对体育运动员的形象权益开发产生了重大的影响,从最初工作合同中的运动员形象开发条款,到后来日渐成熟的运动员形象开发合同,都有明显的体现。本书针对目前国际范围内影响力较大的体育联盟集体谈判协议、体育组织章程以及部分国家、地区相关立法文件的运动员形象权益规则展开了深入分析与比较研究,强调了形象权益的保护对于体育产业发展以及与国际接轨的重要性,对我国现行《体育法》下位阶的法规完善,创新运动员形象商业开发收益分配机制提出了多项建议,倡导在体育自治与私权保护之间把握好利益的平衡,划定明确的界限。

二、实践意义

其一,厘清不同情况下运动员形象保护的法律适用。世界不同的国家、地区分别以不同的法律为依据对运动员形象权益提供保护,主要包括人格权法、著作权法、商标法以及反不正当竞争法。然而,实践中每一种法律根据其立法目的、规制的主体、保护的对象、赋予的权能等都有其适用的场景和条件。本书期望帮助运动员全面了解不同的法律,以便在预防侵权和维权过程中作出行为性质认定的正确预判和反应，提高权益保护意识。

其二，提出优化运动员无形资产开发管理机制的建议。本书在已有研究的基础上，全面分析了不同国家运动员形象权益行使与保护的现状，通过梳理、比较各案件的法律适用与争议焦点，总结了当前我国运动员形象权益保护规定中待完善之处，分析了司法实践中形象权益行使的现实问题之所在，并对运动员形象权益的许可使用、权益行使、责任承担与救济路径展开了详细而深入的论述。

第三节　国内外研究现状

一、国外研究现状

运动员形象权益究竟是一项单独的体育权利，还是人格权的一项权能，抑或知识产权的保护客体，在美欧等体育产业高度发达国家的体育法研究中，这一内容作为体育无形财产权利的重要组成部分，受到学界的重视。

从著作的形式来看，英国的伊恩·S. 布莱克肖（Ian S. Blackshaw）作为主编出版了一本专门研究运动员形象权益的著作《欧洲体育形象权》（*Sports Image Rights in Europe*，2005），[①]这也是目前针对运动员形象开发利用问题研究较为全面的著作，它系统论述了几个主要体育发达国家的运动员形象权益法律制度。该作者编写的《体育营销协议：法律、财政和实践方面》（*Sports Marketing*

---

① Ian S. Blackshaw & Robert C. R. Siekmann, *Sports Image Rights in Europe*, T. M. C. Asser Press, 2005.

Agreements:*Legal*,*Fiscal and Practical Aspects*,2012)[①]一书的相关章节,也对不同国家的运动员形象权益开发情况进行了梳理,对有重要影响意义的案件进行了介绍。该作者在其编写的《国际体育法:入门指南,国际法的概要研究》(*International Sports Law*: *An Introductory Guide*, *Short Studies in International Law*,2017)[②]一书第六章中对体育形象权的概念、主体、保护、商业开发、法律救济、道德条款等问题进行了系统阐述,并以根西岛的形象权登记制度为例进行了实证分析。除此之外,国外早期对于运动员形象权益的研究主要集中于体育法的专著中,例如,马修·J. 米顿(Matthew J. Mitten)等编纂的《体育法律和法规——案例、材料和问题》(*Sports Law and Regulation—Cases*, *Materials*, *and Problems*, 2005),[③]它是一本以美国体育法为主要研究对象的著作,已经出版了第四版(2016),称得上"美国体育法大全",其最后一章专门讨论了体育无形财产权,结合案例分析了包括运动员形象权益在内的各类体育无形财产权问题。体育法研究专家沃尔特·T. 钱皮恩(Walter T. Champion)等撰写的《体育和娱乐领域的知识产权法》(*Intellectual Property Law in the Sports and Entertainment Industries*, 2014)[④]一书以案例研究的方式对网络时代出现的新形式侵权,包括高尔夫球中的专利纠纷、转播权许可销售纠纷、体育产业中的形

---

① Ian S. Blackshaw, *Sports Marketing Agreements*: *Legal*, *Fiscal and Practical Aspects*, T. M. C. Asser Press, 2012.

② Ian S. Blackshaw, *International Sports Law*: *An Introductory Guide*, *Shorts Studies in International Law*, T. M. C. Asser Press, 2017.

③ Matthew J. Mitten et al., *Sports Law and Regulation—Cases*, *Materials*, *and Problems*, Wolters Kluwer Law & Business, 2013.

④ Walter T. Champion et al., *Intellectual Property Law in the Sports and Entertainment Industries*, Praeger, 2014.

象权益、不正当竞争以及商业秘密等问题都展开了专章形式的探讨。这本书如同指南一般,指出了体育和娱乐产业中存在的知识产权相关问题,为进一步的深入研究提供了多方位的视角。此外,在介绍其他国家如瑞士、西班牙的体育法律制度的书籍中,例如,沃尔特斯·克鲁尔公司出版的体育法系列丛书《瑞士体育法》(*Sports Law in Switzerland*,2014),①《西班牙体育法》(*Sports Law in Spain*,2015),②都对相关国家体育产业中的商标侵权、运动员形象权益与赞助合同、埋伏营销、转播权等问题的法律制度进行了介绍。虽然这些内容的理论深度并不足够,但是该丛书可作为了解对象国相关立法和判例的参考,资料价值突出。2013 年,欧盟委员会曾赞助荷兰 Asser 体育法研究中心撰写了一份报告,名为《关于欧盟体育组织者权利的研究》(*Study on Sports Organisers' Rights in the European Union*,2014),③其中超过一半的内容都是关于体育产业的无形财产权,包括知识产权以及媒体相关权。总而言之,国外针对体育无形财产中分支权利的研究已相当成熟,涵盖了体育转播权、体育形象权、体育标志权以及体育专有技术权等权益类型。

从论文形式的成果来看,二十多年前,戴瑞·C. 威尔逊(Darryl C. Wilson)发表的《挽回面子的法律后果:知识产权与体育的综合分析》(*The Legal Ramifications of Saving Face: An Integrated Analy-*

---

① Valloni, Lucien William and Pachmann Thilo., *Sports Law in Switzerland*, Wolters Kluwer Law & Business, 2014.

② Pérez Juan De Dios Crespo, *Sports Law in Spain*, Kluwer Law International, 2015.

③ Asser International Sports Law Centre, *Study on Sports Organisers' Rights in the European Union* (2014), http://ec. europa. eu/assets/eac/sport/news/2014/docs/study - sor2014 - executive - summary - gc - compatible_en. pdf.

sis of Intellectual Property and Sport, 1997)[①]就已经结合知识产权和体育法对体育形象权开展了研究。帕梅拉·爱德华(Pamela Edwards)发表的《什么是分数:公开权是否保护职业体育联盟?》(*What's the Score?: Does the Right of Publicity Protect Professional Sports Leagues?*, 1998)一文对公开权(the right of publicity)[②]制度是否适用于职业体育联盟的权益保护进行了探讨,并以NBA联盟为实证案例对公开权适用于运动员权益保护的范围限度,公开权的内涵构成,公开权是否能独立适用于职业体育联盟尤其是其比赛进行期间的权益保护等问题进行了深入分析,最终得出结论,认为在那些承认公开权的州,这项权利将独立保护体育联盟的市场主体身份,而不受单个运动员市场主体身份的影响。[③] 布莱恩·M.罗兰(Brian M. Rowland)发表的《一名运动员的公开权》(*An Athlete's Right of Publicity*, 2002)[④]一文对公开权的权利起源与范围限度进行了理论探讨,并结合佛罗里达州法律体系下公开权的

---

① Darryl C. Wilson, *The Legal Ramifications of Saving Face: An Integrated Analysis of Intellectual Property and Sport*, 4 Jeffrey S. Moorad Sports L. J. 227 (1997).

② 美国的"right of publicity"制度,在美国汤森·路透公司2009年出版的《布莱克法律大辞典》(第九版)中,将其定义为"the right to control the use of one's own name, picture, or likeness and to prevent another from using it for commercial benefit without one's consent",即"一项控制个人名字、照片或者肖像的使用并阻止其他人在未经许可的情况下从中获得商业利益的权利"。北京大学出版社2014年出版的《元照英美法词典》中对于"right of publicity"的定义为"公开权,指个人,尤其是公众人物或者知名人士,对自己的姓名、肖像及其他类似物的商业性利用行为实施控制或者制止他人不公平盗用的权利"。本书根据《元照英美法词典》以及国内已有相关文献中的习惯,将其翻译为"公开权"。

③ Pamela Edwards, *What's The Score?: Does The Right of Publicity Protect Professional Sports Leagues?*, 62 Albany Law Review Winter, 579(1998).

④ Brian M. Rowland, *An Athlete's Right of Publicity*, 76 Florida Bar Journal 45 (2002).

运作情况进行了实证分析，最终认为公开权的基本概念范畴还是在于防止一个人的形象或人格被非自愿地进行商业使用。近十多年以来，国外对于运动员形象权益研究的学术论文数量加速增长，研究主题主要集中于以下四种类型。第一类是针对运动员形象权的基础理论研究，学者从法理学出发对运动员形象权的法律属性进行探讨分析。马里奥斯·帕帕卢卡斯(Marios Papaloukas)的《体育形象与法》(*Sports Image and the Law*,2011)①一文从体育赛事形象与运动员形象两个方面对体育形象的法律属性进行了探讨，并从人格权、商标、知识产权及私人性质的数据四个方面对运动员形象的法律性质进行了分析，认为大陆法系与普通法系虽然由于法哲学理念不同而对形象权的定性不同，即前者认为形象权属于人格权概念，而后者认为形象权属于隐私权或公开权概念，但是两者对于体育形象权问题的解决方案却是类似的。第二类是针对单个国家或地区的运动员形象权研究，学者以单个国家或地区运动员形象权保护的法律运作情况为研究对象展开分析。埃利·斯佩尔多克里(Elli Sperdokli)的《美国法视野下运动员的公开权》(*Players' Publicity Rights under US Law*,2012)②一文对美国法律体系下公开权的起源与历史发展、正当性、保护范围及来自第一修正案的挑战等问题进行了深入理论探讨，认为虽然第一修正案会给运动员公开权的行使带来诸多争议，但运动员通过投入大量时间和精力来保持自身场内外竞争力的表现推动了整个行业的商业化发展，因此无论其通过公开权的行使获得多少收入，都有权得到与每

---

① Marios Papaloukas, *Sports Image and the Law*, 6 International Sport Law & Business Conference 7(2011).

② Elli Sperdokli, *Players' Publicity Rights under US Law*, 9 International Sports Law Review Pandektis 362(2012).

个人同样的法律保护，法庭应关注的是运动员公开权使用的情况和目的，考虑每个案件中争议的特殊片段，从而有效地平衡相互冲突的利益。科林纳·库尔斯（Corinna Coors）的《体育形象权是资产吗？一个法律、经济和税收的视角》（*Are Sports Image Rights Assets? A Legal, Economic and Tax Perspective*,2015）①一文从英国国内法律、经济与税务的视角出发对体育形象权的概念内涵、国际保护水平、意义与价值、赞助利益冲突、履约与违约、合法避税等问题进行了理论与实践相结合的分析，发现虽然在司法与税务实践中会以商标权的名义对形象权进行保护，但英国法律并不承认体育形象权，并且可以预见短期内英国仍不太可能对人格权进行正式的立法或法理认定。科林纳·库尔斯（Corinna Coors）的《协调与多样性：欧洲体育形象权法的趋势与挑战》（*Harmonisation and Diversity: Trends and Challenges in European Sports Image Rights Law*, 2018）②一文对英国、法国、德国、意大利、西班牙及荷兰等国家形象权保护的发展现状进行了较为全面的分析，认为虽然英国脱欧将会给欧洲的法律环境带来更多不确定性的挑战，但长远来看欧洲形象权保护的趋势将是同大于异，在各国承认彼此间共同经济与道德利益的基础上，欧洲的形象权保护将会制定出更具可操作性和可执行性的协调性区域标准。第三类是针对运动员形象权进行比较研究，学者通过将研究对象国家的形象权法律制度和欧美国家的法律制度进行比较来展开讨论分析，从而得到相关法律制度建设的启示与借鉴。贾斯蒂娜·巴尔卡奇克（Justyna Balcarczyk）

---

① Corinna Coors, *Are Sports Image Rights Assets? A Legal, Economic and Tax Perspective*, 15 Sports Law J. 64(2015).

② Corinna Coors, *Harmonisation and Diversity: Trends and Challenges in European Sports Image Rights Law*, Edward Elgar Publishing, 2018.

发表的《体育形象权——一个比较性的概述》(*Sports Image Rights—A Comparative Overview*,2010)①一文,从比较法的角度详述了美国、英国、意大利、德国对于运动员形象开发保护的规则。新西兰学者夏延·康罗伊-莫斯戴尔(Cheyenne Conroy-Mosdell)的《新西兰的体育法:以体育名人享有法定公开权为视角》(*Sports Law in New Zealand: The Prospect for a Statutory Right of Publicity for Sports Celebrities*,2016)②研究了新西兰的相关法律现状,并结合新西兰最新的体育知识产权纠纷案例与美国、加拿大以及欧洲国家的形象权益保护现状进行了对比,提出了新西兰完善运动员形象权益保护制度的建议。佐藤南(Sato Nan)与杰诺瓦·雅格布(Genova Jacopo)的《中超联赛发展前景中的形象权利保护》(*Protection of Image Rights in the Prospect of the Growing Chinese Super League*,2016)③一文以中国足球超级联赛为切入点对体育形象权的重要性及中国体育形象权的发展现状与困境进行了分析,通过对美国运动员形象权保护的经验总结研究提出了扩大我国形象权保护范围的实质性建议,强调以此提升对世界著名足球运动员的吸引力从而推动中国职业足球进一步发展。阿伊兰吉(Ayranci)与泽拉·贝图尔(Zehra Betul)的《美国和欧洲的运动员的公开权》(*Right of Publicity of Athletes in the United States & Eu-*

---

① Justyna Balcarczyk, *Sports Image Rights—A Comparative Overview*, SemanticScholar, (2010), https://api.semanticscholar.org/CorpusID:150420159.

② Cheyenne Conroy-Mosdell, *Sports Law in New Zealand: The Prospect for a Statutory Right of Publicity for Sports Celebrities*, 97 Australian and New Zealand Sports Law Association Commentator 43(2016).

③ Sato Nan & Genova Jacopo, *Protection of Image Rights in the Prospect of the Growing Chinese Super League*, 32 Ent. & Sports Law 43(2016).

rope,2017)①一文以美国和欧洲对形象公开权(形象权)法律规定的相似之处为切入点对比分析了“什么是公开权”的问题,结合体育产业特有的实际问题对美国和欧洲体育形象权的法律运作状况进行了深入探讨,并在此基础上提出了建立一套具有普遍共识和全球适用的规则以消除体育行业不同洲和国家之间程序脱节问题的建议。第四类是针对运动员形象权的不同领域进行研究,学者对运动员形象权在不同体育领域的实践运用进行探讨分析。西蒙·史密斯(Simon Smith)的《体育形象保护的变化》(*The Changing Face of Image Protection in Sport*,2004)②一文追根溯源地论述了形象权益对于体育产业的历史重要性,并在文中列出了职业足球协会与运动员签署的形象权益许可使用协议模板,具有重要研究价值。理查德·海恩斯(Richard Haynes)的《新媒体时代足球运动员的形象权》(*Footballers' Image Rights in the New Media Age*,2008)③详细地分析了足球运动员形象权发展的历程,把运动员形象权益的逐步确立比喻为圈地运动,并以大卫·贝克汉姆(David Robert Joseph Beckham)为例,介绍了运动员成功营销自身形象的历史进程。英国学者阿明·阿巴尤米(Al – Ameen Abayomi)的《足球合同中的形象正确条款:相互成功的杰作?》(*Image Right Clauses in Football Contracts: Masterstroke for Mutual Success?*,

---

① Ayranci & Zehra Betul, *Right of Publicity of Athletes in the United States & Europe*, 33 Ent. & Sports Law 61(2017).

② Simon Smith, *The Changing Face of Image Protection in Sport*, 2 I. S. L. R., 37(2004).

③ Richard Haynes, *Footballers' Image Rights in the New Media Age*, 7 European Sport Management Quarterly 361(2008).

2017)①对运动员标准合同中的运动员形象权益开发条款进行了详细的解读,并对这种开发形式的利弊进行了全面的分析。韦斯·格里(Wes Gerrie)的《不仅仅是游戏:大学和NCAA是如何侵犯他们的学生运动员的》(*More than Just the Game: How Colleges and the NCAA are Violating their Student - Athletes*,2018)②一文对美国大学生运动员公开权的历史演变、法律属性及发展现状进行了论述,并实证分析了全国大学生体育协会(National Collegiate Athletic Association,NCAA)(由美国多所院校组成结盟的协会)垄断性地使用学生运动员公开权并从中获利的情况,认为NCAA禁止学生运动员从其公开权使用中获利属于非法限制,建议NCAA停止对学生运动员公开权的侵犯以此来改善大学体育环境与学生运动员生活,从而将大学体育运动的未来带入正确轨道。

此外,英国海外属地根西岛成为最先承认形象权益独立法律地位并建立形象权益登记制度的地区,引起了广泛的关注。英国学者杰森·罗默(Jason Romer)、凯特·斯托里(Kate Storey)的《形象就是一切!根西岛登记形象权》(*Image Is Everything! Guernsey Registered Image Rights*,2013)③一文对根西岛的形象权益登记制度做了全面的介绍,为该领域的进一步探讨提供了新的成文法材料。安吉拉·阿德里安(Angela Adrian)写的《米老鼠想要永远活着:根西岛的形象权条例将使这成为可能》(*Mickey Mouse Wants to*

---

① Al - Ameen Abayomi, *Image Right Clauses in Football Contracts: Master-stroke for Mutual Success?*, 5 Intel. Prop. Rights 185(2017).

② Wes Gerrie,*More than Just the Game: How Colleges and the NCAA are Violating their Student - Athletes*, 18 Texas Review of Entertainment and Sports Law 111 (2018).

③ Jason Romer & Kate Storey,*Image is Everything! Guernsey Registered Image Rights*,24 Ent. L. Rev. 51(2013).

Live Forever: *Guernsey's Image Rights Ordinance will Make that Possible*,2013)①一文结合了美国轰动一时的 Mickey Mouse 形象权益纠纷案详细解释了根西岛形象权益的登记制度。

从已有的国外研究成果来看,虽然不同法律体系对形象权的法律定性不同,但大家在运动员形象权保护的态度上却大体相似。大陆法系国家通常将形象权定性为人格权,将形象权益与保护公民个人的隐私、家庭生活、荣誉等人格利益紧密联系在一起,进而将人格要素商业化利用的权利作为基本人权放在宪法框架内予以保护,如法国主要基于"个人肖像权"来对形象权益进行保护,意大利对运动员形象权益的保护主要来自民法典和著作权法的规定。普通法系国家由于没有形象权的法律概念,因此通常通过商标权、隐私权及公开权等法律权益来保护运动员形象权。在英国,一些知名体育运动员将自己的姓名和肖像注册成为商标,以防止他人对自身形象权益进行商业化使用,或者通过版权法、外观设计法以及反不正当竞争法的"假冒诉讼"等手段有限地主张自身利益。美国建立的公开权制度对运动员形象权益的保护则相对全面,关于形象权益的研究比其他国家也更加丰富。不过,美国学生运动员形象保护的现状却在学界引起较大反响,学者普遍认为针对学生运动员形象的商业利用也应受到公开权的保护,但形象使用者却用《第一修正案》进行申辩,而 NCAA 也以学生运动员是业余运动员的身份为由在章程里对其从自身形象中受益进行了禁止性规

① Angela Adrian, *Mickey Mouse Wants to Live Forever*: *Guernsey's Image Rights Ordinance will Make that Possible*, 35 European Intellectual Property Review 397 (2013).

定。[①] 虽然法院在实践案例中对学生运动员的形象权益表现出了保护倾向，但实际运作中相关政策的调整改变却有待进一步推动完善。

二、国内研究现状

从著作的成果形式来看，国内还没有以运动员形象权益为研究对象的专著，但是有少量专门研究公开权或者商品化权的著作。早期研究主要是在人格权法、人身权法的著作中出现了关于形象权益的讨论，比如王利明的《人格权重大疑难问题研究》(2019)[②]、《人格权立法的中国思考》(2020)[③]对人格要素商业化利用进行了全面的论述，对其在《人格权法》(2009)[④]一书中认为"狭义的形象权益是人格权衍生的一种具有独立地位的权利，指的是自然人对其姓名、肖像、声音等综合的人格特征进行利用并能够获取经济利益的一种排他性的支配权"的观点进行调整。梁慧星在《民法总论》(第4版)(2011)[⑤]一书中认为，形象权益就是将自然人的个人形象(无论真实、虚构、动物形态、拟人形态)进行商业性质的使用或在营利过程中使用的权利。杨立新的《人格权法》(2011)[⑥]则主张形象权益也可以成为"公开权"，并将这项权利定义为"对自己的

---

① Cianfrone Beth A. et al., *The Use of Student – Athlete Likenesses in Sport Video Games: An Application of the Right of Publicity*, 20 Journal of Legal Aspects of Sport Winter 35(2010).

② 参见王利明:《人格权重大疑难问题研究》,法律出版社2019年版。

③ 参见王利明主编:《人格权立法的中国思考》,中国人民大学出版社2020年版。

④ 参见王利明:《人格权法》,中国人民大学出版社2009年版。

⑤ 参见梁慧星:《民法总论》(第4版),法律出版社2011年版。

⑥ 参见杨立新:《人格权法》,法律出版社2011年版。

姓名权、肖像权和角色拥有保护和商业运营的权利”。马波的《美国形象权法律制度研究》(2012)①一书,可谓美国公开权制度研究的集大成者,该书结合了国内外相关实践和理论研究成果来论证形象权益保护形象利益的合理性和可行性,全面且翔实地介绍了美国公开权制度并论述了国内民法中建立该制度的必要性,但是关于公开权的归属以及公开权转让协议中的具体问题没有进行充分的讨论,且对将公开权认定为一种新型知识产权的观点也没有详细的论证。也有学者从体育权利的视角出发对运动员形象权进行专门研究,张志伟的《体育权利问题研究》(2014)②一书在运动员相关权利一章中对运动员形象权的法律性质、与类似权利(人格权、著作权、商标权及隐私权)的区别、被运动员享有的前提条件和必要性、保护的现状与不足、保护的国外经验等问题进行了全面探讨,在我国现行法律还没有形象权概念的实然情况下建议在民法体系中引进形象权以充分保护我国运动员形象权所具有的经济价值,并认为要尤其注意运动员形象权主体标准、权益分配、客体要素及合理限制等问题。该书的研究比较全面地涵盖到了我国运动员形象权研究的基本理论内容,且对运动员形象权的法律属性作出了较为深入的分析,但对于其他问题的研究仅限于浅尝辄止,深度还有待提升。

从论文的成果形式来看,主要分为两大类。第一类是从法学的视角出发来研究形象权。最早是李明德的《美国形象权法研究》(2003),③对美国从隐私权发展到公开权的判例起源进行了详尽的

---

① 参见马波:《美国形象权法律制度研究》,知识产权出版社 2012 年版。

② 参见张志伟:《体育权利问题研究》,中山大学出版社 2014 年版。

③ 参见李明德:《美国形象权法研究》,载《环球法律评论》2003 年第 4 期。

叙述，通过案例说明了美国公开权的概念，公开权与版权、商标权的区别，公开权的客体、限制以及保护期，侵权与救济等规定，对美国公开权制度进行了全面的介绍，对此后使用比较研究方法探讨形象权益的文章有着深远影响。此后，姜新东、徐清霜的《美国形象权的司法保护》(2008)，①朱广新的《形象权在美国的发展状况及对我国立法的启示》(2012)②等文章也对形象权的基本理论进行了探讨，提出了对我国立法有价值的建议。第二类是从体育的视角出发具体研究运动员形象权。随着体育行业市场化改革的快速推进与大型国际体育赛事在中国的陆续举办，国务院先后颁布了一系列文件为加快体育产业发展、促进体育消费提供政策保障。在这个过程中，以"运动员形象权"为代表的体育无形财产权在实践中率先迎来了爆发式发展，但也带来了由于法律体系不健全、规范机制不完善所引起的一系列体育纠纷，由此引起了学界近年来对这一问题的高度关注。例如，王梦、闫成栋的《我国运动员人格要素商品化利益的分享机制——以〈中华人民共和国民法典〉人格权立法为背景》(2021)③主张在配套衔接我国人格权立法一般规定、平衡保护运动员人格利益方面，有必要进行制度创新，确立请求权利益分享模式。回顾发展历史，发现我国运动员形象权的研究热度与我国举办奥运会之间呈现一定的关联规律。据此，可以将我国运动员形象权的研究历史分为如下四个阶段。

---

① 参见姜新东、徐清霜:《美国形象权的司法保护》，载《法律适用》2008 年第 3 期。

② 参见朱广新:《形象权在美国的发展状况及对我国立法的启示》，载《暨南学报(哲学社会科学版)》2012 年第 3 期。

③ 参见王梦、闫成栋:《我国运动员人格要素商品化利益的分享机制——以〈中华人民共和国民法典〉人格权立法为背景》，载《体育科学》2021 年第 3 期。

第一阶段,2001—2005 年的起步阶段。这期间属于北京申奥成功到雅典奥运会后正式进入北京奥运会筹办周期,国内学者开始尝试对运动员形象权进行理论探讨以期为北京奥运会的运动员形象保护问题做一些理论铺垫。这一阶段具有代表性的论文有蔡璞、袁张帆的《体育运动员的形象权及其法律保护》(2004)①,赵豫的《运动员形象权的法律保护》(2005)②,不过文章都只是粗略地分析了运动员形象开发过程中权益保护的问题,并没有进行深度探讨。

第二阶段,2006—2009 年的第一个高潮阶段。这期间为北京奥运会举办周期,奥运会的法律保障问题成为学界研究的热门话题,其中自然包括了对运动员形象权益保障的研究。在我国现行法律体系中还没有形象权概念的情况下,学者只能借助现有法律规范体系中的类似概念来界定运动员形象权的法律属性,从而探讨有效的运动员形象权益保障机制。杨茜的《肖像权、无形资产所有权与债权——论运动员无形资产开发中的权利》(2006)③认为"运动员无形资产包括运动员的荣誉、知名度、亲和力和影响力等内容,肖像权不属于运动员的无形资产,而是保护、开发运动员无形资产必不可少的权利;投资主体多元化不能改变运动员无形资产的私有性质,运动员的无形资产只属于运动员本人;投资者(或用人单位)拥有的并非运动员无形资产的所有权而是债权,即运动员无形资产的部分使用权和收益权;债权、债务关系是界定投资者与运动员之间权利与义务关系的法律依据"。马法超、于善旭的

① 参见蔡璞、袁张帆:《体育运动员的形象权及其法律保护》,载《首都体育学院学报》2004 年第 4 期。

② 参见赵豫:《运动员形象权的法律保护》,载《体育学刊》2005 年第 2 期。

③ 参见杨茜:《肖像权、无形资产所有权与债权——论运动员无形资产开发中的权利》,载《天津体育学院学报》2006 年第 5 期。

《运动员形象权及其法律保护》(2008)[①]从某运动员诉某杂志刊物案件说起,引出形象权的概念,介绍运动员形象权价值实现的基础和方式,并分析了现行法律对运动员形象权的保护以及保护的不足之处,建议完善民事法律中关于自然人人格标志的相关规定并借助维护知识产权的名义来实现运动员形象权的实然救济。

第三阶段,2010—2014 年的平淡阶段。代表性的文章有姚颉靖、彭辉的《后奥运时期的运动员形象权法律保护研究》(2013)[②],该文章认为运动员形象权归属于运动员本人所有,但投资者有权分享运动员形象权的使用权和收益权,运动员形象商业利益的分配规则存在收益提取统一比例不可取、利益分配期限不合理等不足,建议加强运动员形象权立法保护研究,完善运动员形象权商业化运作规则,优化运动员商业活动管理方式和形象权开发模式。

第四阶段,2015 年至今的第二个高潮阶段。一方面,由于 2015 年北京申办 2022 年冬奥会成功,对于新时期的运动员权益保障提出了更全面、更细致的要求;另一方面,随着我国体育产业的市场化发展,体育消费已成为整个国民经济发展的重要增长极,以体育明星形象权为代表的商业开发活动在实践中遭遇了开发失范与维权不易的困境,发生了众多具有代表性的运动员形象权侵权纠纷,引起了广泛的社会关注与舆论反响,由此,运动员形象权在学界迎来了第二个研究高潮。归纳起来,这一阶段的运动员形象研究可以归纳为以下四种类型。第一类,关于运动员形象权的基础理论研究,例如,李江、李金宝的《运动员形象权的确立、实质及其争议

---

① 参见马法超、于善旭:《运动员形象权及其法律保护》,载《北京体育大学学报》2008 年第 1 期。

② 参见姚颉靖、彭辉:《后奥运时期的运动员形象权法律保护研究》,载《河北科技大学学报(社会科学版)》2013 年第 4 期。

焦点》(2017)①通过历史溯源与实证分析论述了运动员形象权产生的社会原因,并从无形财产权、知识产权、商事人格权属性的角度阐述了运动员形象权的权利性质,从而对运动员形象权的概念、性质及理论争议等基础理论问题进行了探讨分析。第二类,关于运动员形象权商业价值的开发与保护研究,例如,邹月辉、丁金娜、孝飞燕的《我国运动员形象权商业价值开发研究》(2018)②认为法律法规不健全、体育制度改革滞后、政府垄断开发权等都是制约运动员形象权开发的重要因素,建议进一步完善民法及体育法、促进体育制度改革、加快市场化改革进程。张志伟的《现阶段运动员形象商业开发和利益分配制度的完善》(2019)③认为在举国体制依然是我国体育事业指导方针的现阶段,立法上设置独立形象权尚缺乏足够的正当性,而现有制度在解决运动员形象商业开发和利益分配问题上并没有忽视运动员的个人权益,它在坚持举国体制的前提下,有统筹兼顾运动员权益的合理性,基于此,建议国家应针对现有制度中存在的问题,通过完善现有制度以解决国家主管单位与运动员个人的利益分歧。第三类,关于运动员形象权的比较研究,例如,李梦佳的《论版权与形象权的冲突与协调——以美国法规则与案件为视角》(2020)④对美国法律体系下版权与形象权的冲突协调运作进行了深入分析,并据此为我国形象权商业化

① 参见李江、李金宝:《运动员形象权的确立、实质及其争议焦点》,载《体育与科学》2017 年第 6 期。

② 参见邹月辉等:《我国运动员形象权商业价值开发研究》,载《体育文化导刊》2018 年第 6 期。

③ 参见张志伟:《现阶段运动员形象商业开发和利益分配制度的完善》,载《西安体育学院学报》2019 年第 36 期。

④ 参见李梦佳:《论版权与形象权的冲突与协调——以美国法规则与案件为视角》,载《电子知识产权》2020 年第 5 期。

利用的实践操作提供了参考与借鉴。第四类，关于运动员形象权细分领域的研究，例如，卢结华的《运动队集体形象的保护路径：性质、模式及规则》(2021)[①]对运动队集体形象的法律性质与保护模式进行了探讨分析，认为集体形象并不属于权利，而是属于权利之外的其他利益，只能采取行为规制模式进行保护；张鹏的《足球运动员生物识别信息保护：美国经验与中国策略》(2022)[②]从比较研究的视角对运动员形象权在足球运动员生物识别信息场景的实践应用进行了探讨分析，认为足球运动员生物识别信息的不当处理可能侵犯其形象权。

值得注意的是，国内学者尤其是体育学背景的学者常用"人力资本"的概念探讨运动员的形象及其开发，"人力资本"实为西方经济学概念，从这个概念出发研究的学者往往从运动员人力资本产权产生的历史背景、特点、归属及其配置逻辑等角度出发进行分析，相关成果丰硕，不可忽视。近二十年来，以人力资本为切入点的研究不曾间断。国内最早提出专业运动员成绩资本产权的是钟秉枢教授，他认为"运动成绩变为资本，运动员在一个特定的环境中成长，用优异的运动成绩满足社会的希望，同时获得自我满足和物质利益"。从这个角度来理解，运动员是通过自己的劳动换取精神与经济利益，而这个对价本身对于运动员而言是不能由自己决定的。[③] 郜峰、何艳华的《借助产权理论研究我国运动员产权的界

① 参见卢结华：《运动队集体形象的保护路径：性质、模式及规则》，载《沈阳体育学院学报》2021 年第 2 期。

② 参见张鹏：《足球运动员生物识别信息保护：美国经验与中国策略》，载《上海体育学院学报》2022 年第 2 期。

③ 参见钟秉枢：《成绩资本和地位获得——我国优秀运动员群体社会流动的研究》，载《体育科学》1998 年第 3 期。

定问题》(2013)[①]就试图借助产权理论和服务产品等理论,对运动员产权的本质属性进行规制;许延威、马立坤、刘波发表的《对"运动员无形资产与运动员人力资本"概念的辨析》(2014)[②]以会计学、法学原理和我国现行法律规定为工具,对"运动员无形资产"与"运动员人力资本"这两个概念进行分析,在这一时期运动员的商业开发权权属与利益分配就已经引起了学界的关注。王茜、王家宏的《"融合型"运动员人力资本产权归属配置问题的法律研究》(2019)[③]及《"计划型"和"融合型"运动员人力资本产权配置的法学探析》(2019)[④]等文章针对进一步丰富的纠纷实践进行了更深刻的探讨。依据我国运动员不同培养模式下投资主体的差异,将我国运动员分为"市场型""计划型""融合型"三种类型,将人力资本投资涉及个人、国家、企业等多元主体的运动员称为"融合型"运动员,这类运动员是我国转轨时期体育改革的产物,该文通过剖析李娜、孙杨和周琦这3名运动员人力资本形成以及产权归属配置的具体情况,析出我国"融合型"运动员人力资本产权在市场交易过程中存在的问题。在《"计划型"和"融合型"运动员人力资本产权配置的法学探析》一文中,作者认为"计划型"运动员是由国家出资培养的,这种人力资本产权理所当然属于国家,政府管理部门对于这类运动员的人力资本盘活形式和利益分配方式有立场根据约

① 参见郜峰、何艳华:《借助产权理论研究我国运动员产权的界定问题》,载《首都体育学院学报》2013年第6期。

② 参见许延威等:《对"运动员无形资产与运动员人力资本"概念的辨析》,载《西安体育学院学报》2014年第5期。

③ 参见王茜、王家宏:《"融合型"运动员人力资本产权归属配置问题的法律研究》,载《体育科学》2019年第1期。

④ 参见王茜、王家宏:《"计划型"和"融合型"运动员人力资本产权配置的法学探析》,载《体育学刊》2019年第2期。

定进行安排，也正是这种统一安排的方式削弱了“计划型”运动员的合同议价能力，成为人力资本产权配置纠纷的导火线。“融合型”运动员与其投资主体达成相关协定之后，其大部分人力资本产权归属于自己并可以自由支配。王飞、周爱光的《我国体育明星商业开发中权利与权力的冲突与平衡》(2022)①则试图将体育明星商业开发中的应然权利定位于运动员发展权，具体包括自主开发权、品牌经营权、活动收益权和权利救济权；将体育明星商业开发中的实然权力指向体育公共行政权。这篇文章完全改变了以往从运动员人格权保护本位的逻辑出发来辨识问题的思路，更多的是结合我国体育明星商业开发过程中实际存在的矛盾冲突展开分析。

综观国内对于运动员形象权益的研究成果，可以看出作为全球规模最大、商业化程度最高的综合性体育赛事——奥运会的举办确实有效推动了我国运动员形象权的研究。同时，国内理论研究越来越契合国际体育行业发展的实际情况。在研究范围越来越宽泛的背景下，具体研究方向的切入点也越来越精细化，学者对运动员形象权各领域的问题都尝试进行了探讨。可惜的是，目前整体而言还是以短篇论文为主，虽有著作问世但也只是对运动员形象权略有涉猎而并非研究运动员形象权的专著。而在研究内容的范式上，大多是从商标权、商事人格权、隐私权及知识产权等固有路径对运动员形象权进行参照研究，而鲜有结合《民法典》来进行分析的创新性文章，由此可能导致对今后运动员形象权保护的实践指导意义有限。基于此，本书针对上述国内外学界关于运动员形象权益的法律保护研究成果中的未及之处，站在我国体育体制

① 参见王飞、周爱光：《我国体育明星商业开发中权利与权力的冲突与平衡》，载《体育学刊》2022 年第 2 期。

改革的高度，结合《民法典》时代运动员权利保护的新起点，全方位分析运动员形象权益的实现路径。

第四节　研究思路与研究方法

一、研究思路

第一章“运动员形象的定义及其发展”，厘清基本概念。本章对运动员形象的基本概念以及《民法典》中人格要素的界定进行了详细的分析。首先，明确了本书的研究对象，界定了“运动员”以及“运动员形象”的概念，分析了运动员形象要素的传统定义与新的内涵；其次，就《民法典》对自然人肖像、姓名内涵与外延之扩展，抽象出两个关键要件，即属于外部特征或者状态，能够据之识别特定人的身份。

第二章“运动员形象的保护模式”，分析确权路径。本章一一分析了目前关于运动员形象权益保护的主要路径，分别为知识产权、公开权、人格权等。首先，紧密结合国际、国内司法实践中适用著作权法、商标法、反不正当竞争法进行形象保护的案例展开分析，总结这几类法律适用的特定情况。其次，梳理美国公开权模式的渊源，权利主体、客体、内容和权利期限的规定，并对根西岛的独立自然人形象权益登记机制进行了简要介绍。最后，本章对人格权理论的历史演变、传统人格权理论的局限性、人格权商业化利用理论进行了细致的说明，并由此阐释了《民法典》对于扩张人格权理论体系的路径选择，以及个人信息保护与运动员形象保护之间的关系。

第三章“民法典时代运动员形象的许可使用”，释明权益内容。本章首先梳理了运动员形象许可使用的历史演变，以说明运动员形象的许可使用已经成为普遍的国际性实践，运动员形象制度的完善既是大势所趋，更是产业的切实需求。结合《民法典》人格权编等内容对运动员形象许可使用合同的规定，详述了许可使用合同的权利主体、合同的解释与解除，以及权益受到限制的三种例外：合理使用、集体形象与广告法对代言责任承担的规定。本章内容重点在于分析《民法典》的一般规定，与第四章针对体育领域的分析对应。

第四章“体育自治背景下的运动员形象权益行使”，探讨权益行使。《民法典》虽为人格要素商业化使用确立了一般规则，但是衔接到我国运动员权益行使、商业开发管理等具体领域，仍然存在价值取向上的偏离和逻辑构造上的疏漏。该章以体育自治为背景，场景化地分析了运动员形象权益在实际行使时的特殊性与此类纠纷的争议焦点，是本书的核心章节。紧密围绕体育自治是什么、体育自治如何赋予体育组织规则制定权、比赛组织管理与监督权如何对运动员形象权益行使（专有权、许可使用权、收益权）产生影响来展开，具体表现为：体育领域集体项目对运动员形象使用的特殊规定、体育协会对运动员形象合同的登记审查以及体育领域运动员收益分配的限制。

第五章“运动员形象侵权行为的认定与责任承担”，分析侵权认定与责任承担。本章以构成要件为开篇论述了运动员形象侵权行为的构成标准。接着逐个分析了停止侵害、赔礼道歉与损害赔偿这三类纠纷中加害人承担侵权责任的主要责任方式。其中损害赔偿又分为精神损害赔偿与财产损害赔偿，作为人格权编此次改革的亮点之一，对人格权的财产损害赔偿的数额判断标准进行重点分析。最后,本章分析了利用“山寨”体育明星形象进行商业活动的违法性。

第六章“运动员形象财产权益纠纷的体育仲裁路径探析”,探索仲裁纠纷解决路径。本章先从落实修订的《体育法》规定以及完善对运动员权益的保障两个维度,分析了我国建立运动员形象权益多元救济机制的现实需求。接着,梳理了我国运动员形象许可使用纠纷所具备的行政性特征,一方面,强调仲裁纠纷解决机制是缓解目前制度尴尬的有效手段;另一方面,从法理上说明了人格财产利益纠纷案件的可仲裁性。为了进一步说明体育仲裁对于解决运动员形象纠纷的具体适用,本章结合案例列举了专业体育仲裁对于解决运动员形象纠纷的优越性,论证了体育仲裁机构对运动员形象纠纷的管辖权来源的正当性。最后得出结论,认为我国应该将运动员形象许可使用争议纳入体育仲裁范围。

第七章“我国运动员形象权益保护机制的完善”,构建我国保护制度。运动员形象权益的行使现状有其时代烙印与本土特色,既受到行政主导传统的深刻影响;又体现了长期以来运动员形象商业开发意识的不足,还存在内部利益分配机制不完善的问题。《民法典》人格权编为运动员形象的商业性利用提供了正式的法律依据,为人格要素的商业化利用搭建了一般的原则,但鉴于体育领域的自治性与封闭性,一般性民事规则与行业的特殊情况产生了价值取向上的偏离,运动员这类主体的权益行使还需要落实到体育行业内部的规范中。针对我国运动员形象开发的现状,应从深化体育领域“放管服”改革,加强相关规则的体系性,创新收益分配机制与规范合同管理,坚持过罚相当的比例原则,推动运动员经纪业务向专业化、规范化发展等方面下手。针对行政干预过度问题,还需要修改体育立法规范合同管理,使运动员形象利益得到应有的保护，鼓励运动员无形资产的有序开发。

二、研究方法

1. 专家访谈法

在查阅相关文献的基础上，为进一步深入了解体育无形资产与国内外运动员形象权益行使与保护的真实情况，笔者向专家和实务工作者进行个别咨询，获取一线工作中的相关信息。

2. 案例研究法

在较长时间内追踪国内外权威网站对某一案件作出的连续性报道，从而了解案件的背景，跟踪案件的进展，研究案件适用的法律，分析案件中暴露出来的问题。

3. 文献分析法

根据研究任务的需要，收集、查阅和运用了大量的相关文献资料，通过对资料的学习和消化，从基本理论、法律法规、学术观点等多个方面，为本书提供翔实的理论或实证依据，为研究工作的开展奠定基础。

4. 比较研究法

该方法主要用于比较各国对运动员形象权益所采用的不同法律保护路径，对各国体育自治规则、不同体育组织的运动员形象权益行使限制展开比较分析。

第一章　运动员形象的定义及其发展

运动员，已经成为一个场景化的概念，不同的研究领域与研究范围可作不同的理解，需要先行明确。运动员形象的定义经历了不断扩充的过程，并随着技术革新与营销手段的变化持续发展，从最初仅包括肖像、姓名两个传统的要素，一直到《民法典》人格权编出台后，一切能够据之识别特定人身份的外部特征都可被纳入受保护的范围。厘清《民法典》视野下运动员形象的内涵与外延，对于本书的展开有重要意义。

第一节　运　动　员

一、运动员的概念

在全民健身的时代，人人都可以成为运动员，运动员的概念既有广义的理解，又有狭义的理解，这一概念的界定直接影响本书的研究对象。运动员，区别于一般的社会公众人物，如娱乐明星、网络主播等，这一概念范围的划定是本书后续围绕体育自治背景展开运动员形象保护特殊性归纳与探索的起点。

根据《剑桥词典》中对运动员(athlete)的解释,运动员就是一个非常擅长运动或体育锻炼的人,尤其是指参加有组织的竞技性比赛的人员;《美国传统词典》中将“athlete”解释为“参与竞技体育运动的人”①。各国官方机构对于运动员的定位目前并不一致,比如西班牙1985年颁布的第1006/1985号的体育法令中第1.2条规定,体育从业者(sports people)是自愿从事一项体育运动,代表体育组织或俱乐部并接受其管理,通过建立这种规律性的关系来换取报酬的人。② 我国《关于界定文艺工作者、运动员、艺徒概念的通知》文件中将运动员定义为“系指专门从事某项体育运动训练和参加比赛的人员”,该文件出台于1992年,标志着中国运动员职业法律身份的正式确立。2003年发布的《全国运动员注册与交流管理办法(试行)》第2条规定:“本办法所称运动员,是指参加国家体育总局主办的全国综合性运动会和全国单项竞赛的运动员。”《运动员技术等级管理办法》第3条规定:“本办法所称运动员,是指参加总局颁布的各项目《运动员技术等级标准》(以下简称‘等级标准’)中规定比赛的正式参赛人员。”2015年,国家又颁布了最新的《职业分类大典(2015年版)》,明确了运动员作为一种职业,是从事球类、田径、体操、游泳和棋牌类等运动项目训练和比赛的专业人员。运动员从事的工作主要包括2个方面:(1)在教练员的指导下,进行长期的体能训练和专长训练,提高运动能力和技术水平;

① *Curtis v. Bd. of Educ. of Sayre Pub. Sch.*, 1995 OK 119, 914 P. 2d 656, 659. “the word ‘athlete’ is primarily defined as ‘[o]ne who takes part in competitive sports.’”

② See Moraga Yago Vazquez & Andreu Sarrias, *Sport image rights in Spain*, 3 The International Sports Law Journal 122(2010).

（2）参加公开职业性比赛和运动会。[①] 综上，我国已经充分认可了运动员作为一种独立的职业，归纳了其以从事体育运动训练和竞赛为劳动内容、以运动成绩作为回馈标准的概念内核。2022 年，国家更新的《职业分类大典（2022 年版）》在原来 2015 年版本的基础上对运动员职业的界定做了些许调整，将其定义为“从事各类运动项目训练和比赛的专业人员。主要工作任务：1. 在教练员的指导下，进行体育专项训练，提高运动能力和技术水平；2. 参加各级各类比赛，争取优异的运动成绩”。

二、运动员的分类

1. 职业运动员、专业运动员与业余运动员

体育本身就是一个专业技术的领域，运动员的身份对于比赛的不可或缺性，运动员技能技巧的超越性，运动员所承受的、所接受的管理等特质，使运动员的形象在商业使用过程中产生了一些特殊的法律问题。在我国体育界，约定俗成地把运动员分为职业运动员、专业运动员和业余运动员。我国的专业运动员是指我国体育体制下依附于各级体育行政主管部门下属的体育训练单位，并与之建立劳动人事关系，且专门从事体育训练和比赛，从体育训练单位获取工资收入并以之为生活来源的运动员。[②] 专业运动员往往存在入队年龄小、运动年限短、劳动强度大、伤病伤残多的特点，专业运动员除在役期间享有相应的权益保障外，退役后也享有单独的权益保障，如就业安置权、自主择业退役经济补偿权、入学

① 参见国家职业分类大典修订工作委员会：《中华人民共和国职业分类大典（2015 年版）》，中国劳动社会保障出版社 2015 年版，第 140 页。

② 参见田蒙蒙：《运动员伤病风险的社会法规制：源起、规范与完善》，载《武汉体育学院学报》2019 年第 11 期。

优待权等。职业运动员是指通过市场机制运作,进行培养训练,加入职业体育俱乐部,参加职业联赛的运动员。[①] 职业运动员也享有专业运动员所享有的生命健康权,劳动报酬权,受教育权,社会保障权,注册转会权,以及通过调解、仲裁、诉讼、行政申诉、行政复议等方式寻求救济的权利等。专业运动员以代表国家或地方参赛,获取比赛成绩,为国家或地方争取荣誉为使命,是我国特有职业群体,参赛的最终目的是获取社会效益。职业运动员是以职业俱乐部或者个人名义参赛,以获取经济效益为最终目的的运动员。[②] 综言之,专业运动员与职业运动员的应然权利体系大体一致,只是专业运动员因我国特殊的运动员管理体制而在职业保障权部分存在一些特殊权益。

对于没有商业比赛的运动项目来说,不存在职业运动员与专业运动员的区分,唯有存在"职场"的领域才存在职业从业人员。比如举重,只有专业运动员和业余运动员之分,中国举重就是专业运动员体制,没有商业比赛,没有商业队伍、俱乐部,也就不存在所谓的职业举重运动员。专业运动员是中国竞技体育举国体制的特色产物,而职业运动员是竞技体育市场化、商业化发展的产物。不过,实践中两者存在交叉共存的情况,专业运动员与职业运动员之间的身份是可以转换的,如篮球运动员从体校进入市队、省队,就成了专业运动员,其训练生活费用由国家承担,并由国家统一开工资。如果通过选秀,签订商业合同,进入 CBA 俱乐部球队参加职业联赛,则意味着放弃专业身份,转换成职业身份。从工作单位性

---

① 参见马宏俊:《运动员权利的法律保障制度研究》,载《体育科学》2014 年第 1 期。

② 参见于华、刘波:《浅议中国专业运动员人力资本所有权问题》,载《体育科技文献通报》2018 年第 6 期。

质来区分，专业运动员属于事业单位工作人员，而职业运动员一般属于民营或国有公司工作人员。

业余运动员与职业运动员的分界国际上早有先例。奥运会最初只是为业余运动员设计的综合性体育赛事，职业运动员不允许参加比赛。1980 年的代表大会上，国际奥林匹克委员会（International Olympic Committee，IOC）从《奥林匹克宪章》中删除了有关“业余原则”的规定。《奥林匹克宪章》有史以来规定的第 1 条与广告或运动员接受赞助有关的规则，是 1956 年版本中关于“非业余运动员”的界定条款，该条款的订立是为了把接受赞助的个人运动员排除在“业余运动员”的范围之外。1956 年版《奥林匹克宪章》对非业余运动员的定义作出了明确的规定。具体内容为：“由政府、教育机构或商业机构因其运动能力而资助的个人不能被视为业余运动员。工商业机构雇用运动员或者赞助运动队的目的是宣传品牌，这类运动员虽然获取报酬，但是并未安排他们实际参与生产工作，以便于他们有足够的时间训练和比赛。政府机构也有让运动员在军队、警察部队或政府部门任职的情况，还为其开办长时间的训练营。一些学院和大学也会提供给优秀运动员以奖学金和各种奖励。以上这些由于运动能力而获得特殊优待的人不能被视为业余运动员。”①

业余运动员不需要在体育管理机构进行注册，不以受雇于职业体育俱乐部为必要条件，这类群体在通常情况下自行或者在社会组织、政府机构帮助下进行训练、比赛，不以参与体育比赛为职业，不依靠参赛获得生活收入。职业运动员一般与某一职业体育

① 宋雅馨：《竞争法视域下〈奥林匹克宪章〉第 40 条变迁的审思》，载《天津体育学院学报》2022 年第 5 期。

俱乐部之间存在固定合同关系，代表俱乐部参与训练、比赛，通过参加职业比赛来获得收入。根据2016年中国足协公布的《中国足球协会球员身份与转会管理规定》，职业球员是指与俱乐部签订了书面工作合同，且从事足球活动收入大于实际支出的球员，业余球员则是指职业球员以外的球员。由此可见，注册登记并不是所有运动项目区分职业与业余运动员的标准，运动员是否以参加比赛并以运动成绩作为主要经济来源才是更重要的判断标准。

2. 现役运动员与退役运动员

相比职业运动员与业余运动员，专业运动员的退役在形象开发权行使问题上更具有阶段性、转折性的意义，“现役”与“退役”是运动员职业生涯中两个不同的阶段。现役是指运动员正处于专门从事体育训练与比赛的状态阶段；退役是指运动员由于各种原因不再专门从事体育训练与比赛，也不再以此为工作的状态阶段。专业运动员退役，是指从我国竞技体育训练培养体制关系中退出，进入市场经济社会，①体制内与体制外就运动员形象商业开发权利行使问题上的差别是显著的，退出体制之后即免受一系列的国家相关法规、政策及项目中心纪律的约束。随着体育管理机制的改革，此类约束日趋以合同的方式呈现。运动员形象权益保障应属于运动员职业发展权利束中的重要组成部分，而运动员职业发展权利束涵盖了不同职业生涯时期、不同法律身份的运动员合法权利，其内涵范畴应包括运动员形象商业开发权利。运动员不能等同于普通劳动者，属于专业性人力资源，对运动员身份进行划定的目的在于强调其所处的行业环境具有高风险性、不可替代性、动态

① 参见刘利：《从在训到退役：中国专业运动员的身份变化与认同研究》，北京体育大学2017年博士学位论文，第4页。

性等特点，故此行业规则对这一特殊群体的合法权利作出了限制或特别安排。现役运动员与退役运动员之间存在既统一又区别的关系。形象开发权利是贯穿于运动员在役与退役整个职业生涯时期的合法权利，对于退役阶段的运动员，形象商业开发权利的行使虽与在役期间的权利行使规则与限制有所不同，但作为自然人享有的形象开发权益本质上并没有差别。

综上所述，职业运动员、专业运动员、业余运动员，或者是现役运动员、退役运动员皆为自然人，其形象作为人格要素都是受到《民法典》保护的，虽因其身份差异而身系不同的合同关系，受到不同程度的权利行使约束，但并未从根本上否认他们在法律层面所享有的基本权利。依法确立的合同关系给形象开发带来的约束是当事人意思自治的体现，是当事人处分自身权利的一种方式。本书所指的“运动员”即包括所有上述类型的运动员，而非专门指代其中的某一种。

第二节　运动员形象

一、形象的内涵与外延

概念是人类将思考转变为语言传达给他人的必要工具，是解决和研究法律问题时不可或缺的工具。[①] 形象，是指能够引起人的情感活动或者思想的具体或者模糊的外部特征或者状态。形象是形容一个人外部特征的抽象概念，让其他人能够据之产生联想并

① 参见[美]E. 博登海默：《法理学：法哲学与法律方法》，邓正来译，中国政法大学出版社1999年版，第486页。

识别所象征或者所代表的具体人物的媒介,这种媒介与人物的身份之间构成了稳定的对应关系。在目前对于真实人物形象法律保护展开的研究中,关于"形象"的定义主要有两种理解:第一种是将"形象"作为一项独立的人格要素,在地位上与姓名、肖像、声音等人格要素平行。虽然日本早期出现过对"形象"作出这种理解的案例,①但是这一种观点的缺陷在于很难解释清楚形象的内涵,也难以明确当形象与肖像、声音重合的时候进行归类的标准。第二种观点是将"形象"看作所有人格要素的总称,既包括姓名、肖像、声音等人格要素,也包括这些要素的组合。本书认为,凡是能用来识别出特定自然人身份的、为他人所感知的外部特征,都属于一个人的形象,包括运动员具有显著标识性的球衣号码或者参赛号码,运动员的标志性动作。

表示"形象"含义的常用英文单词有 image,figure,identity 等,这几个单词的共同点是都属于对人物外部特征的描述。"形象"让其他人能够据之产生联想并识别所象征或者所代表的具体人物,作为一种媒介,形象与人物的身份之间构成了稳定的对应关系。以 2006 年中国篮球协会发布的《中国篮球协会注册运动员商业权利管理办法》②第 7 条规定为例,将运动员的形象界定为"运动员个性特征",即指"运动员个人的未以任何方式直接或间接显示其与中国篮协和(或)国家队、联赛、俱乐部关系的姓名、昵称、签名、声

---

① 参见[日]萩萩原·有里:《日本法律对商业形象权的保护》,载《知识产权》2003 年第 5 期,第 63 页。该文中提到日本最早的判例就曾将形象定义为:名人对其姓名、形象及其他对顾客有吸引力、有识别性的经济利益或价值进行排他性支配的权利。

② 《中国篮球协会注册运动员商业权利管理办法》,载中国篮球协会 2020 年 8 月 29 日,http://www.sport.gov.cn/n16/n33193/n33223/n34901/n2286355/150180.html。

音、名义、形象、事件及其他可辨认的个性特征”。从这一规定来看，只要能从中分辨或者联想到运动员身份的个人特征都属于“形象”，甚至包括事件。下面就运动员形象最传统的要素进行说明。

二、运动员形象的构成要素

1. 肖像

肖像，是指通过绘画、照相、雕塑等各种艺术形式而使公民的面部特征在物质载体上再现的视觉形象，主要是对人的面部的再现。[①] 英文通常用“likeness”“picture”“portrait”来表示，也有使用“image”来表达肖像，与引起许多学者热议的“形象权益”使用了同一个单词，这种表达方式易使人误以为“形象”指的就是个人的面部特征，然而，形象的内涵要比肖像的内涵丰富。肖像，有着广泛的表现形式，不仅有静态的，还有动态的，包括图画、照片、人物漫画（caricature）、[②]雕塑以及录像、录影等。

个人肖像应该分为写实肖像与漫画肖像，漫画肖像以艺术夸张的方式再现人物形象。典型的例子是2016年里约奥运会上游泳运动员傅园慧的微信表情包，当时在网络上的表情包，既有以其本人照片或者小视频截图后形成的图片或者动态图，也有以其本人表情为原型加工绘制出来的动态漫画，后者具有明显的人格分辨

① 参见王利明：《人格权法》（第2版），中国人民大学出版社2016年版，第247页。

② 根据《美国传统词典》第三版（1992）的定义，“caricature”是指“特别地通过画像或描述的手段放大某人的特征以达到喜剧效果的表现”。（[a] representation, especially pictorial or literary, in which the subject's distinctive features or peculiarities aredeliberately exaggerated to produce a comic or grotesque effect）

性，能借以展现出真实人物的个人社会形象。[①] 肖像，主要是针对人物的脸部特征，但是又不仅限于此，还包括能够辨认出身份的其他特征。早在1978年的“某运动员形象权益案”中，被告在某杂志中刊登了一张全裸黑人男性坐在用绳子围起来的拳击场一角的照片，而图片的旁边则配有某运动员在公开场合经常性对自己使用的称呼。虽然该照片所拍摄对象的面目模糊，无法直接辨认面容，但是原告认为无论从照片拍摄对象的体格特征，还是从配图文字来判断，都能让人分辨出图中暗示的就是原告。审理法院最终裁定此处明显指向的就是该运动员的形象。

国内的职业联赛对于球员肖像开发越来越重视，在普适性的球员工作合同模板中对肖像作出了详细的规定，以中国足协提供给俱乐部的工作合同模板为例，其中明确“肖像”是指个人容貌、身形或其他可以被识别的外在形象用于在任何有形或无形载体上再现的视觉形象。其呈现形式包括但不限于照片、影片、录像、漫画、绘画、动画、剪影、雕塑、动态图、电子表情包等。此外特别指出除真人呈现外，还包括动漫及卡通形象以及其他经过艺术处理的形象。

2. 姓名

姓名是指自然人的姓氏和名字，是自然人借以相互识别的文字符号系统的总称，是自然人特定化的社会标志。[②] 在运动员形象权益合同或者工作合同的条款中相关内容经常使用名词“name”“nickname”。对于自然人形象要素之一的“姓名”要做广义的理

① 参见陈健：《从网络即时通讯表情包看运动员形象权益问题》，载《体育成人教育学刊》2017年第1期。

② 参见王利明：《人格权法》（第2版），中国人民大学出版社2016年版，第209页。

解，不仅包括真实的姓名，还包括自然人的绰号、昵称、个人标志性的签名（signature），尤其对于外国人来说，还包括“initials”，即姓名的首字母缩写。[①] 对于作为形象要素之一的姓名的理解有一点需要厘清，即它与人格权中姓名权不同，每一个人都有自己的姓名，都可以主张自己的姓名权，但是可以设想，与香港明星刘德华同名的平民刘德华如果诉至法院主张某洗发产品使用“刘德华”做商业宣传侵犯了其形象权益，这种诉讼请求必然是难以得到支持的。由此可见，形象要素作为一种财产受到法律保护的前提是必须与特定人身份形成稳定的对应关系，换言之，就是要能够稳定地表征特定人的身份。除了明星刘德华，中国还有很多名为“刘德华”的人，但是产品宣传中的“刘德华”三个字只能与明星刘德华一人形成稳定的对应关系，所以在商家使用“刘德华”这三个字之前，法律只能要求商家获得明星刘德华本人的使用许可，而不能要求商家去逐个获得所有名为刘德华之人的许可，那不仅不具备可行性，给商家造成沉重的负担；也是极其不利于市场发展的。

姓名，乃是用于区别人的一种语言上的标志，表现于外，以确定其人的同一性。[②] 除真实姓名外的昵称、别名，只有达到能够清楚指代某人、表现某人的程度，才能成为形象的姓名要素。反之亦

---

① 参见 EUROLEAGUE BYLAWS（APPENDIX II）：LICENSED CLUB CONTRACT 第七条规定：“The Club declares to have obtained, and hereby grants EP, all the commercial and advertising exploitation of the image rights (including all rights for the image, name, nickname, initials, signature, number, image, likeness (photograph, caricature, etc), voice, personal or biographical data orany combination, reproduction or simulation thereof) of its players…”. 2016 – 2017 Euroleague Bylaws (Sept. 15, 2016), http://www.euroleague.net/rs/79tbcueu9ady8xkb/84bd1f8d-134d-42a0-a8ee-cd688d29aaa2/0d5/filename/2016-17-euroleague-bylaws-book-15-sept-2016.pdf。

② 参见王泽鉴：《人格权法》，北京大学出版社 2013 年版，第 135 页。

然，凡是具有标识性的自然人绰号或者昵称，能让人们产生联想，联系到特定自然人的，都是自然人形象的象征。1979 年威斯康星州法院曾经审理过一个案件，原告是美国知名体育球星，因为他的独特运动姿势就像一架旋转的飞轮而获得了一个外号，被告是一家化妆品厂商，其在生产的妇女剃毛器产品宣传上使用了原告的这个外号，最后法院判决被告败诉，认定这个外号已经构成原告形象的一部分，未经原告许可不得擅自使用。2016 年国内法院对某球星姓名权纠纷作出了判决，认定该球星对于其本人名字的中文翻译享有姓名权，①根据《民法典》的规定，姓名权的内容包括了"禁止他人干涉、盗用、假冒"，后两者"盗用"和"假冒"属于通常理解的开发行为的范畴，由此看来，外国人姓名的翻译也应是自然人形象姓名要素中的一部分。

第三节　运动员形象的民法典意蕴

一、民法典对传统人格要素理解的突破

从国际实践看来，在运动员已经签订的合同以及体育组织章程关于"player's image"或者"player attributes"的规定中，运动员的形象要素包括肖像，姓名，球衣号码或参赛号码，声音，生物信息或数据等，其中部分要素是通过后天投资才被赋予特定意义，如招牌动作，球衣号码或参赛号码，在此统称为"可辨别为特定人的外在因素"。《2017—2018 英格兰足球超级联赛标准球员合同》第 1 条

① 上海第二中级人民法院民事判决书，(2012)沪二中民一(民)初字第 1 号判决。

将“运动员的形象”(player's image),界定为“球员的姓名,别名,名誉,肖像,签名,声音,视频,照片及其纸质版与电子版的任何复制品,以及其他所有包括球员号码在内的个人特征”。[①] 形象要素是一个内容不断扩充且开放的集合,且不同的人群可能有相较于其他人群的特殊身份标识。

1. 肖像的扩张——运动员的标志性动作

“肖像”的概念和载体一直在不断扩充和更新,在计算机水平迅猛发展的背景下,除了漫画形象,还出现了“computer generated or animated portrayal”(计算机生成或漫画形象)的概念,这是跟随科技发展与体育商品化的推进而出现的,典型的例子就是运动员形象在电竞游戏当中的利用。2002 年以前,体育电竞游戏公司 EA Sports 公司是国际足联的长期合作伙伴,EA Sports 公司出品的 FIFA 系列视频游戏中没有出现球员的名字,只有球队的名称,很难从游戏画面中辨别出场上运动员的身份与个人特征。2003 年开始,球员的真实姓名开始标注在场上球员的球衣上,经过 EA Sports 公司与国际足联的长期合作与谈判,该公司获得了越来越多的运动员形象要素的使用权,从能够使用运动员的球衣号码和名字,到如今 FIFA 21 版本如现场直播般高清的游戏画面,甚至收录了球员的习惯动作,这种利用方式中除了运动员肖像、姓名要素,更多涉及的是球员生物信息和数据的商业性开发。

《民法典》出台后对肖像的内涵进行了扩张。明确将“肖像”界定为“通过影像、雕塑、绘画等方式在一定载体上所反映的特定自然人可以被识别的外部形象”,可见肖像不仅有静态的,还有动态

① *Premier League English Football League Contract*, Premier League (Sept. 20, 2020), https://www.premierleague.com/publications.

的，包括图画、照片、人物漫画（caricature）、[1]雕塑以及录像、录影等等，且不单局限于人的面部特征。在《民法典》出台之前，肖像通常被理解为通过绘画、照相、雕塑等各种艺术形式而使公民的面部特征在物质载体上再现的视觉形象，主要是对人的面部的再现，[2]公众对于形象的初步理解也停留于个人的面部特征。《民法典》的此次调整有重要意义：（1）改变了以面部特征为中心界定“肖像”的立场；（2）不再局限于“物质载体”，只要载体能够客观真实地反映出自然人外部形象，这种载体包括但不限于艺术作品，任何可以反映自然人外部形象的物质手段都可以纳入这种载体之中，形式包括但不限于图片、照片、绘画、雕像、游戏中的形象等。根据《中国篮协球员合同》（2021 国内试行版）中对球员肖像权的规定，个人肖像包括但不限于照片、影像、录像、卡通形象、动态图等。

随着运动员商业价值开发意识的觉醒，他们开始将自己的标志性动作也注册为商标，由此，招牌动作也成了可辨别运动员身份的形象要素。比如前 F1 某知名赛车手将自己戴着比赛车头盔举目眺望的形象根据《英国 1994 年贸易商标法案》注册成了商标。后来，随着广告宣传手段的推陈出新，也出现了将运动员的专属动作设计成 LOGO 标注在商品上的做法，如 NIKE 旗下的乔丹系列产品上面都印有飞人的 LOGO，李宁体育用品有限公司为羽毛球国手林丹设计的专属动作 LOGO 等，这种抽象式的运动员形象商业

---

① 根据《美国传统词典》第三版（1992）的定义，“caricature”是指“特别地通过画像或描述的手段放大某人的特征以达到喜剧效果的表现”（a representation, especially pictorial or literary, in which the subject's distinctive features or peculiarities are deliberately exaggerated to produce a comic or grotesque effect）。

② 参见王利明：《人格权法》（第 2 版），中国人民大学出版社 2016 年版，第 247 页。

利用，一旦具有让消费者识别出特定运动员身份的效果，亦应归属于运动员形象的利用范围。国外已有的这些形象开发方式在我国实践中也很常见，《民法典》此次所作的调整系将未受《商标法》保护的运动员标志动作等形象要素归入人格要素，这对于确认实务中已有做法的法律定性意义重大。

2. 姓名的扩张——运动员的参赛号码

《民法典》扩大了姓名的内涵，第 1017 条规定，在传统的姓名之外，还需要保护具有一定社会知名度，被他人使用足以造成公众混淆的笔名、艺名、网名、译名、名称的简称等。球衣号码或参赛号码，与其他要素一样，对于识别运动员的身份有重要意义，在欧洲相关章程中对使用球员的号码作为形象开发有明确的规定就是很好的例证。比如，篮球飞人乔丹的球衣号码 23 号，大卫 · 贝克汉姆在曼联与英国国家队的 7 号，在皇马效力时期的 23 号，都成为球迷喜爱与追捧的对象，在商业活动中经常与其他要素一起或者单独地被商业使用。在某知名运动员诉某电话查询公司案中，原告认为该公司将自己的服务宣传电话号码定为其曾经使用过的参赛号码，具有代表性，该公司在未经许可的情况下加以使用属于侵权，在此案中原告获得了胜诉。另外，在加拿大安大略省法院审理的某足球运动员诉某公司案中，原告作为足球运动员曾在广告和营销上以适当的程度利用其肖像，被告是摩托车的制造商，在广告推销自己公司生产的车的过程中将原告穿着其常用球衣号码踢球的照片作为海报主题。审理法院支持了原告的主张，认为大众看到这款球衣及球衣号码很快就能辨认出为原告本人，被告的行为已构成侵权。[①] 该案被认为是加拿大法院开辟自然人形象利用侵权新类型的标志性案件。由此证明，一旦球员的参赛号码或者其他具有身份标识作用的要素事实上具有了经济价值，在实践中就是受到法律保护的。

3. 声音

《民法典》第 1023 条第 2 款规定，对自然人声音的保护，参照适用肖像权保护的有关规定。因为声音对于个人而言起到识别的作用，可凭借声音关联到个人，与指纹、掌纹一样，都具有唯一性，且这种特征几乎是成年之后就终生不变的。如今声纹识别已经适用于许多领域，科技的发展也让声音的利用方式越来越广泛，商业利用价值也越来越显著。可被商业化的声音标识通常包括自然人的独特声音或者说话风格，如演唱者独特的嗓音、主持人独特的说话风格或者朗诵者的声音声调。一个人的声音可以和姓名、肖像一样起到人格标识的作用，也有被复制、传播从而受到侵害的可能。[②]

声音作为一种法益也为英美法系的立法司法保护，美国加利福尼亚州通过的《加利福尼亚州民法典》第 334 条将声音与肖像、姓名并列作为公开权的保护对象，确认了权利人对于声音享有的财产权利。[③] 在美国某歌星诉某公司案中，原告作为一位歌星拒绝了被告公司要求其在宣传活动中献唱的邀请，于是被告找到原告

---

① 参见洪伟等：《人格商业化利用的法律规制》，浙江工商大学出版社 2016 年版，第 83 – 84 页。

② 参见杨立新、袁雪石：《论声音权的独立及其民法保护》，载《法商研究》2005 年第 4 期。

③ 参见洪伟等：《人格商业化利用的法律规制》，浙江工商大学出版社 2016 年版，第 60 – 61 页。

的合音，要其模仿原告的声音并完成了演出。美国第九巡回上诉法院在判决中给予了声音如同面孔一样的地位，认为声音也具有可区别性与个性，被告对一个知名度很高的歌手的声音进行模仿，使人误信该声音就是原歌手所唱，而借以销售产品获利，属于侵犯原告形象权益的行为。

很多国家的成文法已经将声音作为商标法保护的对象，这就意味着自然人的声音也能作为商标注册，比如2013年8月30日，我国通过了关于修改《商标法》的决定，规定声音也可以作为商标进行注册。在一些大陆法系国家的判例中，有的将声音作为一般人格权加以保护，①有的将其作为隐私或者肖像保护，这也是为什么中国有学者直接提出对于没有注册为商标而得到商标法保护的声音，可以由肖像权的扩张保护延伸出法律保护依据，类推适用肖像权的规则，②这一规则已经被《民法典》正式认可。在体育领域，目前关于运动员声音商业利用的纠纷比较少见，但体育解说员黄健翔、孙正平、韩乔生、宋世雄等的声音和经典解说片段都是体育爱好者、体育从业者、运动员耳熟能详记忆深刻的，具有很高的辨识度。③ 无论是在英超的标准球员合同中还是在美国NBA联盟的集体谈判协议中，声音都被视为运动员形象的一个要素。

---

① 一般人格权，是相对于具体人格权而言的，是指以人格尊严、人格平等、人身自由为内容的、具有高度概括性和权利集合性特点的权利。德国联邦最高法院于1954年的“读者投书案”中承认了这种对人格权的概括性保护。参见尹田：《论一般人格权》，载《法律科学》2002年第4期。

② 参见王利明：《人格权法》（第2版），中国人民大学出版社2016年版，第257页。

③ 参见刘培超：《我国知名运动员形象权法律保护的内容与问题研究》，河南师范大学2015年硕士学位论文，第21页。

4. 生平简历或生物特征数据

美国 NBA 联盟的集体谈判协议以及相关文件将运动员的生平简历或数据(biographical information / data)[①]纳入了运动员形象要素的范畴。近年来,美国职业体育联盟相继在集体谈判协议中纳入可穿戴设备和生物识别数据处理条款,加强对运动员生物特征数据(biometric data)处理的规范。生平简历或生物特征数据不属于传统的"形象"概念,是随着信息时代发展而出现的个人信息,如今作为要素之一出现在运动员形象权益合同之中,成为其他人用来识别运动员个人身份的依据。追溯起来,生平简历或生物特征数据属于个人信息或者个人隐私权的保护对象,美国已经将个人信息权益纳入隐私权的内涵中,[②]大陆法系国家目前也都将其纳入人格权的范畴加以保护。运动员生物特征数据已经日益广泛应用于商业利用场景,围绕着运动员生物特征数据的采集和处理已经形成了一个重要的产业链,在体育类电竞游戏中将真实世界中运动员的生物特征数据实时植入游戏,实现虚拟与真实的交互。在美国某运动员诉某游戏公司案中,原告主张被告在其开发的体育游戏中使用了原告的生物特征数据,违反了印第安纳州的公开权法规,要求根据该州的公开权法获得赔偿。作为对原告索赔的回应,被告公司声称原告姓名和生物统计数据的使用受到第一修正案的保护。生平简历或生物特征数据所体现的经济利益已远远

---

① 美国 NBA 联盟的球员集体谈判协议以及相关文件中将运动员的形象所包含的各要素总结归纳为"PlayerAttributes"概念。参见 2017 NBA 集体谈判协议第 14 条规定:"...the Player's name, nickname, picture, portrait, likeness, signature, voice, caricature, biographical information, or other identifiable feature (collectively, 'Player-Attributes')。"

② 参见张里安、韩旭至:《大数据时代下个人信息权的私法属性》,载《法学论坛》2016 年第 3 期。

超出现有人格权法律框架所能提供的保护范围，故而，虽然个人信息保护源于隐私权的保护，但绝不限于隐私权的范畴。

2017 年生效的《民法总则》中的“民事权利”一章首次将自然人的个人信息纳入了保护客体的范围，规定“任何组织和个人不得非法收集、使用、加工、传输他人个人信息，不得非法买卖、提供或者公开他人个人信息”。① 2021 年施行的《民法典》更是明确将个人信息纳入了人格权的保护范围，第 1034 条将个人信息定义为“以电子或者其他方式记录的能够单独或者与其他信息结合识别特定自然人的各种信息，包括自然人的姓名、出生日期、身份证件号码、生物识别信息、住址、电话号码、电子邮箱、健康信息、行踪信息等”。据此，运动员的肖像、姓名以及生物信息都落入了个人信息的范畴，尤其是生物信息，属于我国《个人信息保护法》规定的敏感个人信息，在具备数据特殊性的同时还具有强财产性。我们一般认为大数据时代单个自然人的个人数据并无价值，真正蕴含巨大经济价值的是数据从业者收集和控制的海量数据，②但是运动员生物特征不同于普通个体数据价值的微不足道，运动员个人数据也蕴含着巨大的商业价值，而非只有大数据分析才能创造价值。由此可见，运动员的生平简历及数据作为具有身份标识性的个人信息，兼具精神价值与财产价值，受到法律保护，对运动员个人信息的商业利用需要征得运动员的事先同意。

① 2017 年 3 月 15 日第十二届全国人民代表大会第五次会议通过《民法总则》（2021 年 1 月 1 日起废止），第 111 条规定：“自然人的个人信息受法律保护。任何组织和个人需要获取他人个人信息的，应当依法取得并确保信息安全，不得非法收集、使用、加工、传输他人个人信息，不得非法买卖、提供或者公开他人个人信息。”

② 参见程啸：《论我国民法典中的个人信息合理使用制度》，载《中外法学》2020 年第 4 期。

二、民法典调整的宗旨——身份可识别性

1.“可识别”为特定个人

《民法典》关于肖像权的规定作出了诸多创新，在《民法典》的制定过程中对于肖像权的保护范围也出现过不同意见，争议点围绕在是否仅限于保护自然人的面部形象，因为通常情况下认为只有面部形象才具有可识别性。所谓可识别性，是指通过某种技术手段再现的个人肖像必须被人们辨认为具体的某个人。①《民法典》对自然人肖像及姓名内涵与外延之扩展，可以抽象出两个关键要件：第一，属于外部特征或者状态；第二，能够据之识别特定人的身份，识别的程度必须达到能够据之识别特定人身份的效果，如果没法指向特定自然人，该外部形象就不属于受法律保护的客体。可见，可识别为特定个人成为肖像的核心特征。

实践中还存在多种运动员形象的延伸，第一种情形，漫画肖像以艺术夸张的方式再现人物形象，只要清楚地反映出个人的容貌等生理特征，达到能辨识人物身份的程度，就应该受到法律的约束。姓名、声音亦是如此，必须以可识别、可判断为边界。第二种情形，与运动员个人紧密关联的能象征其身份的参赛用品，如赛车手用的标志性赛车，当与其他要素结合一起使用时也构成运动员形象的一部分。在某运动员诉某烟草公司案中，被告在其香烟的电视广告上使用了原告的跑车图片，虽然该运动员的脸部容貌未在被告所使用的图片中显现，但因被告使用的跑车图片具有原告的个人特色，使公众能够与他人的跑车区别，且一看到跑车就会联

---

① 参见王利明、程啸：《中国民法典释评·人格权编》，中国人民大学出版社2020年版，第279页。

想到原告。所以纵使被告改变了跑车的号码,还在跑车上加了气流偏导器,但一般人仍会认为这就是原告的车。法院因此认定赛车的形象也属于原告个人形象的范畴。[1]

2. 为"一般社会公众"所识别

外部特征或者状态,也即学理上常用到的"标表符号",必须直观地为外界所感知,随之而来的问题是依据什么标准来认定外部特征是否可以被识别为特定个人。第一种观点认为,应以社会一般人能否识别作为判断标准。第二种观点认为,一般人识别的标准难以确立,应当以肖像权人自身生活、工作的群体作为认定标准。第三种观点认为,依据是否直接体现个人形象来利用肖像进行认定。在我国的司法实践中,法院的常见表述是"一般的社会公众""在一定的观众范围内""一般的公众"。有学者认为,应当区分名人和普通人,对于地域和行业受众也有必要进行差异性考量。[2] 对于部分运动员个体的知名度仅限于某一行业的情况,则以该业界的普通受众能否识别来进行判断,而不应以社会一般大众能否识别来判定。体育领域虽然属于特定专业领域,但是目前运动明星仍是大众明星,为公众普遍知晓,实践中,采用"一般社会公众"的标准便于法院进行判断。

① *Motschenbacher v. R. J. Reynolds Tobacco Co.*, 498 F. 2d 821 (C. A. 9 1974).

② 参见王绍喜:《〈民法典〉时代肖像权保护解释论》,载《法律适用》2021 年第 11 期。

小　　结

运动员,已经成为一个场景化的概念,不同的研究领域与研究范围对其可作不同的理解,需要先行明确。体育本身就是一个专业技术的领域,运动员的身份对于比赛的不可或缺性,运动员技能技巧的超越性,他们所承受的、所接受的管理都使运动员的身份具有了特殊性,使他们的形象在商业使用过程中产生了一些特殊的法律问题。对运动员身份进行界定的目的在于强调其所处的行业环境,也即行业规则对于这一特殊群体合法权利的限制或特别安排。然而,行业的特殊性并未从根本上否认他们在法律层面所享有的基本人格权利。在法律允许范围内缔结的合同关系给形象开发带来的约束是当事人意思自治的体现,是当事人处分自身权利的一种方式。故此,本书所指的"运动员"包括所有类型的运动员,而非专门指代其中的某一种。

形象,是指能够引起人的情感活动或者思想的具体或者模糊的外部特征或者状态。"运动员形象"既不是一种具体的人格要素,也不是与某一个传统人格要素平行的概念,而是标表运动员身份的外部人格特征的集合。形象这个非法律概念之所以备受关注,原因在于其背后蕴藏的经济价值,这种经济价值在形象权益的权利人将形象赋予流转功能的过程之中得到实现,这个过程与专利权人、商标权人将专利技术、商标授权许可给其他主体使用并从中获得许可使用费的原理是相同的。

《民法典》人格权编以可识别特定个人身份的外部特征为标准对数字时代背景下自然人形象的概念进行了厘定,相关条款扩展了肖像、姓名的内涵与外延，将运动员标志性动作、参赛号码、声音、生平简历、特征数据等纳入形象的范畴。这一修改回应了互联网与技术发展的要求，为之后形象开发实践的变革预留了制度空间，对于我国今后针对形象使用侵权行为展开救济具有重要意义。

第二章　运动员形象的保护模式

关于运动员形象的法律保护,不同国家、地区采用了不同的路径,这些保护方法可以大致分为三类:第一类是知识产权路径,即通过既有的著作权法、商标法以及不正当竞争法为符合这些法律适用要求的运动员形象提供保护。第二类是发展出一项独立的权利制度,将人格的经济利益与精神利益剥离,典型的代表就是美国建立的"公开权"制度。尼莫教授认为"形象权益是个人对其拥有或转让取得的形象价值享有控制和获取利益的权利"①,专门保护人格的经济利益。此外,根西岛也作出了类似的规定,并且建立了形象权益登记制度。第三类,德国、法国等老牌成文法系国家通过扩张解释传统的人格权而发展出了人格要素商业化利用理论,坚持在人格权制度的理论框架之内解决自然人的形象商业价值保护问题。这也是我国《民法典》所采用的方式,承认人格要素的经济利益也属于人格权保护客体,侵害自然人可识别身份的外部特征的行为是侵犯人格权的行为。

---

① Nimmer, Melville B. , *The Right of Publicity*, 19 Law & Contemp. Probs. 203 (1954).

第一节　运动员形象的知识产权保护模式

在《民法典》正式通过之前，国内主张形象权益是知识产权的学者不在少数，早在2003年，南振兴、刘春霖在《知识产权学术前沿问题研究》(2003)一书中就对包括真实人物在内的形象商业化利用现象进行了探讨，他们将其定义为“商品化权”，商品化权属于“工业”领域里“来自知识活动的权利”，其中一部分是著作权与商标权或广告使用权的交叉，另一部分是“名人”的姓名权或肖像权与商标权或广告使用权的交叉。商品化权具备知识产权的共有特性，如专有性、严格的地域性、时间性。[①] 形象权与知识产权之间的最大共性被认为是两者指向的客体都为无形财产。本书认为，与其因为两者之间的共性将形象权益纳入知识产权的权利体系，不如说知识产权法是运动员形象的一种保护模式。更符合事实的是，在运动员形象开发时有意识将其形象按照著作权法、商标法的要求进行登记注册，成为作品或者商标，则可以根据这些法律来进行下一步的许可使用与转让行为，并在其权利受到侵犯时通过著作权法、商标法以及反不正当竞争法获得救济。

一、著作权法的两种保护路径

著作权归类于创造性成果权，是一种以知识形态为保护对象、以专有权为存在形式的，文化领域中重要的无形财产权。著作权

---

① 参见南振兴、刘春霖：《知识产权学术前沿问题研究》，中国书籍出版社2003年版，第398页。

制度的诞生是为了满足人类对于文学艺术作品的精神需求以及作者名誉和物质的需求。作品的创作者要把自己的情感和心得体会传递给别人,就需要借助符号体系,将感情和思想赋予某种文学、艺术形式,主要传递一种积极的正能量。而运动员形象也同样是一种正能量的表达,也正因为存在能够唤起大众内心对积极精神的追求与享受,才产生了知名形象的经济价值,所以在这一点上两者是共通的。

在确立形象权益制度以前,有很多国家是采用著作权法来保护运动员形象要素的,尤其是其中的肖像要素,如荷兰。荷兰一直是通过著作权法以及民法典为包括运动员在内的自然人提供禁止第三方未经许可使用其形象的法律依据的。当运动员的形象未经授权被商业利用时,可以援引《荷兰著作权法》第 19 ~ 21、25a、35 条,这些规定被统称为“肖像权”(portrait rights)。[①] 荷兰的《著作权法释义》中将“肖像”定义为“对于自然人脸部特征的描绘,不论是否包括身体其他部位,也不论这种描绘以何种方式出现”[②]。根据荷兰最高法院的判决,在同时出现了其他具有人格辨别性的要素时,对于自然人面部的描绘并不要求穷尽其脸部所有的特征才构成对“肖像”的利用。法院对于著作权法的规定做了扩大解释,认定典型的肢体动作具有人格标识意义,有些运动员的标准动作或某一姿势成为其形象的一部分为公众所熟知。曾经荷兰法院就审理过一起案件,原告是一名滑冰马拉松运动员,其肖像被某公司未经许可用于广告中,法院认为该运动员为公众所知的并不仅仅

① Hagen Steffen, *Sports image rights in the Netherlands*, 3 The International Sports Law Journal 116 (2011).

② Jaap Spoor et al. ,*Auteursrecht*, Kluwer, 2005, p. 303.

是他的脸还包括他在滑冰时的招牌动作。

1. 将形象的载体认定为“作品”

著作权法对“作品”有两大要求：可复制性与独创性，与商标一样，著作权法对运动员形象的保护设立了特殊的条件，导致可适用性大大降低。就可复制性而言，自然人所享有的针对自身形象利益的权利是指法律赋予自然人控制其形象要素商业性使用的权利，是对真实人物形象，包括权利人的姓名、肖像、声音等具有身份表征性的所有要素，尽管对它们进行了一定程度的包装，但形象要素仍然是形象利益的根本所在。而著作权保护的是文学、艺术和科学领域中具有独创性的作品。美国对于其版权法保护客体的定义是“思想在有形载体上固定化的表达”，中国对于著作权法保护客体的实质性条件明确为独创性与可复制性，这就意味着唯有运动员形象固定在载体上并且可复制时，才可能受到著作权保护。比如，某拳击运动员形象权纠纷案，如果根据《著作权法》提起诉讼，那么原告是要败诉的，虽然被告使用了该拳击运动员对于自己常用的称呼，但这种使用并不构成作品。此外运动员的声音，标志性动作等，这些都不是我国《著作权法》保护的客体。

形象的商业开发，究其根本使用的是形象的符号意义，关注的是形象本身而不是形象所依托的载体。如果适用著作权法，被告只要不盗用作品实质内容就不会被法院认定为侵权，但实践中对于形象的开发使用，商家利用的就是消费者产生的联想。《著作权法》更适宜于用来保护虚拟角色商业化利用的权利，而不适用于保护运动员等真实人物形象商业化利用的权益。要求虚拟角色之外的自然人的形象具有独创性，是对自然人的“超常”要求，所以著作权法模式无疑会限制权利人对形象价值的控制。

2. 将运动员认定为“表演者”

利用著作权法保护运动员形象可能会涉及两种情况，一种是运动员作为作品的作者；另一种是运动员作为表演者，受到邻接权的保护。第一种情况出现的概率很小，运动员的形象并不天然构成著作权法要求的“作品”，并不是一种智力成果。第二种情况是运动员作为表演者，享受邻接权的保护。表演者权是指表演者许可或者禁止他人利用自己表演活动的权利。形象要素既包括静态的姓名、肖像，也包括动态的动作、声音等，当表演者的表演被用现场直播、录音录像或者互联网传播的方式所固定时，表演者的形象就会与著作权再次产生交集。影视明星与歌星在这种情况下对于第三人未经许可二次商业性开发利用其形象，可以主张表演者权。但是就运动员而言，难免进入了“表演内容为作品才被视为表演者”的论证死胡同，这意味着需要先证明体育赛事构成作品，如果本身表演的客体不能构成著作权法意义上的作品，那么表演的人很难主张表演者权，除非法律有明确的例外规定。比如，巴西已将表演者的范围扩展到体育表演和比赛项目中的运动员和运动员组织；日本著作权法也规定表演者的范围包括对于非作品进行表演的人，如杂耍演员、马戏演员等，由此为运动员被认定成表演者保留了法律解释的路径。

截至目前，能否将运动员视为“表演者”尚存在很大争议，国际主流的观点认为运动员并不能被视为表演者。在近两年我国关于体育赛事转播权的新一轮论证思潮中，司法实践以及绝大多数学者的意见都否认将运动员在赛场上的表现视为受到邻接权保护的“表演”，同时也否认运动员构成“表演者”，这意味着运动员的形象在我国难以通过邻接权得到保护。著作权法对于运动员肖像提供的保护难以掩盖对于“作品”的过度解释问题。著作权与运动员形象权益的界限还是截然分明的，只有当能与个人身份形成唯一且稳定对应关系的形象要素落实到某一种有形的载体上时，形象才具备成为著作权法保护对象的可能，同时，此形象与载体的组合还要符合“作品”的要求，必须是文学、艺术或者科学领域内具有独创性并能以某种有形形式复制的智力成果。

二、商标法保护路径

商标的本质是经营者用来表彰和区分来源的标志，通常由文字、字母、数字、图案、三维标志等要素构成，也可以由颜色、声音、气味等要素构成。[①] 传统的商标法始终注重商标的标识性质，保护商标的区别功能——防止和制止混淆。保护商标的目的在于保护经营成果和劳动回报。[②] 运动员形象的保护针对的就是其知名形象背后的商业利益，而运动员的知名形象不仅来自他个人长期艰苦训练的身体劳动付出，同时还来自其本人精神上为维持良好形象所进行的自律。所以，从商标与形象的保护对象来看，两者是有重合之处的。多根（Dogan）教授和莱姆利（Lemley）教授提出的商标法应该作为形象保护的最佳类比的观点，都源于禁止仿冒原则，以混淆可能性作为核心要件，商标的淡化理论也同样可以类推于形象保护。[③]

商标之所以能够被利用来保护部分形象权益，一方面是因为形象要素的权利人期望能从形象开发中获得经济利益；另一方面

① 参见李明德：《知识产权法》，法律出版社 2008 年版，第 194 页。

② 参见吴汉东主编：《知识产权法学》（第 6 版），北京大学出版社 2014 年版，第 193 页。

③ 参见阮开欣：《电子游戏的形象权益问题研究：以美国的司法实践为视角》，华东政法大学 2014 年硕士学位论文，第 8 页。

是因为产品生产商希望能够发挥自然人形象的“带货”能力。商标的基本功能是识别商品或服务的来源，该特殊功能使商家凭借商标将自己的商品或服务与他人提供的同类商品或者服务加以区分，由此建立自己的商业信誉。商标始终是将不同生产经营者所提供的商品与服务区别开来的标记，所以商标法保护的主体是有实业经营背景的商品或者服务提供商，这是商标法对于一定期限内未使用的商标要予以撤销的重要原因。很多国家法律对商标的保护都以注册为前提，仅有个别国家如美国，采用使用原则作为商标权的获得标准。

运动员平时的生活几乎被枯燥和繁重的训练任务占据，真正能够有精力经营实业的，实为少数。但运动员形象作为商标注册的案例不在少数，形象在某些情况下也对商品和服务的质量有标识作用，商家往往会选择产品所在领域表现突出的名人作为代言人，他们的形象出现在产品上也会在一定程度上让消费者确信产品的质量是连世界冠军这种专业人士都认可的，从而引导消费者的选择。形象特征中可受保护的因素是其可识别的因素，运动员的姓名、肖像，甚至其本人取得成功的方法以及人生经历等各种形象因素都代表了特定运动员的精神。在这些形象因素符合商标注册要求的情况下，只要不违背禁用条款，即可以申请注册为商标。运动员既可以先将其形象注册为商标后再将该商标转让、许可给产品生产商或者服务提供者，也可以直接许可给他人使用再由他人申请注册商标。在实践中很多享有较高知名度的运动员将自己的某些形象因素注册为商标，如体操运动员李宁将自己的姓名“Li－Ning”注册为商标；乒乓球运动员邓亚萍把自己的姓名“邓亚萍”注册为商标。

运动员的可识别为特定人的外在因素能被注册为商标并得到

商标法保护。但商标法的确权路径只能适用于部分情况,每一个商标对于形象特征的容载量都是有限的。如果以商标法来保护运动员形象,一方面,商标权在很多国家都是必须履行注册手续才享有的,而运动员的运动生命往往只有短暂的几年,行政确权的周期与形象的市场价值升降期间容易产生时间差,导致形象在经济价值较高的时段无法获得商标权保护,给运动员带来经济上的损失。另一方面,法律对任何权利的保护都是有期限的,注册商标也是如此,商标权的续展不仅以使用为前提,还要满足其他的程序性或实质性条件。

我国的运动员将自己的姓名或者其他人格性标识注册为商标或企业名称的做法直到晚近才发展为普遍趋势,这一点与外国的体育明星和营销水平相差甚远,美国拳王梅威瑟(Floyd Mayweather)从 2010 年至今已经注册了超过 230 个商标。新英格兰爱国者四分卫汤姆·布拉迪(Tom Brady)拥有 4 个商标,他提交申请注册的商标还有 20 个。当然,注册商标只是保护意识的一种体现,我国的运动员及其体育经纪人还应该采取更全面的措施保护权益。

在实践中出现多起用名人的姓名谐音来注册商标的案例,即使明星运动员以自己的姓名注册了商标,因商标申请人不直接使用运动员的姓名,这种行为没有侵犯商标法,也不违反商标法的禁止性规定。保护商标的立论基础就是防止混淆,故此,构成商标侵权的行为要件之一是构成混淆,无论是采用商标使用原则还是商标注册原则,“侵害商标权”的前提是该行为构成对相同或近似商标的擅自使用,并足以引起消费者混淆。[①] 将运动员形象用于商

① 参见吴汉东主编:《知识产权法学》(第 6 版),北京大学出版社 2014 年版,第 267 页。

标,能起到暗示消费者该商品或者服务与该形象的所有者之间有一定联系的作用。在判定未经许可使用他人形象要素注册的商标是否构成侵权时,除比较两者之间是否近似外,还要判断该标识所利用的形象与权利人所享有权利的形象相比,是否构成了足以导致消费者混淆的近似,①这个要求对于运动员形象的保护而言是非常不利的。对运动员形象侵权的判断标准应该更宽松一些,不以具体的使用形态以及使用在哪种商品、服务上为限,构成“混淆”不应该成为判断形象侵权的标准,而应该以未经许可盗用形象要素的内涵信息并获利为标准。

近年来,在我国发生的关于运动员形象的商业化盗用纠纷中,最受关注的莫过于某球星姓名被注册为商标的纠纷。2012 年某运动员以其姓名权受到侵犯为由将我国某体育用品公司告上中国法院。姓名权之诉是该球星诉讼团队的权宜之举,因原告主体资格不符合而无法适用 1993 年的《反不正当竞争法》,②申请撤销商标又超过时限,中国法律对于自然人姓名权的保护可能是原告的最后救济途径。最后,最高人民法院判决被告体育用品公司注册的商标损害了该运动员的在先姓名权,违反了我国商标法。该案耗时多年,案件的每一步进展、每一个判决都为社会各界广泛研究和解读,从运动员形象的法律保护角度来看,我们认为此案显现出了

① 参见袁博:《我国形象权益纠纷案件类型化研究》,载《四川行政学院学报》2012 年第 1 期。

② 我国 1993 年 12 月 1 日起施行的《反不正当竞争法》第 2 条规定,不正当竞争是指经营者违反法律规定,损害其他经营者的合法权益的行为,而所谓经营者,是指从事商品经营或者营利性服务的法人、其他经济组织和个人。据此规定,我国《反不正当竞争法》所调整的主体必须符合经营者的身份要求,即需从事商品经营或营利性服务。如果对此作严格的文义解释,某一位运动员个人显然不符合“经营者”的身份要求,当然也就不能通过《反不正当竞争法》获得保护。

商标法保护模式的一系列弊端。总体而言，商标法对运动员形象的保护是“力不从心”的，虽然商标侵权的赔偿计算方式能很好地赔偿运动员所遭受的损失，但是商标法的“门槛”对于人身属性很强的运动员形象权益而言始终过高，对于无精力经营实业的运动员来说，商标的申请是一个重大障碍，此外，商标的维护也是运动员不可逃避的实际困难。

三、反不正当竞争法保护路径

运动员形象附着于商品的利用与开发，这是商品经济不断发展的结果，而竞争又是商品经济的本质属性。不正当竞争是指经营者以及其他有关市场参与者采取违反公平、诚实信用等公认的商业道德的手段去争取交易机会或者破坏他人的竞争优势，损害消费者和其他经营者的合法权益，扰乱社会经济秩序的行为。

世界知识产权组织 WIPO 国际局在编撰的《反不正当竞争示范条款》中，试图用反不正当竞争法来实现对人格要素标识商业化利用的法律保护，其中规定运动员、演员等真实人物，或者被授权的第三方，对角色的基本人格特征进行改编(adaption)和二次开发利用(secondary exploitation)，使其与不同的商品或者服务产生联系，然后以此影响消费者的选择。WIPO 认为这种权利系知名艺术家、大众传媒或者体育人士的“商品化权利”，企业在特定的期限内“被许可”利用特定人士或者人物的姓名或者肖像所体现的知名度或者名声，因为此种利用有望刺激消费者对“被许可人”商品或者服务的需求。所以 WIPO 将知名人物商品化权纳入反不正当竞争法的保护中，而且主张对于不同的具体情况适用不同的规定，构成仿冒的按照仿冒来处理，构成淡化的按照淡化来处理，从而保护真实人物能够从其形象中获得商业利益的权利。[①] 这种观点在国家立法与实践中也有所体现。美国1995年的《反不正当竞争法（第三次）重述》中就明确规定了作为不正当竞争情形一种的形象权益侵权的类型与救济方式，第四章第46条的标题即为“盗取他人身份中的商业价值：形象权益”。[②]

商品化权的主体不限于自然人，也包括法人或者非法人组织；客体不限于人格要素，也包括非人格要素。非人格要素包括了作品名称，虚拟角色名称和形象，真实和虚拟物品名称和形象等。而对于商品化权的实质究竟为何学界亦存在争论，有学者认为根据《民法典》第126条的规定，民事主体享有法律规定的其他民事权利和利益，故将商品化权的实质认定为司法机关在个案中经过综合利益考量之后加以保护的一种商业性利益，具有一定合理性。在实践中，假冒、仿冒注册商标、知名企业特有的名称、包装、装潢，以及他人的企业名称、姓名的行为都构成不正当竞争。利用反不正当竞争法或者仿冒之诉来保护个人形象的商业价值有明显的障碍，那就是对主体的限制。WIPO《反不正当竞争示范条款》第2~6条将《保护工业产权巴黎公约》第10条之二中的竞争者（competitor）改为企业（enterprises），并在注解中规定法人与自然人都是其中之义。[③] 在某高尔夫运动员诉某食品公司案中，原告的照片出现在被告的一个食品商店广告中，法院发现广告内容暗示该运动员

① 参见祝建军：《人格要素标识商业化利用的法律规制》，法律出版社2009年版，第159－161页。

② 美国1995年的《反不正当竞争法（第三次）重述》第四章第46条规定，未经许可商业性使用他人的姓名、肖像或其他身份标记，属于盗取他人身份中的商业价值的行为，应当承担损害赔偿责任。

③ 参见郑友德、焦洪涛：《反不正当竞争的国际通则：WIPO〈反不正当竞争示范条款〉述要》，载《知识产权》1999年第2期。

许可了被告有偿利用其形象,但事实上原告从未从事过此类产品销售相关的业务,因此在法院看来他没有在被告的活动领域内从事过任何活动,当然在这一领域内也不曾获得信誉,与被告之间并没有形成竞争关系,所以最后法院没有支持原告的诉讼请求。① 根据《保护工业产权巴黎公约》的规定,不正当竞争行为只能存在于经济竞争活动之中,这是区别于其他民事侵权行为的重要特征,而运动员形象侵权就属于"另一类"民事侵权。假设权利人自己没有,也没有委托他人将形象因素附属于商品上进行开发,此时若严格要求双方之间存在竞争关系,只能将运动员认定为"经营者",将其形象认定为"商品",但显然,这种扩张解释是牵强的。

在许多知识产权纠纷难以被现行成文法解决的情形中,反不正当竞争法往往被视为"兜底法"起到补充作用,其被用来保护真实人物,甚至虚拟人物形象的情况不在少数。黄晖教授在阐述郑成思前辈的观点时表示:在如何保护形象的问题上,单纯诉诸民法、版权法、商标法都会显得很滞后或者力不从心,只有加强反不正当竞争法路径的研究和立法才是根本出路。② 有学者认为形象权益并无预设的事前标准,而必须根据事后所形成利益的实际状态来判断。③ 适用反不正当竞争法保护的案件有一个特点,即侵权人利用了权利人的形象进行商业谋利,但是权利人无法通过商标权、人格权等得到充分的救济。因此,反不正当竞争法往往起到

① *Tolley v. J. & S. Fry & Sons Ltd.*, [1931] AC 333. 转引自 Julius C. S. Pinckaers, *From Privacy toward a New Intellectual Property Right in Persona*, Kluwer Law International Press, 1996, p.5.

② 参见黄晖编:《郑成思知识产权文集:商标和反不正当竞争法卷》,知识产权出版社 2017 年版,第 XV 页。

③ 参见谢晓尧:《商品化权:人格符号的利益扩张与衡平》,载《法商研究》2005 年第 3 期。

“兜底”的作用。从各国的司法实践来看，在尚不存在对应的实体权利制度时，当事人对于人格权标识要素的商业性开发利用行为，常常通过反不正当竞争法来救济自己的利益。长期以来，反不正当竞争立法呈现出不正当竞争主体范围扩大与竞争要素弱化的趋势。① 法院在判例中选择了对反不正当竞争法中的“经营者”概念作出扩张解释。比如，国内某作家诉某出版社等主体著作权侵权、不正当竞争纠纷案的审理法院对于该作家“经营者”身份的判定就突破了对法律条文的固有理解，文化市场中的商品经营者就是作者，经营行为则是作者用作品从文化市场中换取报酬等对价的行为，故作者经营的商品就是作品。② 有学者认为，类比此案判决中提出的这一观点，可以判定私自使用作者作品的被告与作者之间是存在竞争关系的，属于反不正当竞争法调整的范畴。运动员的形象专有权会为其带来潜在的经济价值，尤其是明星运动员，通过签约代言等途径开发自己形象的商业价值，获取不菲的经济收益。将运动员的知名形象视为其经营的“商品”，那么运动员则可以认定是该项经济活动中的经营者。虽然司法实践中已经出现了对“经营者”概念的扩大解释，但是法院的判决对于后续案件并没有强制效力，这无疑会造成法律的不确定性，导致类案判决的不一

---

① 参见王先林：《我国〈反不正当竞争法〉修订中若干基本问题初探》，载王先林编：《竞争法律与政策评论》第 3 卷，法律出版社 2017 年版，第 56 页。

② 湖南省长沙市中级人民法院民事判决书，(2004)长中民三初字第 221 号。王某诉叶某、王某 1、北京某国际文化传播有限公司、某出版社著作权侵权、不正当竞争纠纷案，原告王某是国家一级作家，代表作《国画》知名度很高。原告在被告叶某销售的图书中购买了一本《国风》，封面标明的作者名字与原告的姓名相同，在宣传彩页上有“王某最新长篇小说”“《国画》之后看《国风》”字样，遂以侵犯著作权并构成不正当竞争为由诉至法院。一审生效判决认定被告没有侵犯原告的著作权，但其行为构成了不正当竞争。

致，这对于运动员形象的保护是不利的。

在某篮球运动员诉某体育用品有限公司侵犯人格权及不正当竞争案中，被告在商品销售的宣传过程中多次使用该知名运动员的姓名及肖像，将生产和销售的运动型产品与该运动员联系，利用其良好的社会形象及在消费者中具有的影响力，对其生产和销售的产品进行引人误解的宣传，使消费者对商品的来源产生混淆。此案审理结果是法院判定被告的行为故意使消费者对该公司生产和销售的产品产生“幻觉”，混淆商品的出处，既侵害了原告的姓名权及肖像权，也构成了不正当竞争。[①] 该案判决说理中值得关注的是，法院认为原告作为社会公众人物，一直具有良好的社会形象，通过对商品进行品牌代言服务，使自身形象与商品形成一定的联系，从而引导消费者消费，符合竞争主体的要求。[②] 虽然扩大对“经营者”的解释也是一种解决办法，但法院的这个理由很难解释其他知名度较低的运动员形象权益如何通过反不正当竞争法获得保护的问题。反不正当竞争法的适用主体必须是适格的“经营者”，[③]对于那些通过盗用运动员形象的手段来宣传产品或服务的商家，运

---

① 湖北省武汉市中级人民法院民事判决书，(2011)武民商初字第66号；湖北省高级人民法院民事判决书，(2012)鄂民三终字第137号。

② 参见袁博：《商标注册在先权利中名人姓名商品化权的保护》，载《中华商标》2013年第8期。

③ 在我国的执法实践中，对不正当竞争行为中的竞争关系是做广义理解的，主要强调行为对公平竞争的破坏，而不特别强调行为人与受害者之间存在直接的竞争关系。我国有学者认为只要参与或者从事市场行为，无论是否具有法定的经营主体资格，都可以属于《反不正当竞争法》规定的经营者。在讨论对我国《反不正当竞争法》进行修订时，一般都主张不限定不正当竞争行为的主体，而应包括一切市场交易活动的参加者。然而，2018年1月1日开始施行的《反不正当竞争法》并没有去掉对“经营者”的主体资格要求。参见王先林：《竞争法学》，中国人民大学出版社2015年版，第79－80页。

动员不构成适格的具有竞争性关系的经营主体，这是反不正当竞争法适用的关键问题。退役后，运动员可以成立自己的法人实体，将自己的形象标识用于商业用途，但是将依旧在役的职业运动员扩释为经营者主体，争议很大。反不正当竞争法的主要立法目的是确保市场竞争秩序稳定，以禁止各种形式的不正当竞争行为的途径，来保障市场秩序以及消费者的权益。反不正当竞争法主要由禁止性规范构成，很难为权利人提供一种支配性的积极权利，保护方式比较消极，权利人的利益在被侵害之后只能通过诉讼实现。

综上所述，知识产权类的法律规定的门槛甚高，专业性极强，并不是针对所有运动员形象给予保护的标准配置。传统的人格权法仅仅将姓名、肖像等人格要素认定为保护的客体，而一些在实践中新出现的存在人格指示功能的事物，如赛车手的赛车、人物的抽象缩影、运动员的标志性姿势等，并不能视为人格权的保护对象；商标法保护的也仅是注册商标，不只是要求注册成功的商标，同时要求在一定的期限内商标必须是实际用于特定商品或服务的，否则将被予以撤销，这个条件就限定了有工商业活动的前提；著作权法保护的是“作品”，作品必须具有新颖性，且是固定在载体上可供复制的，自然人的人格要素有很大一部分是先天的，并没有匠心独运的创造性，这一条件极大地限制了受保护的运动员形象范围。

运动员形象涉及的人格权与知识产权虽然有诸多交集，但是二者之间的区别也十分明显。其一，人格权具有很强的人身专属性，而除著作人身权之外的权利并不具备人身属性，即使是著作人身权，其对于主体的依赖性也远不如人格权。知识产权也不像人格权那般具有普遍性。其二，著作权只保护作品不保护思想，只有当思想固定在物质载体上时才受保护。其三，财产利益是知识产权主要的保护客体，指向的是智力成果，专利权与商标权以财产利益为客体，著作权即便有其人身权的部分，但主要还是以财产利益为客体的。

第二节　公开权保护模式

现代社会对某些人格标志的商业化利用趋势一早引起了英美法系立法者的关注。美国认为个人经济价值在性质上属于独立的公开权，而公开权在性质上属于财产权，财产权应是可以转让的。公开权模式与人格权模式的根本区别在于是否产生了一项单独的权利。每一种新型民事权利的产生、发展并最终得以在立法中实现，都是由社会经济发展所推动的，是社会经济发展要求的必然反映。[①] 形象价值是传统知识产权纵深发展的产物，[②]建立真实人物的公开权制度，恰恰避免了人格的商品化，因为公开权的保护客体的发展已经超出了人格的框架范围，公开权所要调整的客体具有特殊性，所以其产生、发展以及制度化具备了必要性。

美国法中的公开权主要指"真实人物将其姓名、肖像或其他表明其身份的个体特征授权他人进行商业使用，并禁止他人未经授权进行商业使用的权利"。美国虽然尚未形成全国统一的公开权成文法，仅仅只是停留在州法层面，但美国可以说是较早用成文立法的方式确定对自然人的形象给予法律保护的国家。1971 年美国加利福尼亚州制定了《加利福尼亚州民法典》，在第 334 条中对他

---

① 参见刘立颖：《形象权益的创设及其民法保护》，西南政法大学 2009 年硕士学位论文，第 23 页。

② 参见马波：《美国形象权法律制度研究》，知识产权出版社 2012 年版，第 451 页。

人的公开权提供保护。该条规定如果行为人在没有预先获得他人同意的情况下，故意将他人的姓名、声音、相片、签名或者肖像以任何方式使用在产品、商品、货物上，或者用于广告目的，或者用于出卖或者诱导别人购买产品等目的，则他们应当对他人因此遭受的损失承担损害赔偿责任。[①] 从绝对数量上看，如今已有超过30个州承认“公开权”(the right of publicity)，还通过一系列的案件判决确立了“公开权”保护的传统。由于各州文化历史背景以及经济发展水平的差异，对公开权的保护水平并不一致，加利福尼亚州、纽约州由于影视与体育明星较为集中，这两个州的法律也因此最具代表性。

美国的公开权制度最早源于隐私权，在美国，很多学者和法官均认为形象标识兼具精神利益和经济利益的双层含义，一概以传统的隐私权形式对待，对名人的姓名、肖像等形象特征的商业利用难以实现保护，此后实务界与学术界才通过构建公开权来保护名人的形象价值。1930年，在美国联邦贸易委员会的组织下，部分体育用品公司召开了一次会议，会议通过了一个自律贸易规则，规定如果商家将某些运动员的名字用于某体育用品，征得了该运动员的同意并在善意的情况下使用，视为该商家获得了对该姓名的独占性财产权利。[②] 从本书着重分析运动员形象保护的视角切入，本部分内容将重点分析美国公开权立法模式对于运动员形象法律保护制度的重要借鉴意义。

---

① 参见张民安：《无形人格侵权责任研究》，北京大学出版社2012年版，第26－27页。

② 参见祝建军：《人格要素标识商业化利用的法律规制》，法律出版社2009年版，第124页。

一、公开权的权利主体

公开权的主体就是指谁拥有这一项权利，即谁能成为这一权利的原始主体，就运动员的形象保护问题而言，主要争议集中于非知名人士是否能够成为公开权的主体。在美国，虽然有一部分法官和学者将公开权主体限定于知名人士，但是根据通说，公开权的主体应该包含知名与非知名的自然人。例如，在美国海兰（Haelan）案中，法院认为公开权是每个人对其肖像所蕴含的形象价值所享有的权利。对于美国公开权研究出版过专著的、颇有见地的尼莫（Nimmer）教授认为公开权是每一个人控制他所创造和取得的形象价值的权利，不应局限于名人，非名人也应该享有这一项权利。美国《反不正当竞争法（第三次）重述》对公开权进行定义的时候并没有表示公开权的主体只能是知名人士。坚持公开权的主体只能是知名人士的理论认为只有对自然人的形象进行了商业化的利用，产生了商业价值，才享有公开权。但是实践中，产生商业价值并不是产生形象价值的必要条件，盗用一个没有知名度的人的形象要素，也可以导致其受到损害，所以公开权保护的对象应该是所有受到损害的自然人，而不应该以受损的经济价值大小来决定是否施予保护。而且，仅保护知名人士的公开权的理论显然违背了人人平等的基本价值观念；公开权的本源就来自隐私权，具有很强的人格属性，而人格权是人之所以为人的基本权利，必然是不分高低贵贱的，普通人与名人皆享有隐私权亦是毋庸置疑的。

另外，从司法实践的角度出发，没有一个统一而客观的标准来判断知名与非知名。运动员的形象价值也是不断发展变化的，在“一赛成名”之后其形象价值会巨大增值，如果在成名之前对运动员形象要素进行了未经授权的利用，那么成名之后该运动员是否还能主张公开权对之前的行为进行追究？由此可知，无论是从理论的角度还是从实践的角度，将公开权的主体限制于知名人士，都是说不通的。形象价值本身就是社会事实状态，只能区分价值的大小，而不可妄论价值的有无，不管享有何种知名度的运动员，法律都应该保护其形象价值，而具体价值的大小应该交由市场来判定，而不是法院。

二、公开权的权利客体

权利的客体就是指法律关系主体的权利、义务所共同指向的对象。美国学界关于公开权的客体也存在争议，争议的焦点在于公开权保护的究竟是姓名、肖像、声音等单独的形象要素，还是形象要素背后指向的整体形象价值；是人格利益，还是财产利益。在确定一项权利的客体时，应该遵循两个原则：第一个原则，对权利属性准确归类。同一类型的客体适用同样的法律规则。以不同的社会关系内容为根据产生了不同的权利制度，如知识产权这一大权利类型中对于商标、版权、专利等几个分支权利的划分就明显是以客体差异作为划分标准的。第二个原则，即对于法律权利客体的确定应该符合现实社会实情，满足社会发展需求，比如，传统所有权制度并不调整精神领域里的智力成果，初期并没有得到法律的普遍承认而作为保护的客体，直到近代随着商品经济与科学技术的发展才逐渐确立了对于知识产权的法律保护。

运动员个人形象的商业化利用就是将运动员的良好形象附着于商品或者服务，来吸引消费者的注意力。无论是运动员的姓名、肖像，还是某一运动员专门使用的球拍或者标志性的动作；无论是对某一个形象要素的单独利用，还是将几个要素结合起来的利用，都只是为了反映该运动员的积极励志精神的整体形象。从客观现实的角度出发，在商业广告中将运动员的整体形象价值商品化已然是大势所趋，目的就是让消费者自行将形象要素与运动员本人建立起联系，这是商品经济发展的必然，法律应该对这种社会现象作出回应。运动员的形象要素确实是与人格密切相关的，如果将象征运动员身份的形象要素认定为人格利益，那将会进入将公开权认定为人格权的误区，否定公开权的财产权属性，这是不符合第二个原则的，会使形象纠纷在实践中遇到各种障碍。美国第六巡回上诉法院曾在"Here's Johnny"案的判决中明确表示，公开权保护的是权利人对其形象进行商业利用的财产利益。只要被告对原告的形象进行了商业利用，那么这种行为就构成对原告公开权的侵犯。① 因此，公开权保护的就是整体形象背后的商业价值，将整体形象作为公开权的客体，是符合社会实践发展趋势的。

在美国的公开权制度中，法院选择从一个更宏观的角度去理解公开权的客体，即它是各种具体形象确认因素所形成的具有个性化特征的整体形象，而不是某一项具体的形象要素。在 1982 年的胡克（Hooker）案中，美国某一电影公司拍摄了一系列电视片，其中的主角名叫"Hooker"，而此案的原告也叫这个名字，原告以电影公司侵犯了其公开权为由提起诉讼。法院认为无法证明被告虚构的电视主角直接指向的就是原告本人，该案中情况的出现属于偶然，并不能成为被告承担侵权责任的依据。② 本案法院之所以没有

① *Carson v. Here's Johnny Portable Toilets, Inc.*, 218 USPQ 1 (6th Cir. 1983). 本案原告是节目主持人，"Here's Johnny"是他所主持节目的标志性开场白。被告将"Here's Johnny"用于其便携式洗手间产品上，原告认为被告的行为侵犯了其公开权，向法院提起诉讼。

② *T. J. Hoocker v. Columbia Pictures Industry, Inc.*, 551 F. Supp. 1062 (N. D. Ill. 1982).

认定被告侵犯原告的公开权,就在于对具体形象因素的商业化利用并没有引起消费者对权利人整体形象的联想。这表明美国法院认同公开权保护的客体是自然人的整体形象,而不是某一个形象要素。[①] 美国司法判例对于真实人物公开权客体的发展,经历了从具体外貌特征到相似外貌特征,再到外在事物特征的过程,[②] 公开权客体的保护范围随着实践的发展呈现不断扩大的趋势。

三、公开权的权利内容

财产权体系中可以分为以所有权为核心的有体财产权与以知识产权为主体的无体财产权,以及以继承权、债权等为内容的其他财产权。从法律经济学的角度来看,财产权是一组权利,“这一组权利描述人们对其拥有的资源可以做什么,不可以做什么:他们可以占有、使用、开发、改善、改变、消费、消耗、破坏、出售、捐赠、转让、抵押、出租、借贷或者阻止他人侵犯自己的财产”[③]。美国经济学家科斯亦认为财产权的基本内容不仅包括对于财产排他性归属的支配权、分享利益的他物权,还应该包括获得赔偿的救济权。[④]

1. 使用权

使用是指民事主体按照财产的性能对其加以利用以满足生产或生活的某种需要。人们占有有体物或者无体物的目的,从来都

---

① 参见马波:《美国形象权法律制度研究》,知识产权出版社 2012 年版,第 227 页。

② *Motschenbacher v. R. J. Reynolds Tobacco Co.*, 498 F. 2d 821 (9th Cir. 1974).

③ [美]罗伯特·考特、托马斯·尤伦:《法和经济学》(第 6 版),史晋川等译,格致出版社、上海三联书店、上海人民出版社 2012 年版,第 66 页。

④ 参见吴汉东:《知识产权多维度解读》,北京大学出版社 2008 年版,第 65 页。

是获取其使用价值或增值价值。这种利用财产的权利就是使用权。① 使用权是公开权的核心内容,使用权是指权利人将形象进行商业化利用或者通过授权许可的方式允许他人对形象进行商业利用的权利。根据使用公开权的方式和主体来划分,可以分为两种,第一种是权利人本人使用,第二种是权利人授权第三方来使用。运动员将自己的形象用于自行生产的商品,或者注册为商标等都属于第一种使用方式。第二种使用方式更为普遍,就这种方式而言,授权许可其他主体使用形象的情况,并不等同于后文的转让,授权许可是在约定的时间和范围内将权利许可给其他主体,可以是全部或者部分的权利,在时间期限届满之后,权利人当然地收回对公开权的控制,这种使用方式并不改变权利的归属。而转让则不同,权利一旦转让出去则权利人不能再主张该权利,被许可人即获得了相应权利的所有权。

美国第九巡回上诉法院在 White 案②中表示,被告"如何"使用原告的形象并不重要,重要的是被告"是否"使用了原告的形象,这里需要先界定清楚的是何为"使用",即权利人如何处分自己的形象是受到法律保护的。美国确立公开权理论的海兰案就是关于运动员使用形象的。本案原告公司是一家口香糖的生产商,曾与一些棒球明星签订了形象使用协议,约定该公司获得这些体育明星的专属姓名与肖像使用权。被告是与原告存在竞争关系的另一家口香糖生产商,在明知原告已经与这些棒球明星签订了专属形象使用合同的情况下,还是与其中的一些球星签订了形象使用合同,

---

① 参见王利明编:《民法》,中国人民大学出版社 2010 年版,第 174 页。

② *White v. Samsung Electronics America, Inc.*, 971F. 2d 1395, 23U. S. P Q. 2d 1583, 20 Media L. Rep. 1457 (9th Cir. 1992).

并且在产品包装上使用了这些明星的照片。初审阶段,原告主张由于自己与球星的形象使用协议签订在先,而且是专属使用协议,被告无权使用棒球明星的照片。被告则根据《纽约州民权法案》(New York Civil Rights Law)第50条、第51条的规定,主张隐私权并不保护商业利益,棒球选手授予原告契约上的排他性使用权,只能表示其抛弃了对隐私权的行使,原告并未因第一次授权而获得一种绝对的法律地位。初审法院支持了被告,并对这个所谓的"独家形象使用协议"的效力产生了质疑,认定隐私权是人格权,是不可转让的,所以这份协议的相应内容也是无效的。原告上诉至第二巡回上诉法院,坚持主张自己通过与球星签订的排他性形象使用合同获得了对抗第三人的权利,第二巡回上诉法院认为该案无关于隐私权,而是存在于肖像上的"公开权"。弗兰克法官对于该案的经典判决被视为"犹如耶和华从亚当的肋骨塑造了夏娃"一般标志了"公开权的诞生",他提出:在纽约州立法规定的隐私权之外,公民还对自己的形象享有"公开权",即授予其他主体排他性公布其形象的权利。①

形象的许可使用方式包括了独占授权许可、普通授权许可与排他性授权许可,普通授权许可方式不具有排他性,这就意味着权利人还可以同时和其他的主体签订普通授权使用协议,即在公开权利被转让之后,许可人、被许可人以及第三人均有权使用权利人的形象;排他性授权许可是指被许可人取得许可使用的授权之后,只有许可人自己和被许可人可以使用,第三人在任何情况下均不得使用。对于授权许可协议的形式,除了《纽约州民权法案》要求

---

① *Haelan Laboratories Inc. v. opps Chewing Gum Inc.*, 202F. 2d 866(2d. Cir. 1953).

公开权的授权许可必须采取书面形式外,其他州并没有像要求版权、专利和商标那样,对公开权许可协议也作出书面形式的要求。

2. 转让权

在公开权被确认之前,许多法院都坚持认为一个人不能转让或者授权他人以商业目的使用自己的姓名,除非已经注册为商标。从公开权被创设的历程来看,其主要目的就是使其具备隐私权所不具备的让与性。[①] 转让是一项财产权利的基本内容,在美国大部分的州,公开权都是可以转让的。在1978年加利福尼亚州的一个案例中,法官就曾经提出能否继承与转让构成了公开权与隐私权的根本差异。[②] 由于公开权的经济价值只能在实际的商业利用中实现,也就具有了转让的必要性。

《加利福尼亚州民法典》第99条规定,公开权属于财产权,可以通过合同或者信托、遗嘱证明书全部或者部分地自由转让。[③] 在授权许可的情况下,权利人对于公开权的"失控"状态只是限于一段时间之内的,而在转让的情况下,权利人将权利转让出去之后自己就不再享有这种权利。囿于自然人公开权与人格的密切联系,公开权能否全部转让给另一个主体的问题一直备受争议。这个问题的答案不仅取决于对公开权的法律定性,还跟公开权权利客体的界定分不开。正如前文所述,隐私权是一项人格权,不能转让,公开权的引入就是为了突破之前隐私权不能进行商业性利用和无

---

① 参见[美]理查德·A. 波斯纳:《法律的经济分析》(下),蒋兆康译,中国大百科全书出版社1997年版,第92页。美国大法官波斯纳说过:"为了促进资源由较小价值用途向较大价值用途的转移,财产权在原则上应该是可以自由转让的。"

② *Lombardo v. Doyle, Dane &Bermbach Inc.*, 579 F. 2d 215(C. A. 2 1978).

③ 参见程合红:《商事人格权论:人格权的经济利益内涵及其实现与保护》,中国人民大学出版社2002年版,第265页。

法转让的局限性，如今公开权在美国已经被公认是一项财产权，转让是形象商业价值实现的根本方式。将公开权的客体界定为自然人整体形象背后象征的财产利益，如姓名和肖像，只有将其利用于商业活动中时，才能体现出公开权主体对于交易活动所具有的影响力，姓名、肖像据此才表现为一种物质性的、可量化的财富。隐私权保护的人身利益确实是不可转让的，美国法院法官发展出公开权概念的目的丝毫不是要取代隐私权这个概念，隐私权与公开权这两者是可以并存的，所以在确立了公开权之后，权利人就其人身利益部分遭到的侵权，仍然可以主张相应的人格权。故此公开权的可转让性并不与人格权的不可转让性冲突。

形象转让可以分为两类：全部转让和部分转让。全部转让通常是指权利人将全部形象利益转让给其他主体，而部分转让是指将部分利益转让出去。自然人的形象中有多种形象要素，包括肖像、姓名、声音等，权利人可以对转让的具体内容进行约定。在美国，商标权必须与经营的业务一同转让，而对公开权的转让则没有这方面的要求。商标的价值根源于商品与服务的质量，所以美国商标法对于商标的出让人还规定了监督、保障产品质量的义务，保障消费者对于商标的信赖利益；而公开权的价值源于自然人在社会公众中的影响力，不像商标在注册的时候就确定了申请商标的产品类别，形象是可以附着于各种产品与服务之上的，没有特定范围的限制。

四、公开权的权利期限

美国主要依靠法院判例法发展出了公开权，其本质是将人格身份的经济利益从人格权的概念体系中剥离出来，随着对公开权的财产权属性的认可逐渐深化，对此观点人们也有了更进一步的认同。美国对于公开权的财产权利属性已经达成共识，随之也广泛认同了公开权的可让与性。如果说从不可转让到认为转让是公开权的权利内容，是观念根本性的改变的话，那么从不能继承到认为能够继承也是一种质的飞跃。承认公开权的可继承性就是承认公开权是有保护期限的，这里的"保护期限"讨论的就是权利人死后法律还能给予多久的保护。

美国学者承认公开权可继承的理由有以下几点：第一，公开权虽然不是智力成果，但它具有知识产权的共有特征与性质，即为一种不能被人感知的无形财产，不会受到自然损耗，当权利人死后，也不会自然消灭。第二，美国第六巡回上诉法院曾在判决中认为承认公开权的期限性会对公共利益造成一定的损害，但该判决中对应的论证被认为是不够充分的，因为公共利益的考量在权利人在世的时候就是一直存在的，这是自公开权产生时起就有的限制，权利人的死亡并不会改变对其权利的原有限制和例外制度，所以对侵害公共利益的顾忌是一个伪命题。知名人士的良好社会形象很有可能是穷其一生而塑造的，在法律上找不到依据让这种形象为广告商无偿自由使用，两相权衡之后，个人特征形象的财产价值归于继承人更为合理。

然而，在承认了公开权的可继承性之后法院要面对的问题就是具体的保护期限设置了。关于这个问题，公开权正如其他知识产权权利一般，是不可能永久存续的。出于公共利益与个人利益平衡的考虑，公开权的保护期限设置可以从版权法的规定中得到一些启示，与美国对于版权的保护期限一致，学界多主张为 50 年。实践中，各个州对此意见有较大差异，美国建立了公开权制度的州，除了马萨诸塞州、纽约州、罗得岛州以及犹他州明确表示不支持公开权的死后继承以外，其余都承认公开权在权利人死后可以继承并延续保护。美国《伊利诺伊州公开权法案》规定“禁止在他人有生之年未经权利人或者权利人的代理人事先同意,出于商业目的使用他人的形象。如果权利人在本法案生效之后死亡,则这种禁止延伸到权利人死后的50年”。加利福尼亚州、肯塔基州、得克萨斯州也都是规定权利人死亡后的50年,另有俄克拉何马州规定了100年,佛罗里达州规定了40年,田纳西州1984年的《人权保护法案》中则明确了继承人对于公开权的权利期限为死者死亡后的10年。

五、形象权益登记制度

当各国法学界还在讨论是否应该将形象权益认定为财产权之时,根西岛已经率先在成文法中建立起形象权益登记制度。根西岛虽然是英国的属地,但是在政治地位上并不属于英国,其拥有自己的政府和一套独立的立法司法系统,同时根西岛也不属于欧盟,因此欧盟的指令也不对根西岛产生约束力。根西岛作为《与贸易有关的知识产权协定》(TRIPs协定)的缔约国,有自己一套完整的知识产权权利体系以履行自己的国际条约义务。根西岛作为独立于英国法律体系的一个法域,为了吸引知识产权集中型公司的投资,于2012年颁布了《形象权益法案》(Bailiwick of Guernsey Image Rights Ordinance),建立了人格(personality)与人格形象权益(personality's image rights)登记注册制度,这也是根西岛渴望突破英国法律的尝试。

1. 可登记的主体

根西岛《形象权益法案》对于申请登记形象权益的主体要求很宽松,并不要求申请登记注册的主体必须以根西岛为居所或者是在根西岛设立的公司,只要主体有权利对自己的人格进行开发,且符合根西岛的程序性要求,则世界上任何人都能在根西岛注册登记人格。如果一个自然人将自身形象的开发权授予了第三人,如一个知识产权管理机构,则该知识产权管理机构也能在根西岛申请登记该形象权益。对于权利人已经死亡的情形,其形象开发权可能已经成为自然人的遗产,这种情况下遗产基金受托人有权对形象权益进行登记。

在申请注册的主体是否需要为名人这一问题上,根西岛采用的是非名人论,即在申请的时候对于主体的知名度没有要求,但是为了满足侵权成立的要件,欲注册的人格应该①在主张形象权益受到侵犯时至少已经得到了世界范围内一部分群体的认可。由此可见,申请注册形象权益要比申请注册商标容易,商标注册还要求商标本身具有显著性或者是通过使用获得了显著性。这种做法对于那些事业刚刚起步尚且未具备很高知名度的自然人或者法人而言,有很大吸引力。

申请注册的主体既可以是本人,也可以通过权利人委托的代理人申请,而代理人就只能是在根西岛知识产权登记机构已经备案的、具备相关资质的代理机构。代理机构有义务与权利人配合对申请注册的人格或者形象的所有权,权利链,以及与有关第三方的争议性形象权益的关系进行证明。对于登记申请的审查大致分为两个阶段,第一阶段是由根西岛知识产权登记管理机构对申请是否符合各项强制性要求进行审查,在符合的情况下将获得官方机构确认的一个申请日期;第二阶段是公示异议阶段,接受利益相关人提出的异议。

---

① Romer Jason, Storey Kate, *Image is everything*! *Guernsey registered image rights*, 24 Ent. L. Rev. 51(2013).

2. 可登记的客体

《形象权益法案》中的两个重点概念包括:“注册人格”与“注册形象”,后者“注册形象”既可以包括与注册人格相关联的形象,也可以包括与注册人格相对抗的形象。[①] 根西岛明确地将形象权益定义为财产权,这是一种在登记注册时会自动获得的权利。一旦完成了登记注册形象权益的程序之后,该人格权的所有权人就对与该人格关联或者相对的形象拥有了专属的权利。权利人可以在就其中某一个要素享有人格权的期间或者未来某个时间申请注册形象权益,如此一来,形象权益能够得到全面的确认和保障。根西岛《形象权益法案》不仅对可登记注册的类型进行了列举,还对可注册的“形象”采用了非常广泛的定义:第一类,姓名以及为大众所知悉的别名;第二类,声音、签名、肖像、轮廓、人物特征(feature)、面貌(face)、表情(语言性的或者面部的)、姿势、动作(mannerisms)以及其他任何具有人格身份辨识性的外部特征;第三类,单独的照片、插画、图片、动画、电子生成肖像等标识,如果这些形式的素材中还包括了其他人的形象,只要其他人的形象在其中不能被识别或者单独辨认出来,也视为关于该申请人的“单独”的形象。

根西岛并不要求对与已注册的人格相关联的所有特定形象都进行注册,但注册相似或者相近的,有识别功能的形象能够保证权利人更有效地主张形象权益。对于没有正式注册的形象,只有“受保护的形象”才能成为被侵权的对象,至于如何判断什么形象是受

---

① Evans David & Romer Jason, *A Guide to Guernsey Image Rights*, 8 Journal of Intellectual Property Law & Practice 761(2013). “‘registered images’ which are associated with orregistered against that registered personality”.

保护的，这些条件包括形象具备独特性①、有价值并且在实质上达到注册形象的标准。②

并非所有的形象都能根据根西岛《形象权益法案》的规定进行登记并受到保护，“绝对不能”的情况包括：不符合法律对于人格或形象定义的；与公共政策或者道德相违背的（如正面全裸的形象）；欺骗公众的；申请登记的人格或者形象包含了如国旗、奥林匹克标志、女王形象等已受保护的标记；被法律所禁止使用的符号；恶意抢注（如雇员将其雇主享有知识产权的形象申请注册）；已经成为一种社会共识或者被广泛使用到无法再辨别特定身份程度的人物形象。如果与现存的注册形象或者注册人格易混淆，或者与根西法域内其他人已经存在的在先权利相冲突，如商标权、版权或者外观设计等，则被视为“相对不可”登记的情况。此外，《形象权益法案》还对自然人精神权利的保护进行了规定，精神权利的权能包括两个部分：能够被识别为特定人的权利以及不被贬低的权利。精神权利与形象权益是截然分开的。③

3. 可登记“形象”的类型

人格是每一个人的天然标签，也即人之所以区别于其他人的符号。要想在根西岛受到《形象权益法案》的保护，注册的对象必须满足五种形式之一，统称为“personnage”。根西岛的形象权益权利主体不仅包括自然人，还包括团体、法人，甚至小说角色。根西

① 独特性（distinctive），即形象与已经登记的人格相关联并不能为世界任何一个地区或者一部分人群所识别。《形象权益法案》列举了众多因素来判断一个形象是否具备独特性。

② 现有价值或期待价值（actual or potential value），只要形象能够或者拥有潜在的可开发性即具备潜在的商业价值。

③ Evans David & Romer Jason, *A Guide to Guernsey Image Rights*, 8 Journal of Intellectual Property Law & Practice 761 (2013).

岛允许所有人格要素标识进行登记,对于使用手段亦无狭隘限制,比如权利人可以仅仅针对一次宣传活动中用到的一组形象进行登记。在正式的登记许可证书上会清楚地列明相应的权利以及客体,授权人与被授权人各持一份。越是名气大的运动员,形象权益越是重要。体育运动员通常设立自己的公司或者信托、基金来参与形象权益使用协议的订立,支付给运动员的形象使用许可费用属于运动员赛场之外的收入,包括将运动员的形象印在T恤上进行销售,参加商业推广活动以及签售会、见面会等活动。根据明星运动员的惯常居住地以及住所的不同,还能通过订立独立形象权益合同的方式减轻对于形象权益使用费的缴税负担。《形象权益法案》要求注册对象必须属于下列的一种:

(1)自然人形象,如牙买加著名田径运动员尤塞恩·博尔特(Usain Bolt)、球星大卫·贝克汉姆等,包括任何还在世的或者已经死亡不超过100年的自然人。

(2)集合形象(joint personalities),包括两个或者两个以上本质上有关联且难以分割的自然人或法人。这种类型的形象权益一旦注册之后不能改变其中任一构成要素。

(3)集体形象(groups),如英格兰足球队,即便其中的某一位或者几位成员更换了,但仍然象征的是球队的整体形象。该类型与前一种集合形象的区别在于集合形象是固定组合,不能变更其中的元素,而集体形象可以。

(4)小说角色形象,能够在根西岛通过前面三种中的任何一种方式进行注册,单独地与其他形象组合,或者作为其他集体形象中的一个要素。

(5)法人形象,法人可以在一切情况下注册自己的人格形象。这意味着像漫威或者迪士尼这样的公司能够将创作的动画角色形象与自己的公司整体形象一起进行注册。

根西岛的《形象权益法案》有三个明显的优越性:第一,明确了权利的主体客体。上述所有的对象,包括一些在合同中难以明确规定的要素都能在根西岛注册为形象权益的保护客体。在该法案出台之前,任何知识产权从业者都会疑惑“姿势”(gesture)或者“动作”(mannerism)的含义,在法案出台之后这些定义的障碍被扫除了,还能直接列入授权合同之中。这使形象权益的许可与注册更加简单而高效,同时能减少未来关于原始授权许可协议的纠纷。第二,明确了形象权益的可继承性。美国的部分州规定公开权可以继承,但不同的州规定了不同的保护期限。然而,在英国这个根本就不承认形象权益的国家,就很难出现判决承认自然人死亡后延伸形象权益保护。根西岛的《形象权益法案》则规定自然人的形象权益是一项永久性的权利。已经死亡的人的形象仍然能够注册,根西岛《形象权益法案》的出台对于欲将形象作为遗产的人来说是福音。第三,为权利人的财富管理提供了更大的可预期性。很多知识产权管理公司已经掌握了多项知识产权构成的权利束,形象权益权利的确定化使知识产权管理公司能更全面地展开知识产权布局。根西岛的《形象权益法案》正式生效之后,吸引了世界上一批包括影星、体育明星在内的名人登记形象权益。这些人群有一个共同点,即其本人的形象商业开发为他们所带来的利润占他们总财富的很大比重,因此形象权益的管理对于他们而言格外重要。

综上所述,公开权作为财产权的本质决定了自然人对公开权的主张无法帮助其保护自身的人格利益,在对自然人形象进行商业利用的过程中,如遇到对当事人既造成经济利益损害又造成人格利益损害的情况,公开权很难覆盖到对人格利益的保护。同时，从立法技术角度来看，公开权的保护客体是较为广泛的，不具有稀缺性，其不确定性与其难以抽象出具体的权利客体有很大关系，从我国的现有法律基础角度出发考量，适用赋权理论专门设置一项如公开权的新型权利的路径，还不尽成熟。反不正当竞争法与一般侵权法保护模式结合的请求权基础可能更适合中国的现阶段。

第三节　人格权保护模式

人格权，是一种只能通过法律确定才存在的权利，以主体享有的人格利益为客体，包括生命、健康、姓名、名誉、隐私、肖像等，宗旨在于维护和实现人格平等、人格尊严和人身自由。权能是权利人为实现其所有权而对于其所有的财产所能实施的各种行为。《民法典》人格权编采总分结构，第一章是人格权的一般规定，第二至六章为对各种具体人格权的规定。在中国的人格权法理论中将人格权分为物质性人格权和精神性人格权，精神性人格权又进一步分为标表型人格权、自由型人格权和尊严型人格权。所谓标表型人格权是指权利人基于其标表符号（姓名和肖像）所享有的人格权，即姓名权和肖像权之统称，其特点在于以标表权利人人格特征的外在标志和表征为内容。① 在具体人格权规定中，姓名权、名称权与肖像权均属于标表型人格权。在一般规定中，也设置了若干有关标表型人格权的“一般条款”。

---

① 参见温世扬：《标表型人格权的制度价值与规范构造》，载《法律科学》（西北政法大学学报）2021 年第 6 期。

一、民法典对人格权商业化利用理论的发展

自罗马法以来，在民法权利制度的内部，根据民事权利客体背后所代表的利益，区分了不同的权利类型，如人身法与财产法，由此形成民法的两大支柱：一是调整人身关系的人身权利，二是调整财产关系的财产权利。物权法、债权法的调整对象都是财产关系，属于财产法；知识产权法调整的法律关系既有关于财产性质的又有关于人身性质的，但大部分还是关于财产关系的，所以还是将知识产权法置于财产法的范畴。[①] 由于受到思维习惯的影响，对概念进行二元划分成为人们体系化思考的一部分。[②] 大陆法系所坚持的概念二元划分思维在面对人格要素商业化利用这种中间概念的发展时就表现出明显的束手无策。对象与主体之间的可分离性被认为是人格权与财产权的本质区别，传统民法理论认为人格权与主体之间是不可分离的，由此引申出人格权的三大特征：不可转让性、不可放弃性以及不可继承性。[③] 形象具有商业价值且被许可使用是一个客观事实，比照人格权的这三大特征，根本上是有冲突的。无法对处于中间状态的问题进行明确的定性，易滋生纠纷。然而，不管是怎么样的“左右为难”，都不可能有处于中间状态的第三种权利存在，总要为新问题的解决提供可行且相对高效的办法。[④]

---

① 参见杨立新：《物权法》（第5版），中国人民大学出版社2016年版，第6页。

② 参见赵廉慧：《财产权的概念：从契约的视角分析》，知识产权出版社2005年版，第1页。

③ 参见李琛：《论知识产权法的体系化》，北京大学出版社2005年版，第176页。

④ 参见李琛：《质疑知识产权之“人格财产一体性”》，载《中国社会科学》2004年第2期。

19世纪德国学者奥托·冯·基尔克(Otto Friedrich von Gierke)提出人格权商业化利用理论,认为“某些具体人格权同时也是财产权”。当时的司法界普遍认为,允许别人支付费用来利用自己姓名与肖像的行为是违背人的尊严的。人格利益中的内容长期以来一直局限在传统的观念里,且难以得到调整。形象是人格要素的外部表达,依据传统的人格权理论,只承认运动员对于其姓名、肖像等人格要素享有人格利益,而并不承认运动员对于具有人格指示功能的物品,如赛车手的赛车,或者人物的抽象缩影,或者运动员的标志性姿势,或者生物信息享有人格权,甚至有的国家并不承认声音是人格权的保护客体,但实践中这些要素兼具人格标识性功能且内含人格利益。凡是具有特定人物身份标识性的要素都存在可能的商业价值,应属于形象权益保护的客体范畴。《德国民法典》对于第823条第1款之“其他权利”,通过判例创设出“一般人格权”的概念以保持法律对于新型人格利益的开放性,[①]故此,大陆法系可以将人格的经济利益纳入人格权中统一进行保护,并不承认人格权商业化利用属于一项独立权利。德国的一般人格权概念起到了兜底的作用,除具有抽象概括性,还具备了基础性与本源性,成为法律应对现实变化的“工具”。我国在《民法典》出台之前,并没有搭建起完整的人格权体系,在姓名、名称、肖像及隐私等传统的法定化的具体人格权以外并没有设置一般人格权来为新生的人格利益保留空间,导致法律不能完全应对新兴的实践问题。

欧洲是以人格权法加个案特殊处理的方式保护运动员形象的典型代表,虽然在欧盟层面还并不存在关于“公开权”的统一规定,

① 参见张红:《〈民法典(人格权编)〉一般规定的体系构建》,载《武汉大学学报(哲学社会科学版)》2020年第5期。

但是欧洲其他国家或地区分别根据宪法、人格权法在一定程度上保护了运动员的形象。根据近年来德国与荷兰的法院判例，运动员并不能通过援引对其形象的保护来禁止其所参与赛事的转播，也不能因此主张报酬。人格权在欧洲尤其是那些大陆法系国家，被定义为对所有人格要素的自决权，运动员的人格权一般指代的是对其所有人格要素的利用，[①]包括了经济的与非经济的要素。经济要素就是运动员所主张的防止其形象被未经许可使用的权利；非经济要素就是隐私权，即《欧洲人权公约》第 8 条以及各国或地区宪法中规定的内容。[②] 对于经济要素相关的部分，不同国家或地区之间连使用的词汇都有很大差异，比如有的国家既使用"形象权益"，又同时用到"公开权"或者"人格权"。我国《民法典》在正式通过之前，国内学界关于设立形象权益的呼声时常出现，在号称"拉开中国民法典的时代序幕"的《民法总则》(已废止)中，并没有明确规定形象权益作为知识产权权利的一种，但既然是"拉开中国民法典的时代序幕"，那么可以在后续立法中将形象权益纳入"法律规定的其他客体"的范畴，正如《民法总则》(已废止)中突破性地规定了个人信息权，这亦是根据时代发展的需要而衍生出来的权利，同样无法被已有的权利客体和权利内容所覆盖。当时大家还抱有一种信念，认为立法并不排斥新型权利，且立法与修法就是为了不断完善应对新的社会问题，但前提是在实践证明现有法律

---

① Lewis Adam & Taylor Jonathan, *Sport Law and Practice*, Tottel publishing, 2008, p. 1155.

② 《欧洲人权公约》第 8 条规定，一、人人有权使他的私人和家庭生活，他的家庭和通信受到尊重。二、公共机关不得干预上述权利的行使，但是依照法律的干预以及在民主社会中为了国家安全，公共安全或国家的经济福利的利益，为了防止混乱或犯罪、为了保护健康或道德，或为了保护他人的权利与自由，有必要进行干预者，不在此限。

制度的适用与解释无法周延的情况下。基于此,《民法典》设立新型财产权的声音不绝于耳,直到该法典的出台才定分止争。

人格要素商业化利用理论是指扩充人格权的内涵,将经济利益纳入人格权的保护范围,以作为实践中人格权商业化利用的法理依据。很多国家的学者学说和司法实践都尝试用人格的商业化利用理论来解释形象的商业化利用。《民法典》编纂过程中对于是否承认权利人许可他人对标表型的人格权进行商业化利用有不同的意见。反对人格权包含经济利益的观点不在少数,最后《民法典》采纳了承认人格权的商业化利用观点,以解决实际发展需要。不同于前述的公开权,我国主流观点认为从权利内容上看,人格要素的商业化利用并非产生了特殊的权利内容,否则很难与隐私权等其他人格权相区别。可以将这种非传统的权利理解为某些人格权的权能扩张,而非新型的权利。从我国长期继受大陆法系人格权体系的传统来看,民法通则时代就已经实际上承认了肖像权的利用,所以德国的统一权利模式,即承认人格权中包含财产权利和精神利益两部分,是我国《民法典》此次修改的最终选择。①

人格要素如姓名、肖像、声音、隐私等,在传统上被认为是财产之外的没有价格标签的利益,确实具有一定的可利用价值;人格权的某些权能确实具有可分离性,再加上各种商业模式的不断推动,使人格权越来越具有财产属性。面对实务界、理论界数年来的激烈争论,《民法典》对以人格权体系为自然人形象提供保护正式作出了回应,不仅通过总则第 109 条、人格权编第 990 条第 2 款规定了一般人格权,将未被明确规定的具体人格权类型统一使用为“其

① 参见王利明:《人格权重大疑难问题研究》,法律出版社 2019 年版,第 291 页。

他人格利益”,为基于人身自由、人格尊严产生的其他各项人格权益的确认和保护预留空间,还就具体人格权的许可使用制度作出规定,确认某些具体人格权特有此项权能,反映了我国一以贯之的人格权保护模式的选择。

二、民法典个人信息权益与运动员形象保护

在人格权要素整体都可以进行商业化利用的背景下,隐私也成了商业化利用的对象,如近十年兴起的网络直播,就属于经权利人同意对其个人的生活起居、工作等进行直播,这实际上就是对隐私权的积极利用。故在《民法典》正式出台之前,关于个人信息究竟是人格权还是财产权,是权利还是权益存在分歧。个人信息并非单一、特定的存在,而是包括了姓名、身份证件号码、生物识别信息、住址、电话号码等诸多具有可识别性的信息类型。在这些信息类型中,有很多是既有的人格权之客体。例如,姓名是姓名权的客体,肖像是肖像权的客体,身份证件号码、生物识别信息、住址等私密信息是隐私权的客体。因此,个人信息与既有的人格权客体之间存在广泛的交叉、重合。①

公民个人信息在《民法典》中的定位与人格权商业化利用理论一样面临激烈讨论,正式条文公布后,有学者通过体系解释的方法得出结论认为立法者在立法上并未将个人信息保护上升到权利的高度,而是将其作为一种民事权益加以保护,因为《民法典》第四编人格权中各章节几乎都是以“某某权”作为章名,唯独在第六章使用的是“隐私权和个人信息保护”的表述。所以即便《民法典》没有

---

① 参见郑晓剑:《个人信息的民法定位及保护模式》,载《法学》2021 年第 3 期。

规定“个人信息权”，但其明确了自然人对其个人信息享有的民事权益在性质上属于人格权益。在此基础之上，无疑个人信息也参照适用其他人格要素的确认、使用与保护规则。

运动员形象与个人信息之间存在很多交集，运动员的肖像、姓名以及生物信息等都落入了个人信息的范畴，因此《民法典》如何保护个人信息成为研究运动员形象保护的关键。《民法典》关于个人信息权益与其他具体人格权之间关系的界定，将影响实践中如何适用法律条文，即究竟是属于肖像权、隐私权还是属于个人信息保护的相关内容。众所周知，个人信息权益源于隐私权，关于运动员形象的诸多案例确实涉及隐私权侵权的辨析，比如摩洛哥某公众人物起诉某杂志社的案件中，原告是摩洛哥知名公众人物，被告杂志刊登了其女儿参加一次公开体育比赛的照片，原告向法院提起诉讼主张其女儿的隐私权。然而，法院并没有支持原告的请求，而是认为杂志社的行为只是单纯的新闻报道，而且在公开的体育比赛中对参赛选手拍摄照片或视频是正常的行为，不受法律保护。最终，原告又将此案上诉到欧洲人权法院。① 诸如此类涉及言论自由公共利益与公众人物隐私权的纠纷时有发生，公众人物的形象也并非出于任何目的都能不经许可地使用，如出于商业利用目的的使用，就侵犯了公众人物的合法经济利益或者隐私权，而且这种情况中的使用也不符合公共利益除外规则适用的前提。② 在某足球运动员诉某报业集团名誉侵权案中，审理法院判决原告败诉，在判决中指出对公众人物的隐私权要根据公共利益和公众兴趣作出

① BGH, VI ZR 125/12 of 28 May 2013 (*Von Hannover v. Germany*) para. 15 – 20.

② *Von Hannover v. Germany*, Application no. 59320, 24 June 2004, Para. 63, 65, 72.

限制。就明星等公众人物而言，常常推定其默许媒体对其私生活的报道，这是由其本身的社会角色决定的。[①]

再者，个人信息商业化利用的“自决权”与隐私权之间也存在交集，如某运动员将自己未公开的个人信息许可使用给某赞助商，而第三人未经运动员许可擅自将该信息公开并做商业用途，这种情况下运动员是否可以同时主张未公开私密信息被侵害的隐私权以及当事人对于商业化利用其个人信息的收益权。前者明显涉及的是精神权利，后者针对的是经济权益。综上所述，运动员形象、个人信息与隐私的侵权常存在竞合关系，部分隐私权保护的客体也属于个人信息的范畴。可以预见的是，随着科学技术的发展，个人信息与隐私之间的关联性也将进一步加深，故此《民法典》关于个人信息权益利用与保护的规定还有待进一步完善。

小　　结

运动员形象利益，从其本质上来看是运动员可识别身份的人格要素的商业化利益，这种利益需要分情况根据不同的法律和不同的法定权利来确认，如人格权法、著作权法、商标法、不正当竞争法。不同国家、地区采用了不同的路径来为运动员形象经济利益提供保护，本章就目前主流的几种保护路径结合我国《民法典》的选择进行了案例与规范结合的分析、说明，分别是知识产权法路径，独立的公开权路径，以及扩张传统人格权法的路径。

---

① 上海市静安区人民法院民事判决书，(2002)静民一(民)初字第1776号。参见李新天、郑鸣：《论中国公众人物隐私权的构建》，载《中国法学》2005年第5期。

知识产权模式主要适用的法律包括《著作权法》《商标法》以及《反不正当竞争法》。知识产权与形象权益本质的共同点在于保护的都是符号的表达。作品是思想的符号性表达，专利是技术的符号或符号组合的表达，商标更是一种可视可感的图形与文字组合的符号表达。真实人物的形象则是人物身份的符号表达，因此形象权益与传统知识产权都是符号财产权利（权益），即通过其符号性具备商业价值。然而知识产权体系内的法律都面临主体保护范围有限的问题，因为这三种法律都对适用的主体作出了特殊的要求，而并非所有的运动员都能满足这些要求。

美国法院通过司法判例的方式从隐私权制度中发展出了公开权制度，虽然尚未形成联邦层面的立法，但是公开权已经在美国获得了大多数州成文法或者判例法的承认。形象在美国被视为一种无形的财产价值受到保护，真实人物的形象价值在转让与许可等财产交易的过程中得到实现与增值。不同州对于公开权的保护期限有不同的规定，对于能否继承也有不同的规定。根西岛创新了形象权益登记规则的设计，从实践的角度解决了许多形象权益登记过程中的问题。明确了权利的主体和可以获得注册的对象。此外，根西岛的《形象权益法案》还明确了形象权益的可继承性，为权利人的财富管理提供了更大的可预期性。

未经法律规定或者权利人许可，任何人不得使用权利人的无形财产。运动员形象具有无形财产普遍具有的专有性特征，只要没有被法律划归到公有领域的形象，都是唯属权利人得享之的"私有财产"。可见，美国的公开权制度、根西岛的形象权益登记制度，以及知识产权制度等对运动员形象权益提供的保护，说明了世界上各个国家、地区对运动员形象的法律保护路径是多样化的，这不仅是因为不同国家对于体育行业的重视程度不同，更是因为差异化的人格利益保护传统。我国《民法典》最终遵循我国的立法传统，采用了一元论人格权理论保护人格要素的财产利益，扩张了传统人格权的内涵，将人格要素的经济利益纳入人格权保护的范畴，为我国运动员形象的开发与保护提供了明确的法律基础。

第三章　民法典时代运动员形象的许可使用

运动员利用形象获取经济利益的方式有多种,主要为赞助、形象许可使用等。无论是其中何种方式,实质上都是围绕运动员的人格要素展开的商业开发,其基础都是法律对人格经济利益的承认与保护。人格权制度是由确认、利用和保护三类规范共同组成的。第二章探讨了运动员形象的法律确权路径有多种形式,本章的主旨在于梳理运动员形象利用的历史,结合《民法典》及相关法律法规对形象许可使用的限制,从规范分析与案例分析两个方面出发,厘清运动员形象利用的规则体系与争议焦点。

第一节　运动员形象许可使用的历史演变

一、产生背景

自然人形象之所以能从无到有地被利用,是因为形象逐渐具有了商业价值,这种价值的形成是社会公众消费理念转变的结果,体现了社会公众对商品的需求经历了从质量到文化内涵的转变。运动员形象的商业开发也经历了从无到有的过程，其产生和普及一方面受到宏观体育商业化时代背景的影响，另一方面随着运动员地位在整个产业链中的提升，运动员形象权益的保护意识逐渐觉醒，这两大因素成为运动员形象许可使用的主要因素。

各种商业利用模式的产生从本质上体现的就是社会公众对体育运动员身上具备的竞技精神和奋斗意志的推崇，这种热情和消费理念结合不同时期的社会背景外化为几次体育商业化浪潮。第一次浪潮源于20世纪60年代后期体坛明星的兴起；第二次浪潮要数20世纪80年代中期随着比赛电视转播而开始流行的运动服装赞助模式；在经历了这两次浪潮的刺激之后，20世纪90年代初期第三次浪潮来袭，整个体育行业进入了集中的商品化发展时期，卫星时代的到来与付费电视的出现改变了整个赛事营销模式。

足球领域是整个体育行业中保护球员形象开发，反对数据以及相关商业信息进入公共领域呼声最高的。大卫·贝克汉姆、韦恩·鲁尼(Wayne Mark Rooney)遇到了体育行业有史以来最“富有”的发展阶段，作为职业运动员，他们的赛场表现不仅能为他们带来丰厚的薪酬，同时还能带给他们更可观的一笔财富——形象开发收入。可以说，直到2000年皇家马德里球队以当时的“天价”从巴塞罗那队手中买入葡萄牙球员路易斯·菲戈(Luís Figo)，足球运动员形象开发的重要意义才首次真正引起了整个体育界的轰动。[①] 事实上，运动员工作合同中形象使用条款的出现更多出自俱

① Richard Haynes, *Footballers' Image Rights in the New Media Age*, 7 European Sport Management Quarterly 361(2007).

乐部的意愿，而对运动员形象需求的反映较少。俱乐部将本来应该支付给运动员的工资拆分成形象许可使用费，一来通过拉赞助、销售纪念品等方式增加俱乐部的收入，二来可以借此另立账目，在缴纳税金方面节省一笔不小的开支。

二、初阶——工作合同中的形象许可使用条款

基于上述理由，运动员的形象开发内容逐渐进入运动员与俱乐部签订的工作合同中，并成为单独的合同条款，在几大体育联盟的运动员标准合同或者运动员统一格式合同中都有所体现。2003年的英超《球员标准合同》就取得了突破，首次明确规定了“player's image”是指“球员的姓名、别名、名誉、肖像、签名、声音、视频、照片及其纸质版与电子版的任何复制品，以及其他所有包括球员号码在内的个人特征”。第14条规定了球员承担的义务包括必须参加俱乐部的年度合影，允许关于自己肖像的漫画印在泡泡糖卡片或者贴纸上，偶尔参加当地超市举行的公众见面活动。发展到2017—2018赛季，《球员标准合同》第4条“公共关系与市场”就球员与俱乐部的形象许可使用问题作出了详细的规定。综合而言，这些条款表现出一定的特殊性：第一，根据定义，职业运动员的本职工作就是参加训练和上场比赛，这是他们实现职业梦想和商业价值的必要途径，一名职业运动员很有可能拿不到赞助合同与代言合同等具有增值性的附加合同，但是必然会签订工作或者参赛合同。从这个角度来看，运动员工作合同中的形象开发条款具有普遍性。第二，由于职业体育领域有自成体系的一套规则并得

到了现行法的豁免，俱乐部环境（club context）①下运动员工作合同突破了一般劳动合同法对运动员权利的保障，施加了更多束缚。比如，当运动员作为团队一员参与商业宣传或者“上镜”，其个人形象包含在团队形象中被利用时，运动员必须放弃主张这一部分权利。尤其在运动员形象开发的历史初期，相比起俱乐部以及体育组织，运动员表现出明显的弱势，这是后来发展出来的运动员代言合同等其他合同中所不具备的特点。第三，运动员工作合同中的形象开发条款由于蕴藏着相当可观的经济价值而表现出明显的“独立”趋势，甚至部分国家，如法国的体育单行立法中，专门新增了条款规定俱乐部与运动员之间应该单独签订形象许可使用合同。如此一来，独立的运动员形象使用合同成为行业内的大势所趋。

三、进阶——独立形象许可使用合同

运动员工作合同中的形象许可使用在现实中遇到了不少挑战，首先是税收问题，通常各国的法律对于雇佣合同中的超高工资待遇规定了较高的征税标准，比如英国，对于英超和英国足球联赛的球员来说，工资中超过15万英镑的部分税率为45%（包括2%的

---

① “club context”是英超标准球员合同中使用的词汇，在第1条中就通过对“club context”的定义，明确了该合同的调整范围，即合同条款仅仅适用于关联、结合了球员名字的球衣商标或者俱乐部其他象征或者任何其他形式暗示或者借俱乐部形象谋利的一切使用球员形象的情况。

国民保险税)。[①] 可是如果俱乐部向形象管理公司支付相应款项,则两个公司之间交易所需缴纳的税款税率不再是45%,而是20%的公司税(2020年降低为18%)。如今,运动员的工资都是以周薪数万英镑计的,不同的税收标准能造成可谓"巨额"的差异,导致越来越多运动员将自己的形象开发事宜委托给形象管理公司,约定具体的报酬,俱乐部再与该形象管理公司签订独立的形象开发合同,按合同约定每月支付给形象管理公司报酬,以此获得对球员形象进行商业开发的权利。部分国家或者地区确立了形象权益,并将其纳入知识产权的管理范畴,政府为了鼓励知识产权的交易,对知识产权交易征收的税率往往要大大低于一般个人所得税的税率,俱乐部和运动员能够因此省下一大笔缴税开支。这一点成为独立形象开发合同产生与迅速发展的最大动力。英国曾一直通过"假冒之诉",利用商标法等法律来处理形象权益纠纷,近十年间,由于深受英超这一项利益关系巨大的足球产业影响,其税收管理部门在意识到独立形象许可使用合同已是大势所趋之后,于2015年出台了关于订立运动员形象开发合同的指导性文件。[②] 法国则在2017年颁布了法律规定积极推动这一趋势的发展。2017年3

---

① Geey Daniel, *Five Top tips to Understand Football Image Rights Deals*, Mondaq(Aug. 22,2020), https://www.mondaq.com/uk/trademark/540882/five-top-tips-to-understand-football-image-rights-deals#:~:text=UK%3A%20Five%20Top%20Tips%20To%20Understand%20Football%20Image,Is%20there%20a%20%27deal%27%20in%20place%20with%20HMRC%3F.

② HM Revenue & Customs, *Intellectual Property Rights: Image Rights: Licensing Arrangements*, GOV.UK(Mar. 12,2016), https://www.gov.uk/hmrc-internal-manuals/capital-gains-manual/cg68425. HM Revenue & Customs, *Employment income: general: payments for "image rights": Royalties: deduction of tax at source*, GOV.UK(May. 22,2014). https://www.gov.uk/hmrc-internal-manuals/employment-income-manual/eim00736.

月 1 日之前，法国的体育俱乐部或者其他雇用运动员的主体不承担向运动员和教练员支付单独的形象许可使用费的法律义务，而是默认此类费用包括在总薪酬中。2017 年 2 月 15 日，法国正式公布了新的“Braillard 法案”，倡导将形象许可使用合同分离于运动员工作合同，并对形象使用合同实行强制审查制度以保护体育产业的规范性，加强职业体育领域的规则性和透明度，提升法国体育俱乐部在国际市场上的竞争优势，保证体育行业健康发展。

第二节　民法典时代运动员形象许可使用的一般规则

李宁利用了自己的形象创建了李宁体育用品公司，姚明也曾经用自己的名字在休斯敦开设过“姚餐厅”，这些形象开发方式在体育领域几乎专属于体育明星，大多数运动员并没有“大咖”到能通过这种方式兑现自身形象价值的程度，他们在很多情况下离不开其所在的俱乐部或者体育组织，故运动员往往在签订劳动合同的同时“打包”许可了对其形象的使用，而这种情况下，许可使用的本质其实是一种对形象的优先使用权。

就人格权许可使用合同而言，被许可人应当按照约定的期限和方式使用他人人格权，否则不仅构成违约，还构成对他人人格权的侵害。例如，在某明星与某房地产开发有限公司肖像权纠纷上诉案中，①法院认为，原审被告仅与原审原告签订《演出协议书》，而没有签订肖像权许可使用合同，其利用原审原告肖像的行为已经

① 海南省高级人民法院民事判决书，(2013)琼民三终字第 59 号。

超出许可使用的范围,故构成侵权,应当承担侵权责任。由此看来,运动员许可使用合同的订立也是有“禁区”的,在合同中需要明确权利人授权许可他人利用哪些特定人格利益,人格权的商业化利用应以不侵害权利人的人格尊严和人身自由等为前提。《民法典》人格权编的出台被视为首次正视了人格要素商业化利用的法律性质问题,并对形象的许可使用作出了原则性的规定,除此之外,运动员形象商业化利用还需要遵守行业性的特殊规则。

一、形象许可使用的方式

许可使用是运动员实现其形象经济价值的重要途径,而许可使用合同,或者说许可使用协议,是必经之路和基本形式。实践中的运动员形象许可使用情况是普遍存在的,对于形象许可使用的具体情形要进行分类讨论。如前所述,现实中并非所有运动员都会与俱乐部、广告商、体育用品公司单独签订姓名、肖像等人格要素许可使用合同,很多形象使用的条款是包含在雇佣合同、赞助合同等其他合同中的,运动员通过许可对方使用自己的形象从而获得来自对方的工资、酬金、物资、场地使用权等各种形式的“回报”,甚至,在形象使用条款所依附的主合同中都不会有条款清晰地说明运动员形象的使用“价码”,经常采用的约定方式是如“某方应当出席对方举办的商业宣传活动 n 次,参加形象拍摄 n 次”,并不会对这笔费用进行单独规定。因此,以条款形式出现的形象许可使用合意(当事人之间达成的共同意思表示)的性质判断依随于主合同性质,需要单独判定运动员形象许可使用合同性质的情况并不多。

《民法典》第 993 条虽然对许可使用作出了一般规定,但是并未对人格标识许可使用的方式进行规定。有学者将人格标识许可利用方式分为两种,一种是通过负担行为设立相对权性质的许可;另一种则是通过处分行为设立绝对权性质的许可,后者分为排他商业许可和独占商业许可。人格标识的商业化使用与商标的使用原理相似,在商标许可使用概念体系中存在普通许可、排他许可和独占许可三种,第一种即普通许可,许可人在合同有效期和约定地域范围内对人格标识进行商业性利用后,可以继续为第三人设定新的许可;第二种即排他许可,许可人在将人格标识于一定时期与一定地域范围内许可给被许可方之后,不可再授权第三人使用,但许可人可以根据约定自己使用;第三种即独占许可,被许可方在合同有效期和约定的地域范围内,就许可的人格标识享有独占的使用权,许可人自身也不可在约定时间与地域内使用。① 显然,最后一种许可方式是支配效力最强的方式,排他许可次之,普通许可效力最弱。对于明星运动员的形象许可使用,品牌方通常会在合同中加入竞品排他条款,禁止将形象许可给同类竞品商,如"乙方授权甲方使用其姓名、肖像等人格标识于某某品牌及其系列产品广告宣传活动,协议有效期内不得接受本广告发布区域内与某某品牌及其系列产品具有直接或间接竞争性的产品之广告代言或推广合作,具体包括但不限于下列品牌竞品名单……"这类条款实质上是排他使用许可或者称为独家许可。

二、形象许可使用的原则性规定

《民法典》第 993 条规定:"民事主体可以将自己的姓名、名称、肖像等许可他人使用,但是依照法律规定或者根据其性质不得许

① 参见温世扬:《中国民法上的"公开权"——〈民法典〉人格标识许可使用规定之解析》,载《当代法学》2021 年第 2 期。

可的除外。"该条款首次肯定了民事主体对其人格标识享有的支配性权利,人格要素的价值源于主权利,并非基于其他因素而产生,形象作为区别一个人与其他人的标志,必须属于权利人自己,才能达到彰显自己区别他人的目的,才能宣示自己对于所关联产品或服务的认可,才能更好地体现形象价值。许可使用就是典型的支配行为,权利人可以有偿许可、转让给其他主体使用,也有权无偿许可给其他主体使用;权利人既能积极地使用,也能消极地不用。违反这种规则,非法使用他人具备财产价值的人格利益要素进行商业活动,就是侵害人格权的行为,要承担侵权责任。

1. 形象利益的权利主体

关于形象利益主体的最大争议点在于是不是知名人士才享有形象利益,学术界有观点认为,只有那些形象能够换取商业价值的运动员才有形象权益,因为他们享有社会知名度以后就丧失了一部分的肖像权与隐私权等权利,从而获得了形象权益。[①] 还有观点认为人人都可享有形象利益,只是对于知名运动员而言形象权益具有更重要的意义。[②]

普通人的形象被盗用时同样能够对其造成经济利益方面的损害,法理上没有任何依据能够忽视对普通人的利益保护。形象普通并非当然地意味着就该忍受未经许可的商业使用,尽管通常生活中实际提起诉讼寻求赔偿的主体多是名人或者成功人士。运动员形象遵循同样的法理,形象利益被纳入人格权体系中进行保护意味着其与其他人格权一样,也是一种固有性的权利。人格权的

---

① 参见郑成思:《知识产权法》,法律出版社 1997 年版,第 22 页。

② Sheldon W. Halpern, *The Right of Publicity*: *Maturation of an Independent Right Protecting the Associative Value of Personality*, 46 Hastings L. J. 853 (1995).

固有性，既表明这是一项绝对权，与民事主体共存亡，也表明所有的民事主体平等享有这项权利，不区分年龄、智力、受教育程度、宗教信仰、社会地位、财产状况等。虽然自然人之间在权利的实现上有较大差异，但是在权利的享有方面是平等的，任何人都有将自己的形象要素加以商业化利用的机会。①

2. 形象利益许可使用的客体

自20世纪90年代起，我国就逐渐出现了关涉自然人商业化利用自身人格权益的纠纷，司法裁判先例对理论研究和《民法典》人格权编的形成影响深远。《民法典》第993条对许可使用的对象采取了不完全列举的立法方式，但实际上仅适用于"标表型人格权"，从能够被许可使用的客体范围来看，运动员的姓名、肖像、声音、个人信息等可以被许可使用。姓名包括真实姓名、笔名、别名、绰号，前文已经论证，就运动员而言，一切能够表明主体身份的标识，包括具有足够知名度和辨识度的球衣号码也应成为能够许可使用的客体；肖像亦是如此，无论是正面、侧面，还是形体特征、侧影、背影，自然人肖像之外通过其他身体部位或其他形式呈现的个人外部特征，如动作形象、表演形象等，只要源于特定个人，皆可受法律保护。

综上所述，凡是能够脱离权利人的本身而独立存在，能够产生声誉和吸引力，具有相当的市场价值，经过使用能够获得经济利益属性的，都是可以被许可的。② 自然人的生命权、身体权和健康权等，依照法律规定或者根据其性质，不得许可他人使用。

① 参见姚辉：《关于人格权商业化利用的若干问题》，载《法学论坛》2011年第6期。

② 参见杨立新主编：《中华人民共和国民法典释义与案例评注》，中国法制出版社2020年版，第22页。

三、形象许可使用合同的特殊规定

1. 形象许可使用合同的解释

人格权主体将某些人格要素许可他人使用而形成的法律关系属于合同关系，原本当事人之间产生的相关争议应该依照《民法典》合同编规定的原则进行解释。但是鉴于涉及人格权这一根本性权利，法律对原本属于当事人意思自治范围的事项进行了干预。《民法典》第 1021 条规定："当事人对肖像许可使用合同中关于肖像使用条款的理解有争议的，应当作出有利于肖像权人的解释。"该条关于"应当作出有利于肖像权人的解释"的规定为人格要素许可使用合同的解释提供了处理原则，是肖像许可使用合同解释的特殊规定。该条规定以合同法一般原理为基础，当合同内容存在不明确之时，法律不会直接粗暴地干预合同的利益安排，而是由双方对此进一步协商，达成一致意见，充分尊重意思自治，同时设置倾斜保护机制，即为实现肖像权人的权益，于合同有争议时作出有利于肖像权人的解释。第 1021 条在立法技术和立法精神上也与《著作权法》有关著作权许可使用的规定贯通，《著作权法》第 24 条与第 27 条规定，著作权许可使用合同应该约定专有使用与否，使用的地域范围、期间、付酬标准和办法，违约责任和双方认为需要约定的其他内容，对于合同中没有约定的权利，并不能推定为得到许可，而应视为未得到许可。"有利于肖像权人的解释"边界在哪，需要具体案件具体分析。

2. 形象许可使用合同的解除

所谓许可使用，是指权利人通过合同的方式，许可他人在约定的期限和范围内使用其人格权。运动员形象许可使用制度的主要任务是调整运动员对其形象的使用及其产生利润的分配，是人格权的具体行使方式，但是本质上也属于合同，所以其成立、生效等规则理应适用《民法典》合同编的规定。但是又不能简单适用合同编的规定，合同编无法满足所有人格要素许可使用所需要的特殊规定。合同编也无法对形象许可使用规则作出详细规定，在合同结束、解除以及限制范围等方面应"量身定制"特殊规则，比如，除财产损害赔偿外，形象商业化利用还涉及对个人人格尊严的保护问题，换言之，商业化利用也需要受到来自人格尊严保护的限制。故而，需要考虑有别于合同编规定的一般情境，在特殊情形下赋予权利人解除形象许可使用合同的权利。尽管形象许可使用合同有这样的特殊性，但并不能使其被纳入《民法典》合同编的有名合同中，故合同编无法作出专门的调整。①

《民法典》第 1022 条规定："当事人对肖像许可使用期限没有约定或者约定不明确的，任何一方当事人可以随时解除肖像许可使用合同，但是应当在合理期限之前通知对方。当事人对肖像许可使用期限有明确约定，肖像权人有正当理由的，可以解除肖像许可使用合同，但是应当在合理期限之前通知对方。因解除合同造成对方损失的，除不可归责于肖像权人的事由外，应当赔偿损失。"从法律适用的角度考虑，该条应该被视为合同编的特别规则，按照"特殊法优于一般法"的原理得以优先适用。本条是对肖像许可使用合同解除权的规定。肖像许可使用合同的解除权分为两种情况：第一种，没有约定期限或者约定不明确时的解除权还是遵循通常的做法，当事人就形象许可使用合同享有任意解除权，即任何一方当事人都可以随时解除肖像许可使用合同，终止合同的履行，只

① 参见王利明：《人格权重大疑难问题研究》，法律出版社 2019 年版，第 294 页。

是解除合同之前要留出适当的合理期限,并应当在合理期限之前通知对方。第二种,在有明确约定的使用期限的情况下,只有肖像权人享有解除权,但此时的解除权并非可以任意行使,不但需要正当理由,还需要履行在合理期限通知对方的义务。此种规定将正当理由的关键作用凸显出来,因为如果没有正当理由,则肖像权人构成违约,而本条并没有进一步规定何为正当理由,应当根据具体情形判断。根据《民法典》第1023条的规定,声音和姓名都是参照肖像的相关规定,所以声音和姓名的许可使用在遇到条款理解争议的时候,也要进行有利于权利人的解释,并执行特殊的合同解除规则,以保障权利人的人格尊严。

四、形象许可使用的期限与继承

形象的许可使用权能与人格的产生、消灭是同步的。形象的许可使用权始于一个人的出生。婴儿的肖像也能被利用到商业宣传中,尽管婴儿并不能自己主张形象权益,但是其父母等监护人可以代替他行使权利。形象的许可使用权终于一个人的死亡。人格权是精神性的权利,这种人身属性决定了其既不可被继承也不可被转让。①

美国芝加哥法院曾审理过一起关于形象权利穷竭判断的案件。原告是美国某运动员的遗孀与A公司,遗孀授权A公司生产销售带有他们肖像的图片。被告是一家主营业务为将运动员图片镶在装饰物上作装饰的公司,被告在购买了A公司的图片后,将图

① French Supreme Court Civil Chamber (Cour de cassation chambre civil, Cass. Civ.), 15 February 2005, 03 - 18. 302 bull. civ. n86; and 14 December 1999, 97 - 15. 756 bull. civ. n. 345.

片用于自己的装饰物上进行销售。两原告以被告未经允许商业性地使用了他们的形象为由向法院提起诉讼。美国芝加哥法院并没有支持两位原告的诉求,而是援引了权利穷竭原则认定遗孀授权生产商通过制作图片的形式销售和传播其形象之后,就失去对于形象的使用和销售的控制权了。[①] 虽然该案法官是以权利穷竭为理由支持了被告,没有正面回复自然人的形象经济利益是否能继承的问题,但是美国法院的态度反映了世界上大多数国家、地区的考量,那就是公共利益与公共资源的平衡。名人形象作为一种稀缺资源应当在权利主体消失后进入公有领域,既然人格权不能被继承,则许可使用作为人格权权能之一,应同样无法传承给权利人的后人,否则构成对公共利益的过度损害。

进入公有领域并不代表公众可以任意使用其形象,使用行为必须不能侵犯权利人的隐私、名誉和荣誉。我国《民法典》第 992 条也就此表明了态度,即“人格权不得放弃、转让或者继承”。人格权随着主体的死亡而终止。然而人格要素的商业价值却不会因为主体的死亡而突然丧失,对死者姓名肖像的不当使用可能带来死者近亲属精神上的痛苦,民法应当保护已故自然人的精神权益可被继承。自然人死亡后,其人格要素如姓名、肖像等,仍具有商业利用的价值,也可以成为商业利用的对象。例如,在周某诉黄某、某出版社肖像权纠纷案中,被告将鲁迅的肖像编入《鲁迅像传》一书中,一共使用了 114 张鲁迅的肖像照片并配以文字解说。法院虽然认为被告的行为是对鲁迅肖像的合理使用,不构成侵权。但也肯定了死者的人格要素可以成为商业化利用的对象。实践中出

① Allison *v.* Vintage Sports Plaques, 136 F. 3d 1443, 1446 n. 6 (11th Cir. 1998).

现死者近亲属依法维护死者人格利益的情形，并不意味着死者近亲属继承了死者的人格利益，而是法律基于对死者利益的延伸保护而给予其代为维权的资格。① 2021 年 1 月施行的《最高人民法院关于确定民事侵权精神损害赔偿责任若干问题的解释》第 3 条规定："死者的姓名、肖像、名誉、荣誉、隐私、遗体、遗骨等受到侵害，其近亲属向人民法院提起诉讼请求精神损害赔偿的，人民法院应当依法予以支持。"该条非常清楚地指明了仅限于支持精神损害赔偿请求，而不涉及经济损害赔偿。

就运动员形象使用而言，形象许可使用合同的期限应由当事人进行约定。各个职业体育联盟或者体育组织对于球员合同中的工作年限是有不同规定的，既存在普遍适用的标准，又在某些运动项目中根据项目的特点保留了针对个别运动员的议价空间。大多数情况下，运动员签订的服务合同、劳动合同、雇佣合同中就包含对于形象许可使用的条款，所以很多运动员的形象许可使用期限是与工作合同同步的，只有对于部分明星运动员，他们才能从其他的赞助商手里获得额外的许可使用费。

五、许可使用合同违约的救济

根据《民法典》第 577 条、第 588 条的规定，合同违约的救济途径包括：继续履行、采取补救措施、赔偿损失、支付违约金以及定金罚则等五种。运动员形象许可使用合同的本质在于被许可人向权利人支付对价之后获得使用运动员人格标识的权利，因此在被许可人一方违约的情况下，对权利人的救济等同于一般金钱债务违

① 参见杨立新主编：《中华人民共和国民法典释义与案例评注》，中国法制出版社 2020 年版，第 17 页。

约救济。而在权利人违约的情况下，考虑到许可使用合同中的人格要素，对被许可人的救济形式不宜采用强制履行的方式，而支付违约金和赔偿损失是双方当事人合意的结果，不影响其作为违约救济途径。

当运动员作为人格标识权利人因不愿继续履行合同而构成违约时，由于我国《民法典》合同编通则将严格责任作为归责原则，因此违约责任的承担无须考虑权利人的过错。我国违约责任的归责原则以严格责任为一般性原则，以过错责任为例外。“严格责任为一般性原则”，即在履行合同中不论当事人主观上是否有过错，只要造成违约的事实，就应承担违约法律责任。“以过错责任为例外”，即仅当法律明确规定某种情形下适用过错责任时才能以当事人是否具备主观故意或过失作为评判其是否承担责任的要件。《民法典》第 1022 条第 2 款规定了肖像权人的合同解除权，该款作为解除合同的例外规定表明了对被许可人的损害赔偿取决于“正当理由”是否具有“可归责性”，该款作为适用归责原则的特殊规定优于一般规定适用，故该条的“可归责性”判断应以权利人存在过错为标准。有学者提出，损害赔偿的范围主要根据赔偿原则与可预见性规则确定，包括固有损失与可得利益，减轻损失、损益相抵、与有过失等损害赔偿范围的确定规则亦可适用。①

① 参见温世扬：《中国民法上的“公开权”——〈民法典〉人格标识许可使用规定之解析》，载《当代法学》2021 年第 2 期。

第三节 民法典时代运动员形象许可使用的限制

运动员的形象许可限制是人格权限制的体现,任何权利都会受限制的,人格权也不例外,过度扩张人格权的内涵和范围可能会导致其他社会利益受到损害。在国际上,公共利益成为各国限制人格权行使的公认理由。在我国,运动员形象的商业化开发受到多重因素的影响,这些因素一方面来自《民法典》以及包括《广告法》在内的法律框架对于人格权行使的规定;另一方面来自体育领域的自治性规则。本节内容针对的是体育行业规则之外的一般法律规定,这些规定针对的主体不仅是运动员,也包括其他行业与其他领域的民事主体。

一、运动员形象的合理使用

合理使用是著作权法中的重要例外制度,是指根据法律的规定,以一定方式使用作品可以不经权利人的同意,也不向其支付报酬。受到国际条约的影响,各国关于合理使用的构成要件都要求使用行为不得出于商业营利目的。人格权虽然是人之所以为人的基本权利,但是其行使也受到出于公共利益考量的限制,如公众言论自由,新闻报道自由等原则。参照著作权法中的合理使用制度,人格权编也构建了人格要素合理使用规则。合理使用制度有一个主要的特点,就是其只能由法律进行规定,也即人格权限制法定化,在我国依据《立法法》第 8 条的规定,“民事基本制度”应当由法律作出规定,毫无疑问人格权是“民事基本制度”范畴之内的,故行政法规、部门规章、规范性文件不可对人格权作出限制性的规定。

1. 域外运动员形象合理使用案例

域外就公共利益的认定存在诸多判例，尤其是就言论自由、新闻报道与人格权行使。在 2013 年 6 月荷兰法院裁决的某足球运动员诉某出版公司案中，原告曾是非常知名的足球运动员、教练以及评论员。被告是一家出版公司，出版了一本关于原告足球职业生涯的照片合集。被告在出版该书之前联系了原告本人并提出给予原告经济补偿，但是原告拒绝了，并将该公司诉至法院，主张自己的形象利益受到了侵犯。案件最后上诉到荷兰最高法院，原告主张根据《欧洲人权公约》第 8 条，被告侵犯了自己的隐私权。荷兰最高法院认为，该案与欧洲人权法院对摩洛哥知名公众人物一案的处理有差异，从三个方面驳回了原告的请求：首先，被告所出版的书中有关原告的照片都是在其参加公开比赛的时候拍摄的，而且他曾效力的是荷兰一支非常受欢迎的球队，该球队的比赛在荷兰受到民众的高度关注，因此本案中原告个人利益不能凌驾于公众的信息获取权与言论自由权之上；其次，被告发行的照片合集并没有任何对于原告形象的损害或者诽谤；最后，即便原告根据《著作权法》享有“可开发性知名度”，[①]但由于被告曾经向原告提出过

---

① 根据荷兰《著作权法》第 21 条的规定，在自然人能够证明自己对于其肖像的公开利用享有“正当利益”（reasonable interest）的情况下，未经许可不得使用自然人的肖像。除此之外，运动员还必须证明自己根据《欧洲人权公约》第 8 条或者荷兰《宪法》第 10 条规定的隐私权利益超越了《欧洲人权公约》第 10 条规定的公众言论自由与信息获取。就运动员而言，其形象中蕴含的商业利益是以其在体育领域的知名度为基础产生的，这是对其形象进行商业开发的前提，荷兰的法院称为“可开发性知名度”，不论是职业运动员，还是业余运动员，“可开发性知名度”属于一种商业利益，也受到《欧洲人权公约》第 8 条的保护。同时，这个标准也可以用于判断个人的形象利益是否高于公众的信息获取利益，再根据个案进行考量。当个人对抗公共利益的理由只有经济性的“正当利益”时，那么法院考虑的一个重要因素就是权利人是否得到了足够的经济补偿。

经济补偿的邀约,因此,原告不能再主张自己的权利了。在阿姆斯特丹上诉法院2013年终审的荷兰足球球员工会诉荷兰足球俱乐部、足球协会案中,球员工会主张根据《著作权法》的规定,所有职业足球运动员都对自己的肖像享有绝对的控制权,该控制权使他们能够禁止一切未经许可的肖像使用行为,包括比赛期间拍摄的照片或者视频。基于这种权利,电视广播每一次转播比赛出现球员的肖像时,都应该让运动员从中获得一份利益分红。阿姆斯特丹法院援引了上述足球运动员诉某出版公司案件的判决,认为《著作权法》并没有赋予任何人绝对的肖像权,只有当肖像权人拥有能够超越公众言论与信息获取自由的"正当利益"时,才能阻止他人公开使用自己的肖像。本案中,知名足球运动员的"正当利益"可以来自对其自身形象的商业开发,所以这一个条件是满足的。但是足球运动在荷兰是一项广受欢迎的运动,足球运动员无疑是明星公众人物,足球比赛背后体现了重要的公共利益,所以在比赛期间拍摄的照片以及有关比赛的新闻报道,其所象征的公共利益之重要性应该超越了运动员个人的经济利益。再者,无论是职业运动员还是业余运动员,本案法院认为更重要的是,参加比赛的运动员已经从他们的工作中以工资的形式获得了比赛转播的形象使用费,他们并不是免费付出劳动的。

就公共利益与运动员形象权益之间的"较量",法国亦根据典型案例明确了合理使用的几个判断标准:如果权利人在从事本专业工作的公共场合被拍摄,是不需要经过其本人事前许可的;权利人只有在利用其肖像的方式有损于、贬低或者构成虚假陈述的情况下才能禁止使用其肖像的行为;对于商业性的利用,要求必须有权利人的事前许可以及给予权利人经济补偿。① 德国某著名球员肖像权纠纷案也反映出了类似信息，在德国和希腊的足球赛中，被告未经许可将原告球员的肖像放置于墙体日程表中，最后法院认为墙体日程表展示原告肖像是为了让观众能直观感受到比赛场景，判决原告身为名人应当承担的社会义务高于其自我肖像权的满足。②

2. 我国民法典关于形象合理使用的规定

合理使用制度是对法律在保护私权利与社会公共利益之间寻求平衡的一种制度。以肖像、姓名为代表的人格权并不是一项绝对权，如果任何制作、使用、公开肖像、姓名的行为都要经过权利人同意，会给正常社会活动带来影响，增加社会成本，侵害公共利益。当行为符合法律规定的特殊条件时，行为人可以免于承担相应的法律责任。对于运动员形象使用的例外早在案件判决中法官就指出："个人形象以图画影像等方式的客观再现，即为肖像，此为个人形象在特定时间、特定地点、特定背景环境下的客观显示。肖像作为人格要素之一种，应属个人专有。如何使用肖像，原则上应由个人自己决定；但因社会事件以人为主，新闻报道、事物记叙评论，以及信息宣传若要真实再现当时情况，增加准确性、生动性和感染力，不免要经常使用个人肖像；加之众多与特定场景相结合的特殊人物肖像，往往具有代表国家、民族或者某一历史时期的特殊象征意义，此等肖像亦不免须被经常使用。"《民法典》实施之后，运动员形象合理使用源于第 1020 条规定的五种情景，不同于当事人意思

① Beverley - Smith Huw et al. , *Privacy*, *Property and Personality*, Cambridge University Pre. , 2005, p. 47 - 93.

② BGH Feb. 6, 1979, 1979 NJW 2203 (F. R. G.).

自治签订的合同,这是权利限制自由的法定情形。

(1)为个人学习、艺术欣赏、课堂教学或者科学研究

个人学习、艺术欣赏、课堂教学或者科学研究,在必要范围内可以使用肖像权人已经公开的肖像。若不允许民事主体在这些情况下使用他人已经公开的肖像,必然会对个体自由造成不良影响,也不利于我国文化建设与教育教学的发展。这种情形非常明确的要求是使用他人已经公开的肖像,或对于尚未公开的肖像,须未超出必要的范围,如果违反这两个条件中的任何一个,都有可能被判定为侵害他人的肖像权或隐私权等其他人格权。

(2)为实施新闻报道

为实施新闻报道,不可避免地制作、使用、公开肖像权人的肖像。该规定是对《民法典》第999条,即"为公共利益实施新闻报道、舆论监督等行为的,可以合理使用民事主体的姓名、名称、肖像、个人信息等;使用不合理侵害民事主体人格权的,应当依法承担民事责任"的细化。自然人中有一类特殊群体的形象,即公众人物。公众人物是在社会生活中具有一定知名度的人,是公众茶余饭后讨论的焦点。这类具有显著传递信息价值和意义的形象,已经成为大众文化生活的一部分。

公众言论自由是各国宪法普遍认可的一项基本权利,即公众对于国家与社会上的各项问题有自由发表意见的权利。公民的言论自由方式多种多样,包括口头表达、书面表达、动作表达等所有能表示公民立场的形式。新闻报道自由即本国公民言论、结社以及新闻出版界采访、报道、出版、发行等的自由权利。公民言论与新闻报道中难免会涉及姓名、肖像、声音等形象要素,因此在某些情况下,言论自由和新闻报道就会与形象权益产生冲突。在欧洲人权法院,欧洲各国包括荷兰、西班牙等国的法院,以及美国法院

审理的多起案件中,法官们都分别援引了《欧洲人权公约》第 10 条规定的言论自由与新闻自由原则以及《美国第一修正案》的言论自由原则,明确表现了支持公共利益高于个人经济利益的价值选择。新闻报道是社会公众实现知情权的重要渠道,社会公共利益性质极强。德国法院在遇到同类案件时通常需要在公共利益与个人形象权益利益之间进行衡量。就知名运动员而言,他们属于绝对公众人物,因此在出版与发行他们的形象之前通常不需要事先许可,除非是出于商业目的或者这种使用行为对权利人造成了损害。大部分的体育比赛都是公开举行的,对于比赛期间拍摄的参赛运动员的照片或者视频,德国法院往往认定为是关于比赛的现场图像,蕴含着公共利益。德国宪法中规定的表达与获取信息自由就是一个重要限制因素。从法院判决来看,将公众人物的形象分成了两类,一类是在具体事件中出现的人物,即所谓的相对公众人物形象;另一类是与公共利益密切相关的绝对公众人物形象,对于后者的使用,无论是在绯闻还是在新闻报道中,都是不需要事先经过本人同意的。

我国虽然没有法律对“公众人物”的具体概念作出明确定义,但是通过司法实践发展出了相关的共识,比如,某运动员诉某报业公司名誉侵权案的判决承认了文体明星的部分生活内容关系公共利益和公众兴趣。[1] 当然,对于未经许可使用运动员形象的情况,只有在目的是为满足公共利益,又如,言论自由或者信息获取的前提下,才可以牺牲个人的经济利益,免于事前许可。

(3)国家机关为依法履行职责

为依法履行职责,国家机关在必要范围内可制作、使用、公开

---

① 上海市静安区人民法院民事判决书,(2012)静民一(民)初字第 1776 号。

肖像权人的肖像。国家机关依法履行职责是为了社会公共利益与国家利益,如追捕逃犯、调查传染病患者等。该情形的适用设立了两个门槛,即必须是国家机关依法履行职责时,且国家机关必须在必要范围内制作、使用、公开。

(4)为展示特定公共环境

为展示特定公共环境,不可避免地制作、使用、公开肖像权人的肖像。该情形适用的条件:一是为了展示特定的公共环境,二是不可避免。比如,要对赛事进行报道,要拍摄赛场画面,如不可避免地涉及一些观众,则可援引该规定。

(5)公共利益及其他行为

为维护公共利益或者肖像权人的合法权益,制作、使用、公开肖像权人的肖像的其他行为,才能归于此类情形,该条作为合理使用制度的兜底条款为司法实践的发展留出了空间。

二、集体形象与个人形象

除个人肖像外,还存在"集体肖像"的例外情况,即指多人的肖像并存于一个载体上构成一个完整的、独立于个体的肖像。对集体肖像问题的关注与讨论,实务上大多承认集体肖像利益有保护之必要,并就集体肖像与个人肖像之间的关系予以阐释,但就具体利益平衡方案存在重大分歧。[①] 然而学界对于"集体肖像权"是否真的存在是有争议的,有学者认为并不存在集体肖像权这个概念,因为无论是否一国的国内法建立了独立的公开权或者形象权益制度,肖像都是人格的一个组成要素,实质是身份利益,其主体必须

① 参见张红:《肖像权保护中的利益平衡》,载《中国法学》2014 年第 1 期。

是自然人,所以这种"集体肖像权"理论并无正当法理根据。[1] 当个人形象置于集体之中时,想要主张单独的形象利益会受到集体形象制约,一人关于其肖像所有的利益,为全体的利益所限制,但并不能认为个体的个性为全画面所掩蔽,其人格权存在的基础仍旧存在。集体肖像牵涉每一位组成个体的权利,这也是本书将集体形象视为对个人形象的限制的原因。

国内关于"集体肖像"商业开发比较典型的案件就是2003年某运动员诉某饮料生产公司侵犯肖像权纠纷案。被告公司在产品包装上印有原告所在球队三名球员的照片,原告认为其本人没有授权被告公司,也未授权任何个人、公司或者组织许可被告公司使用原告个人形象对其产品进行商业推广,被告公司的行为侵害了其肖像权。被告公司宣称其行为属于合法使用,理由是当时该公司是原告所在球队的官方赞助商,从赞助合同中获得了整个球队的形象商业开发权。最后该案以和解的方式结案。由于该案件涉及不止一名运动员的肖像使用问题,从而引发了广泛的关注,究竟原告本人和其所在球队,谁有权利对原告本人的形象进行商业开发。该案还在本质上涉及国家级运动员的个人肖像权带来的使用利益如何在我国体育管理机构与运动员之间进行分配的问题。

权利依主体而存在。《民法典》规定肖像权的主体只能是自然人,故自然人之外的主体的肖像并不受肖像权的保护。"集体"的概念是量的集合,不同于法人,更不属于民事主体。[2] 独立肖像是单个肖像的聚合,肖像一旦被公开,每一个权利人都当然地享有权利,并不会因为集合的这一过程而导致个体肖像权的灭失。但是

---

① 参见李丹:《公开权比较研究》,时事出版社2016年版,第76-77页。

② 参见张红:《民法典人格权编立法论》,法律出版社2020年版,第169页。

集体肖像的问题始终存在,如同合作作品一般,不同的作者对于作品的处置有不同意见,不同的肖像权人对于肖像的处置也可能存在不同意见。对此,可分情况讨论:第一种,仅突出部分人物且具有可辨认性,其他个体形象难以辨认,这种情况下仅被突出者享有肖像权,不突出者的肖像恐难以保护。第二种,各个体形象皆均衡显示,并未有见突出者,则各个体都不能主张其肖像权。这种情况通常会出现整体形象因为成员间的组织关系而具备整体可辨认性的现象,尤其以球队等固定化的集体形象为代表。某运动员诉某饮料生产公司侵犯肖像权纠纷案中,中国男篮的集体形象来自国家男篮全体队员的权利让渡,由集体在一定范围内统一行使。当个人肖像有机组合并出现在公众的视野中时,希望达到的目的是让人们联想到一整个团队背后的整体形象,而不是其中某一个人的精神或经历,如中国女排。中国女排精神在国人的记忆中象征着团结协作、敢闯敢拼,2019 年 9 月世界杯夺冠之后,整个中国女排的商业形象开发随即爆发,承接了包括太平洋保险、一汽红旗、联想、海尔空调等大型企业的商业代言。

在体育运动员与俱乐部签订的合同中,往往在形象使用的条款里会明确规定,一旦运动员以 4 人(或者 5 人,6 人)以上集体亮相的方式被使用其形象时,代表的是整个俱乐部的形象,不需要单独获得运动员的形象权益使用授权许可,这也是集体肖像存在的有力事实证明。承认集体肖像并不是要全盘否定个人肖像权利和价值,而是在主张权利时应该参照个人肖像的实际贡献有所差异。从权利的行使来看,如果集体人数较少,则个人成员的肖像自然比较容易辨认,其形象价值也更显著,成员可以主张自己的个人形象权益;如果集体人数众多,每个成员的特征都难以很突出,个人形象的价值自然难以衡量。《中国篮球协会注册运动员商业权利管理办法》第 9 条明确规定了运动员的集体形象，称为“集体特征”，根据该条规定，运动员集体特征指同时显现或使用 3 名(含)以上运动员的球员特征，包括由运动员单个形象组合而成的群体球员形象，但该组合不得特别突出其中一人特征。① 综上所述，集体肖像归根结底仍是个人肖像权的权利让渡及行使范围问题。如果对集体肖像构成侵权，则各权利人都有权主张权利。而同时，集体肖像的使用应充分尊重个人的处分权利，个体的肖像难以识别的除外。

三、运动员代言产品、服务的限制规定

运动员形象利益的实现主要依赖于赞助与商业化授权许可使用，赞助是个人或公司按照赞助协议投资某一体育活动并获得一种免于商业竞争的广告机会；商业化授权许可使用是将体育明星、俱乐部的姓名、商标、标识等进行商业开发，用于推销商品或服务。② 运动员代言合同并不属于我国民法中的有名合同，运动员代言产品、服务的行为就是商业化授权许可使用的典型形式，本质上属于支配其人格权的行为，代言广告彰显了运动员的姓名、肖像、声音等人格特征和形象，是运动员人格权权能的拓展。运动员尤其是体育明星，作为公众人物，其言行具有显著的社会影响和消费导向，为了维护社会公共利益，保障消费者的合法权益，有必要对其人格权的行使和利用进行必要而合理的限制。我国《食品安全法》第 140 条规定，社会团体或者其他组织、个人在虚假广告或者

---

① 参见《中国篮球协会注册运动员商业权利管理办法》，载国家体育总局官网，http://www.sport.gov.cn/n16/n33193/n33223/n34901/n2286355/150180.html。

② 参见朱体正、冯英飞：《新〈广告法〉背景下运动员广告代言责任问题研究》，载《首都体育学院学报》2017 年第 1 期。

其他虚假宣传中向消费者推荐食品，使消费者的合法权益受到损害的，应当与食品生产经营者承担连带责任。《消费者权益保护法》也有类似的规定，2021年修订的《广告法》第38条规定，广告代言人在广告中对商品、服务作推荐、证明，应当依据事实，符合该法和有关法律、行政法规规定，并不得为其未使用过的商品或者未接受过的服务作推荐、证明。对在虚假广告中作推荐、证明受到行政处罚未满三年的自然人、法人或者其他组织，不得利用其作为广告代言人。第56条第2款、第3款规定，关系消费者生命健康的商品或者服务的虚假广告，造成消费者损害的，其广告经营者、广告发布者、广告代言人应当与广告主承担连带责任。前款规定以外的商品或者服务的虚假广告，造成消费者损害的，其广告经营者、广告发布者、广告代言人，明知或者应知广告虚假仍设计、制作、代理、发布或者作推荐、证明的，应当与广告主承担连带责任。《广告法》第61条还规定广告代言人如存在在医疗、药品、医疗器械广告中作推荐、证明，在保健食品广告中作推荐、证明，为其未使用过的商品或者未接受过的服务作推荐、证明，明知或者应知广告虚假仍在广告中对商品、服务作推荐、证明四种情形之一的，则由市场监督管理部门没收违法所得，并处违法所得1倍以上2倍以下的罚款。广告代言责任的规定在客观上督促运动员为商品或服务代言时更加谨慎、理性和负责，这些规定是就运动员形象对外许可使用设定的限制，同时从公共利益的角度出发，有利于减少或避免损害消费者权益。

小 结

各种商业利用模式的产生本质上体现的就是社会公众对体育运动员身上具备的竞技精神和奋斗意志的推崇，这种热情和消费理念结合不同时期的社会背景外化为几次体育商业化浪潮。随着运动员形象商业价值的不断攀升，关于运动员形象开发内容的约定越发受到重视，具体形式为单独的形象权合同，或者成为运动员与俱乐部签订的工作合同中的独立条款。《民法典》人格权编的出台被视为首次正视了人格要素商业化利用的法律性质问题，并对形象的许可使用作出了原则性的规定，除法律有明确禁止外，标表型人格要素都可以由权利人进行许可使用。人格要素的经济利益，是权利主体身份的符号表达所产生的经济利益。作为人格权的权能之一，形象的许可使用是所有自然人平等享有的权益，不区分运动员的知名度。

以肖像、姓名为代表的人格权并非一项绝对自由的权利，人格权的行使必须受到公共利益的限制。在国际上，公共利益成为各国限制人格权行使的公认理由，域外就言论自由、新闻报道等公共利益的认定形成一套理论体系与诸多典型判例。我国《民法典》在承认人格要素经济利益受到人格权保护的基础上亦规定了人格权合理使用的五大限制，确立了形象许可使用合同的特殊解释原则与解除规则。

除此之外，运动员形象的许可使用权还在集体形象的情况下，根据个人显示度的差异而受到一定限制。运动员代言产品、服务的行为就是商业化授权许可使用的典型形式，本质上属于支配其人格权的行为，代言广告彰显了运动员的姓名、肖像、声音等人格特征和形象，应我国《广告法》《食品安全法》《消费者权益保护法》等对公共利益的保护需求，运动员在以代言方式许可使用其形象时，须根据产品服务类型承担虚假广告致损的连带责任。由此可见，我国以《民法典》为中心已经形成一套较为完善的个人形象许可使用规则体系，但这种制度于体育领域而言如何适用，是否有变通规定，下一章将深入探讨分析。

第四章　体育自治背景下的运动员形象权益行使

运动员的主要精力都放在体育比赛和训练中，而且大多数的运动员并不具备独立开发自身形象的能力，因此由体育经纪人、俱乐部和赛事主办者来完成形象营销工作已经成为普遍的运作模式，开发运动员的形象价值也已经成为体育经纪人的一项重要工作内容。体育经纪人与形象管理公司作为专业人士在如何开发运动员形象的方式和范围等问题上话语权很强。体育赛事联盟和主办者也越来越重视运动员形象的使用，英超、NBA 联盟以及欧洲篮球联赛纷纷成立了自己专门的财产管理实体来开发运动员与俱乐部的形象经济价值。就俱乐部的资产管理公司或者专司公共关系与知识产权运营的附属实体而言，如何与体育经纪人进行谈判确定运动员的“身价”并最大限度地开发运动员的形象价值是他们的首要任务。根据皇家马德里俱乐部的估算，贝克汉姆的 4 年工作合同的总酬金，仅仅在他加入皇马的第一个半年之内，就从使用了其形象元素的 T 恤销售营利中赚回来了。他在皇马效力的 4 年，单就商品销售方面为皇马带来的利润已高达137%。[①]

运动员工作合同包括了运动员与俱乐部,运动员与体育组织之间签订的雇佣合同,同时还包括了参赛合同。如今运动员通过工作合同中的相关条款让渡自己的部分个人形象权益作为参加比赛的前提,这样的例子比比皆是,世界杯橄榄球赛(Rugby World Cup,RWC)参赛合同就是一份强制性的格式合同,其中设置了对球员形象权益的无偿使用条款,一旦签署了该协议,球员即将自己的形象和存档录像的使用权永久地授予了各国橄榄球单项体育协会,允许橄榄球世界杯公司用于比赛宣传、教育与发展目的的活动,只是不能用于商业开发的目的。

运动员获得的私人赞助合同、代言合同、出席综艺节目等与训练和竞赛无关的商业利用形式适用的是一般性的民商法规定。随着形象价值挖掘手段的进一步发展,越来越多非工作合同环境下的运动员形象利用方式出现,尤其在曾享有盛誉的退役运动员身上发生较多,比如,曾经在我国打过官司并索赔成功的"球王"马拉多纳,在担任中国足球大使期间与中国的某公司通过视频和签订授权合同的方式,授权该公司成立品牌管理公司,申请注册商标,以及成立冠以其名字的基金、足球学校。[②] 职业运动员的工作内容就是参加训练和上场比赛,因此必然与俱乐部和比赛组织者、国家队,甚至国际体育组织产生联系,而这些主体又不同于一般的雇佣单位,它们对受雇佣的运动员规定了严于普通公司或单位的限制,

① Hackleton Pete, *Image Rights Companies in Football - Where Are We Now?*, Lawinsport(April 17. 2014), https://www.lawinsport.com/features/item/image-rights-companies-where-are-we-now.

② 参见《马拉多纳足球学校事件声明:已得到老马本人授权》,载新浪网,http://sports.sina.com.cn/china/other/2017-06-08/doc-ifyfzfyz2484699.shtml。

因此，需要就职业运动员与工作合同之外的形象商业利用分别进行分析。

第一节　体育自治的原理

一、体育自治的形成

体育是一项具有较高的职业性和技术性的活动，对于参与者的专业技能素质要求非常高。体育赛事和体育组织具有完备的章程和规则，形成一个相对封闭的人文环境，只有遵守这些规则才能进入这个环境。体育领域的自治源于中世纪西欧城市和行会的自治形式，此后一直就有自治的传统，可称其为体育法治化的先进成果。体育自治，就是一种自我约束、自我管理，排斥外部所施加的干涉和影响的状态。

1. 行业自治理论的沿用

体育自治理论的最终形成经历了一个过程，并非一蹴而就，在诸多的影响因素中体育行业本身的自治性根基起到非常重要的作用，有学者将市民社会作为体育自治的源头活水，将自发秩序理论作为体育自治的运行基础，而事实上，行业自治理论才是体育自治的本质体现。在市民社会理论的当代形态中，具有独立自治权的行业协会和社会团体已经成为市民社会最为广泛的主体。[①] 行业协会自成立时起的主要目的就是避免同行业者进行不正当的恶性竞争，同时限制外来竞争，以便于保护同行业之间的共同利益。随

① 参见康晓磊：《全球视野下体育自治研究》，北京体育大学2014年博士学位论文，第21－25页。

着行业组织的进一步发展，逐渐起到了协调政府与社会企业关系的中介组织作用，还具备了维护群体合法权益、促进和谐的社会功能。行业自治相比起国家法治有明显的优势，在更自由、灵活之余又不失权威性与集中性，是国家法治的重要补充与辅助，而实现这种功能的关键在于合理而强有力的内部组织机构、成熟的规范体系与职能发挥机制。这一认识适用于体育自治领域可见其恰当性。当今世界已经形成了较为稳定的以国际奥委会为中心，各个国家奥委会与各级单项体育联合会分别治理的体育自治框架。自治，既是体育领域追求的理想状态，又同时已经成为体育领域治理的本质要求。①

2. 运动员的权利让渡

运动员、教练员及其他赛事参与者只有了解并表示尊重这些规则才能开展相关活动，由此可推定这些主体与赛事组织者之间通过递交报名参赛表的形式达成了协议，而与体育机构之间是以对体育组织章程的认可为前提，由运动员让渡部分权利给体育组织，由此形成契约关系后体育组织才享有了自治权。这种事前同意构成了后续对运动员进行约束的正当性基础，成为体育自治权利的来源途径之一，当事人的权利让渡，是最初始的权源。体育行业的一系列规则就是约束运动员自由实现其形象收益权益的依据。

体育行业内部自成体系的一套规则维持着这个竞技性行业的存在与可持续发展。这些规则有一个统一的名称，“体育自治规则”，这类规则体系中的部分具体规定（球员转会规则、转播权集中

① 参见康晓磊：《全球视野下体育自治研究》，北京体育大学2014年博士学位论文，第27-28页。

销售等)在世界上很多国家和地区都受到了不同程度的豁免,比如在欧洲、美国得到了来自《欧盟竞争法》《劳工法》《美国反垄断法》等法律的特殊豁免,这也正是体育自治广受热议的重要原因。可以说,体育的组织性、规则性、竞争性是体育走向制度化、走向自治的关键。①

体育自治是就社会团体与政府之间的关系而言的,对于"自治"的理解本质的点在于体育规则的效力是否具有优先性,当一般的法律规定与本领域的相关规定冲突时,以体育领域的规定为准,这是国家法律和司法实践中允许体育进行自治的最终体现。所以有学者总结"体育自治"的内涵就是体育行业内部的各个主体以协商所缔结的契约(章程)为基础,由自愿组建的组织(行业协会)依据这些文件对内实行自我管理,对外实行协调或者抗衡,以争取最大限度地维护本行业的共同利益,实现行业内部的共同诉求。

二、体育自治权的发展

回溯起来,体育自治权本源产生于体育活动参与成员的权利让渡和自愿认可,是典型的集体权利,与个人权利之间存在天然的对立,两者具有发生冲突的必然性。② 体育自治的主体是依法取得社会团体法人资格的体育社会团体,他们手中的权力都来自私人权利,体育社团组织以此为基础形成了颇具特色的体育自治管理体系。在体育商业化程度不断加强的背景下,集体与运动员个人之间的利益冲突还会进一步突出,由此可见,明确体育领域中集体与个体

---

① Boycs Simon et al. ,*Sports Law*, Routledge, 2012, p. 5.

② 参见李智、喻艳艳:《体育自治的导向:体育自治权的属性辨析》,载《上海体育学院学报》2018 年第 2 期。

两者之间的关系和边界,是体育自治良性发展的重要任务。

近年来,体育自治能力得到了显著提高,尤其是在电视营销、赛事举办以及商业赞助方面有了长足的发展,创造了巨额财富,伴随于此,体育自治权也出现了越来越明显的"权力化"趋势。我们认为不论体育自治最终是否被正式承认为一种权力,都可以至少从三个方面来认识其内涵:其一,规则制定权,即体育组织通过制定自治规则来规范竞技体育,将体育参与者让与权利的目的通过统一的赛事规则体现出来;其二,组织管理权,包括成员资格的接纳和排除,体育组织框架与管理机制的构建和完善,举办体育赛事和管理其他相关的体育活动;其三,最具强制性的争端解决权。[①]体育自治的前两种权利对于运动员形象权益的行使与保护产生了重大的影响。权利的享有是权利实现的必要前提,而权利的享有却不一定导致权利的实现,[②]运动员形象权益的真正实现不可忽视其所赖以生存的行业环境。本章所讨论的运动员形象权益的行使与救济以体育自治的影响为背景,着重探讨体育这个相对封闭的环境下运动员形象权益实现所必须面对的特殊问题。

第二节　体育自治对运动员形象权益的影响

运动员形象专有权益是指形象权人将自己的形象用于商业开发以谋取经济利益的独占性权益。运动员的形象利益是随着自然

---

① 参见李智、喻艳艳:《体育自治的导向:体育自治权的属性辨析》,载《上海体育学院学报》2018 年第 2 期。

② 参见钱大军等:《权利应当如何证明:权利的证明方式》,载《法制与社会发展》2007 年第 1 期。

人成为运动员而开始具备的，无论是否投入实际商业使用，不需要履行法定形式就能享有。专有权是排他的，意味着未经权利人同意他人不得在任何地域范围以任何形式使用其形象，除法律另有规定外。形象专有权是人格权派生的权能，不同于商标专用权只是在权利人注册的范围之内对权利进行保护，人格权无须通过注册就能取得，无论是自然人还是法人，只要是符合法律规定的主体就都享有人格权，保护的范围不可人为选择。

这里的"专有"强调两个方面，一是"专"，即为权利人所独占，二是"使用"。对于"专"，形象作为区别一个人与其他人的标志，是依附于主体存在的，只有这个人本人才享有专有使用权，才能达到彰显自己区别他人的目的，才能宣示自己对于所关联产品或服务的认可，才能更好地体现形象的价值。对于"使用"，既包括权利人有偿许可、转让给其他主体使用，也包括权利人自愿无偿许可、转让给其他主体使用；权利人既能积极地使用，也能消极地不用。运动员既可以自己直接将各种形象要素使用于商品或服务之中，依靠该形象的公众吸引力在经营过程中实现形象经济价值；也可以间接地通过转让或者许可他人使用形象要素，从而收取转让费或者许可费。运动员形象专有权的使用就是将特定形象要素通过二次开发用于商品或者服务促销的过程，目的是借运动员形象的影响力获得更大的经济利益。① 以往我国的体育行政部门否认运动员享有形象权益，如今关于运动员作为唯一形象主体的争议已经在《民法典》出台之后被平息，我国已然明确了对于运动员尤其是国家队的运动员，国家体育管理部门仅仅是形象的"管理权人"，而非"所有权人"。然而，体育行业中一系列的自治性规则与合同，在

① 参见张丹丹：《商品化权研究》，吉林大学 2008 年博士学位论文，第 28 页。

很大程度上约束了运动员本人行使其形象专有权。其中,体育自治相关的规则制定权、比赛组织管理权与监督权是最主要、最直接作用于运动员形象专有权使用范围的。

一、规则制定权对运动员形象权益的影响

体育行业内的合格主体能够制定包括竞赛规则与项目规则,联赛章程,协会章程,体育职业道德规范,行业标准,以及处罚与争端解决规则等在内的一系列体育行业的基础性文件。就像体育行业组织针对球员转会作出的一系列特殊规则限制了运动员的流动自由一般,体育行业组织对于运动员形象的开发与利用同样规定了一系列的限制条件。他们在章程、实施细则中对运动员形象的概念进行了定义,比如,《中国篮球协会注册运动员商业权利管理办法》中对"运动员个性特征"的界定,这些章程与实施细则中的规定不仅在运动员注册会员的时候对运动员有直接的约束效力,还对俱乐部、联盟与运动员之间的集体谈判协议内容以及个人单独签署的形象许可使用合同内容产生了重大影响,比如 NBA 球员集体谈判协议中对于"player attributes"所作的概念界定。再如,《2019—2020 赛季 CBA 联赛商务推广工作规定》第 6 条"保护赞助商权益"中第 7 款明确要求球员不得以联赛球员身份(身着赞助商提供的装备或自称是联赛球员)擅自接受联赛赞助商竞争品牌的采访或参加举办的任何活动。球员在以联赛球员身份参加非竞争品牌的采访或参加举办的任何活动时,不得穿着和使用竞争品牌的产品或展示竞争品牌的标识、广告语、吉祥物。

二、比赛组织管理与监督权对运动员形象权益的影响

比赛组织权对于运动员形象权益的实现有着重要的影响,无

论是接受企业赞助的合同,还是形象代言合同,运动员在赛事期间会丧失一部分的形象自由。组织比赛是许多体育行业组织基本的工作内容,通过组织比赛对注册的运动员和俱乐部会员进行登记、管理和甄选,组织比赛同时是传播一项运动项目与获取商业利益的重要来源。作为获得参赛资格的必备条件,通过强制性、格式化参赛合同的签订,运动员必须将自己的部分形象使用权利无条件,甚至不计报酬和经济补偿地转交到比赛组织者手中,这是其中一种方式。另一种方式也常出现,即体育组织在章程中要求参赛成员俱乐部必须已经取得所有参赛队员一定范围内的形象使用权,或者在与俱乐部签订的参赛合同中规定俱乐部有义务尽力协助比赛组织单位获得运动员的形象使用权。比如,《2019—2020 赛季 CBA 联赛中国男子篮球职业联赛纪律准则》第 32 条明确提出“赛季期间,运动员、教练组成员如发生违规行为涉及联赛赞助商的,纪律部门有权依据第一百一十六条进行处罚”。再如,《中国篮协球员合同》(2021 国内试行版)中规定球员特别授权俱乐部、中国篮协和联赛管理机构以推广宣传职业联赛为目的,在聘用期内对球员照片、形象、图像、表情包、动态图、姓名、别名、昵称、号码、声音、二次元、签名等享有无偿的开发及使用权。

监督权,是指体育组织监督管理其会员的权力,包括资格审查权、标准制定和实施权以及日常管理权。

三、以奥林匹克宪章第 40 条对运动员形象权益的影响为例

国际体育社会对于运动员形象权益行使具有代表性的约束规则莫过于《奥林匹克宪章》第 40 条了,该条规定除非经国际奥委会执行委员会许可,参加奥运会的任何运动员、教练员、训练员或官

员在奥运会期间都不得将其本人姓名、图像或运动表现用于广告目的,附则中还规定“参赛者和持证人员也不许推销任何品牌、产品或服务,不管是论坛帖子、博客、推特或其他社交网络”。此规则通常从奥运会开幕式前九天持续到闭幕式后三天(这期间被形象地称为“冻结期”),意味着在这将近一个月的时间内,如果运动员的个人赞助商不同时为奥运会的赞助商,则运动员不能代表自己的赞助商进行广告活动;凡是参赛的运动员、教练员/训练员或官员的个人赞助商已经将广告宣传投放到市场的,必须满足一定条件才可以在奥运会期间继续开展广告活动,包括:符合国家奥委会的规定,广告不得创建任何与奥林匹克资产特别是与奥运会之间存在商业联系的印象,广告申请必须提交给国家奥委会或国际奥委会批准。运动员不可以为自己的个人赞助商在赛场上做宣传,他们甚至不能在社交网络上对自己的赞助商表示感谢。2012 年美国运动员兰诺 · 曼扎诺(Leonel Manzano)在 Facebook 上发了一张自己跑鞋的照片,结果被国际奥委会勒令删除;但美国击剑冠军、旗手玛丽埃尔 · 扎格尼斯(Mariel Zagunis)就可以在自己的社交媒体上进行广告宣传,因为她的赞助商是奥运会官方赞助商。该规定在民间被称为“第四十条军规”,一旦确认违规,根据《奥林匹克宪章》或某国国家奥委会的具体规定,严重者可能会被剥夺奥运会取得的奖牌并取消其成绩。该规则并不是从奥运会举办初期就有的,而是随着运动员形象价值和影响力的飙升才出现的,这充分体现了国际奥委会对参赛运动员形象商业使用日趋严格的管理控制。

若要理解第 40 条对运动员形象权益行使的影响,有必要考察第 40 条之历史由来。国际奥委会一开始是排斥有赞助商支持的职业运动员参赛的,主张“业余原则”,然而,随着奥运会在全世界范围内的影响力扩张，这一项国际赛事的可持续发展终究离不了资本的运作与营销，业余运动员的限制很快被废除。事实上，是否有赞助商已经不再是判断运动员业余与否的标准，后来绝大多数参加奥运会的选手都是有专门赞助商支持的职业运动员。① 奥运会早在 20 世纪 80 年代之前就创造过高达 2.5 亿美元的收益，官方赞助商的数量在 1976 年蒙特利尔奥运会达到了 628 家的峰值，当时的赞助模式是不分等级的，所有赞助商都能成为“官方赞助商”。国际奥委会和组织方从这一赛事举办的过程中看到了惊人的经济效益。为了将这种收益持续下去，国际奥委会对 1984 年洛杉矶奥运会的赞助计划进行了一次重大的调整，即开始实施分级赞助制度，规定不同层级的赞助有不同大小的权利范围，当时每个层级每个类别只有一家公司能成为官方赞助商。这种赞助计划原本是为了大幅提高赞助费的价值，最后却起到相反的作用，促使那些未能成为官方合作伙伴的企业去寻找能够与赛事建立联系的替代方式。第一起针对奥运会的隐性营销事件发生在洛杉矶奥运会期间，柯达公司赞助美国田径国家队和电视转播商，伏击了作为奥运官方赞助商的富士公司。柯达公司的这一举动给了无法成为官方赞助商的公司很大的启发，此后通过赞助单项体育运动协会或者国家队和媒体转播商来实现隐性营销的行为大量涌现。1988 年首尔奥运会期间，富士公司以赞助美国游泳国家队的方式回击了竞争对手。

尽管国际奥委会将第 40 条的设立宗旨表述为“防止奥运会过度商业化”，将其与奥运会的可持续发展联系在一起，但 2012 年伦

---

① 参见宋雅馨：《竞争法视域下〈奥林匹克宪章〉第 40 条变迁的审思》，载《天津体育学院学报》2022 年第 5 期。

敦奥运会期间，国际奥委会发布的《参与者和其他相关人员使用社交媒体、博客和互联网指南》还是引起了参赛者的普遍不满，运动员在社交媒体上发起了“我们要求改变”的集体抗议，表达他们需要获得非官方奥运赞助商资金支持的强烈意愿。2015 年，国际奥委会对此抗议作出了回应，同意从2016 年里约奥运会开始，有条件地向非官方奥运赞助商发放广告许可，前提是赞助商必须向所在国的奥林匹克委员会提交申请以获批在该国地域范围内在“冻结期”进行广告宣传活动。如果需要跨国境的广告许可，涉及一个以上的国家奥林匹克委员会，则应向国际奥委会提出正式申请。同时，要进行的广告宣传活动不能包含任何与奥运会相关的内容，包括“奥运会”“金牌”“努力”“表现”“胜利”等。[①] 参赛运动员违反第 40 条将会给他们带来严重后果，根据《奥林匹克宪章》第 59 条的规定，违反《奥林匹克宪章》的任何规则均可导致无法取得参赛资格或被取消参赛资格。此外，各国家奥林匹克委员会还对违规行为采取自己的惩罚措施，其中可能包括要求偿还参赛代表团为其支出的费用，以及继而违反奥运会官方赞助合同而需要承担的违约赔偿。

随着社交媒体的迅猛发展，尤其在2012 年伦敦奥运会之后，官方赞助商和个人赞助商之间的矛盾进一步加剧，包括菲尔普斯、博尔特等运动巨星都表示过对该条款的抗议。国际奥委会对于 2016 年里约奥运会期间第 40 条的适用指南调整并没有获得运动员的

---

① *IOC Rio* 2016 *Olympic Games*, *Rule* 40 *Guidelines*, International Olympic Committee, https://www.manatt.com/uploadedFiles/Content/4_News_and_Events/Newsletters/AdvertisingLaw@manatt/IOC-Rule-40-Guidelines.pdf.

认可，德国联邦卡特尔局[1]便收到来自德国运动员对德国奥委会关于第40条的实施指南构成了限制竞争的控诉。在卡特尔局公布其针对第40条展开调查之后，美国、澳大利亚和英国国家奥委会都应本国运动员的要求，在一定程度上放宽了各自适用第40条细则的规定。

第40条背后的根本矛盾是国际奥委会等奥运会组织机构维持自身运转的财政收入需要与运动员经济权利之间的矛盾。在卡特尔局调查第40条涉嫌限制竞争的案件中，其对于国际奥委会提出的所谓"第四十条的制定乃出于维系奥运会及相关活动的财政支出而属于合法目的"的说法并不买账，反而认为，大部分运动员还是依赖个人赞助带来收入，第40条规则让他们无法在职业生涯中最重要的时期将自己的形象变现，阻碍他们实现商业价值。奥运会已经为国际奥委会带来包括转播权销售和赞助收益等巨大的资金来源，虽然国际奥委会确实将官方赞助收入用于维系反兴奋剂和运动员权利保障等工作，但奥运会商业权益保护的重要性是否必然大于运动员的经济权利保护，如今看来是值得斟酌的，并不存在理所当然的结论。多年来，第40条规定的内容不断演变，表述从"除非获批……不能……"变为"按照原则……可以……"，对第40条的修改一直试图在保护奥运会商业权益与尊重运动员权利之间寻求平衡，这是现阶段顺应趋势的必然结果，也反映出国际奥委会在语义情感表达层面对个人非官方赞助商的部分认同。

---

① 联邦卡特尔局和州卡特尔局是德国的竞争监管和反垄断执法机构。联邦卡特尔局如同一个法院，可以独立地、不受外界影响地对卡特尔案件作出裁决，不受各级部门领导和局长的干预。垄断案件当事人对联邦卡特尔局的裁决不服的，可以向州高等法院以上的法院起诉，法院有权改变或撤销联邦卡特尔局的裁决。

第三节　体育自治对运动员形象许可使用的审查

按照传统民法理论，形象与人格紧密相关，因此是不可转让和不可继承的。① 然而，近年来的实践与判例法体现出对该问题的态度转变，②在一些涉及形象商业利用的判例中，与其说是保护人的精神利益，不如说是保护姓名、肖像或者隐私商业利用的经济利益。如今《民法典》正式承认了对人格权经济利益的保护，允许通过许可使用的方式让其他主体使用人格要素。③ 本节探讨的是除了第三章已经述及的合理使用制度、集体形象、代言连带责任之外，体育规则对运动员形象许可使用的特殊规定，如个人形象使用不得与集体利益冲突，协会对运动员形象合同的登记与审查等。

一、集体体育项目的特殊规定

体育行业内部的自治规则、惯例对运动员形象专有权具体使用的限制在实践中表现出多种方式，典型例子就是关于团体项目

---

① French Supreme Court Civil Chamber (Cour de cassation chambre civil, Cass. Civ.), 15 February 2005, 03 - 18. 302 bull. civ. n. 86; and 14 December 1999, 97 - 15. 756 bull. civ. n. 345.

② 有些学者主张用无形人格权可转让的理论来解释人格要素的转让现象，指出动产、不动产、知识产权或者契约的转让和人格权的转让虽然都是通过契约或者其他方式来完成的，但是，人格权可以同时转让给两个或者两个以上的人，且转让之后，原权利人并不会因此丧失其权利，别人受让之后也并不获得所有权而是仅获得使用权。（参见张民安：《无形人格侵权责任研究》，北京大学出版社2012年版，第4-5页。）这种观念中的“转让”似乎更符合我们对于知识产权法中“许可”制度的界定。

③ Cass. Civ, 11 December 2008, 07. 19. 494 bull civ n. 282.

中团队形象使用与个人形象使用的界限与收益分配问题。联盟合同的集体议价协议中往往规定只要俱乐部、联盟的合作伙伴在商业宣传中一次性使用了5名及以上运动员的形象,则默认这种情况下不需要分别获得各位运动员的单独许可,俱乐部、联盟的使用行为并不侵犯运动员的形象权益。除此之外,其他使用个人形象的情况,都不包括在集体议价协议中,应该与运动员个别谈判解决。如美国足球联盟与美国国足球员工会之间签订的集体谈判协议中规定:原则上,美国足联不能在没有获得球员或者球员代理人同意的情况下使用或者许可他人使用球员的形象,但美国足联的合作赞助商在商业宣传中同时使用6名及以上球员的形象时,是不用经过球员工会事先许可的。①

个人与联盟或者协会在签订协议的时候还对形象的开发利用方式进行了详细的分类,美国足球联盟与美国国足球员工会之间签订的集体谈判协议就区分了非营利性平面广告形式的使用和营利性在电视等媒体中播放或传播商业视频的使用,区分了商业性的使用以及非商业性的使用,不同的使用方式决定了不同的许可程序和要求。体育产业发达国家的这种精细化规定说明了他们对运动员形象利益的重视,也必定是未来运动员形象许可使用条款的发展趋势。

竞技体育要求各俱乐部之间既竞争又协作,俱乐部必须联合起来,让渡一部分权利给各俱乐部利益的共同代表人——协会组织或联盟。协会组织或者联盟通过行使自治权来重新配置体育资

① United States Soccer Federation, Inc., v. United States National Soccer Team Players Association. United States Court of Appeals, Seventh Circuit. No. 15 - 3402. 838 F. 3d 826.

源，协调俱乐部之间的竞争，实现全体成员利益最大化，保障体育项目的可持续发展。体育社团是以体育为目的和活动内容的、自愿组成的社会团体，也是为实现会员共同意愿，按其章程开展活动的非营利性体育社会组织，而体育社团也承受着生存的压力，除成员缴纳的会费之外，很大一部分的比赛主办经费和维持机构运转的开支源于赞助商。故此，也可以理解为何运动员使用自己的形象时不能与体育组织、俱乐部的赞助商以及合作伙伴的利益相冲突，不得与联盟、协会组织的主要赞助商的竞争对手签订代言合同或赞助合同。

澳大利亚国家篮联（NBL）在《标准球员合同》中规定"在没有事先获得俱乐部书面同意的情况下：(i)球员不得签订任何合同、协议或者备忘录以宣传自己的形象；(ii)也不得为任何产品或者服务做广告宣传。俱乐部原则上应该同意球员的相关申请，除非在提出请求之时俱乐部的赞助商与球员申请的个人赞助商之间有竞争关系，或者俱乐部认为球员所申请加入的合同有损俱乐部的品牌、名誉"。类似内容几乎是每一个体育组织都会通过主合同条款或者以附件形式进行规定的，尤其会以俱乐部参赛合同模板、球员标准合同模板或者集体谈判协议形式作出要求。通常认为，体育组织章程附件中的合同模板不属于强制性规范的范围，但是考虑长期以来集体谈判协议以及球员标准合同对于运动员与俱乐部之间签订的工作合同具有重大引导性，该条在实践操作中对于球员合同订立具有实际影响力。根据《中国篮协球员合同》(2021 国内试行版)对集体肖像权的规定，集体肖像权是 3 名及 3 名以上球员与其他球员一起形成的肖像权，包括但不限于照片、影像、录像、卡通形象、动态图等。球员特别授权及许可俱乐部、中国篮协和联赛管理机构、职业俱乐部冠名商、联赛赞助商为宣传推广联赛及自身的需要，在包括但不限于商业活动（无论是营利还是非营利）、赞助商活动、公益慈善活动、品牌推广、广告制作和投放等宣传推广活动中，对其形象无偿享有使用权。此外，《中国篮协球员合同》还规定"集体肖像权"及其所产生的商业权益归职业俱乐部、中国篮协和联赛管理机构、职业俱乐部冠名商、联赛赞助商各自所有。在进行上述相关使用时，无须再次征求球员的同意，也无须对球员进行特别的通知。总而言之，体育组织的规则制定权对运动员形象开发利用的影响，最终都通过工作合同、参赛合同或者形象许可使用合同的方式实现。

二、协会或联盟对运动员形象合同的登记与审查

1. 协会或联盟施加限制的典型范例

长期以来，运动员雇佣合同在正式生效之前要接受体育协会或者联盟的审查，这是为了维护整个行业良性竞争秩序的一个制度设计，也已经成为体育自治原则的一种重要体现，比如足球运动员与俱乐部签订的雇佣合同内容在法国要受到国家管理委员会（the National Directorate of Management Control）的审查。该委员会是法国一个专门负责监督和管理职业足球俱乐部账户的官方组织，监督的对象包括法国职业足球联赛成员俱乐部的财务运营状况。体育行业组织的这种批准与审核行为体现出明显的行政性，成为合同最终缔结并生效的要件。根据相关规定，对运动员转让合同的审查规定主要分为两种：第一种，强制性的，即源于法律法规以及体育协会章程的规定；第二种，指导性的，多见于集体谈判协议或者运动员工会与联盟之间拟定的工作合同模板。

就体育协会的章程对运动员形象权益协议的限制而言，典型的有 NBA，如今 NBA 实行主席最后签字制度，联盟中球队和球员

必须严格按照集体议价协议的规定签订球员合同，运动员与俱乐部签订雇佣合同，自主席认可之日起成立或生效，由联盟主席审查与认可俱乐部与运动员之间订立的契约。由于联盟允许某些明星球员与俱乐部在集体协议允许的范围内订立形象权益使用合同，这就更加需要联盟对合同内容进行审核，目的在于确保个别契约条款不致违反联盟的整体利益。就体育单行法的规定而言，2017年法国率先将对形象权益商业开发协议订立的具体要求写入了体育法典，规定应对形象权益使用费的数额设定最低和最高限制，而且俱乐部应该将签订的相关合同副本提交给各自所属体育协会的财政审查部门进行审核。

2. 我国运动员形象开发的管理模式

国家体育总局在1996年出台的505号文件《关于加强在役运动员从事广告等经营活动管理的通知》（已失效）中写道，国家级别的运动员肖像权等无形资产均属于国家所有。国家体育总局在2001年发布的《国家体育总局关于运动项目管理中心工作规范化有关问题的通知》（已废止，以下简称2001年46号《通知》）[①]中就针对运动员从事商业性广告活动的批准程序、内容和形式以及收益分配作出了要求。在审批程序方面，须经所属的全国性单项体育协会批准，由协会通过合法的广告中介机构办理。在广告的内容与形式方面，各运动项目管理中心要对广告的内容和形式进行审查和监督，不得从事有损运动员身份、与行业特点不相称的广告宣传活动，如为烟草、酒类产品做广告。未经许可，不得使用带有奥林匹克标志的图像做广告。在收益分配方面，要求运动员广告

① 参见《国家体育总局关于运动项目管理中心工作规范化有关问题的通知》，载国家体育总局官网，http://www.sport.gov.cn/n316/n336/c210321/content.html。

收益分配要兼顾国家、集体和个人的利益,因此,运动员商业性广告收入的分配应兼顾各方面的投入,使中心与地方的利益得到合理体现。

2006年国家体育总局颁布的《关于对国家队运动员商业活动试行合同管理的通知》[①](已废止,以下简称2006年78号《通知》)明确要对国家队运动员开展商业活动进行合同管理之后,505号文件被正式废止。2006年78号《通知》中,国家体育总局专门针对国家队运动员形象商业开发进行了详细的规定,承认了运动员商业活动价值的核心是无形资产,包括运动员的姓名、肖像、名誉、荣誉等。2006年78号《通知》还同时提出了"各运动项目国家队的管理体制和模式之间存在较大的差异",在运动员管理模式上各项目也不尽相同,在提供的《国家队运动员商业开发合同》模板基础上保留了各下级单位进行补充和变更的权利。虽然仅仅针对国家队运动员,但这种发布关于运动员形象权益合同指导性文件的做法值得发扬。体育总局发布的规范性文件中规定各单位特别要注重合同法律知识的学习,增强法律意识,各单位要组织运动员、教练员和管理人员认真学习、宣传合同管理的意义和内容,向运动员讲解合同文本中具体条款的含义,帮助运动员充分了解合同内容。通过附件《国家队运动员商业开发合同(参考文本)》的形式对于中国体育运动项目协会或者运动项目管理中心与国家队运动员之间的商业开发合同给出了模板性的指导,虽然文件中仍没有就运动员形象开发权利的归属予以明确,但其中关于让双方协商选择是"仅以国家队运动员名义的商业开发权"还是"以国家队运动员和个人

---

① 参见《关于对国家队运动员商业活动试行合同管理的通知》,载国家体育总局官网,http://www.sport.gov.cn/n315/n331/n403/n1957/c573995/content.html。

名义的商业开发权”,反映出制定者对于这一问题的认识已经有了转变,从完全不认可运动员的相关个人权利,到主张通过合同让体育协会先从运动员手中获得形象商业授权,改变了之前认为国家拥有运动员形象的观念,从没有回旋的余地到给予运动员选择的空间。此外,还提出了应当根据本项目实际情况和工作需要,与进入国家队的运动员签署相关合同,以及签合同的注意事项,从更多层面和角度上保护运动员个人的合法权益,体现了体育行政主管部门法治观念的进步。

受到国家体育总局文件指导的各运动项目管理机构也开始有所动作,2006 年中国篮球协会发布了《中国篮球协会注册运动员商业权利管理办法》,其中承认运动员个性特征归运动员个人所有,运动员本人可自愿授权他人使用;第 25 条规定国家队运动员授权第三方使用其球员特征的个人赞助协议原则上应由中国篮协统一管理和洽谈经办,将国家队运动员行使形象权益的自由牢牢把握在自己手里。2011 年国家游泳中心出台的《国家游泳队在役运动员从事广告经营、社会活动的管理办法》(以下简称《国家游泳队管理办法》)规定,国家游泳队在役运动员的无形资产属国家所有,这一内容颇有以行政手段剥夺民事权利之嫌,对于“在役运动员的无形资产”未进行明确的范围界定,与国家体育总局文件要求通过合同管理国家队运动员开展商业活动的基本精神相悖。

鉴于相关文件的可执行性和可操作性欠佳,相关管理部门长期以来不断对规则进行细化和调整。2019 年 10 月该项工作取得了重大进展,国家体育总局印发了《国家体育总局合同管理办法》,由此给我国运动员形象许可使用实践以重要规定与指导。《国家体育总局合同管理办法》第 33 条第 1 款规定:“运动员、教练员进入各类国家(集训)队应当与训练管理单位签订运动员、教练员入队协议，约定各方权利义务。”该条第2款第2项特别指出，运动员、教练员入队协议应当包括运动员、教练员同意将自己国家（集训）队运动员、教练员名义的肖像使用权让渡给所在训练管理单位用于集体商业开发。第3项针对曾经发生的运动员个人代言与运动队集体赞助冲突的情况，特别规定，运动员、教练员在国家（集训）队期间，以个人名义从事的商业活动应经所在训练管理单位同意，且不得使用国家（集训）队运动员、教练员（含国际综合性赛事活动中国体育代表团成员）名义或出现其他可以推断出其为国家（集训）队运动员、教练员的情形。

2018年雅加达亚运会上，中国体育代表团的赞助和商业开发分为四个层次。第一层次是中国奥委会的商业开发，第二层次是各项目协会进行的商业开发，第三层次是各国家队进行的商务开发，第四层次是运动员个人赞助。主要的划分方式是：国家队运动员身份的商业开发权归项目中心或协会统一管理经营，个人身份的商业开发权归属于个人，但具体的商业活动需要得到项目中心的批准。[1] 之后，针对中国体育代表团分层开发体系的不完善，国家体育总局又印发了《中国国家队联合市场开发方案》，将目前各中心、协会下属国家队各自招商的模式，转变为体育总局统一管理并招商，打造一个中国国家队的概念。国家体育总局围绕互联网、银行、乳制品等14项主要招商权益对中国国家队进行统一开发，其余赞助权益归各队自行招商。这种“一揽子”统一开发的方式并未使运动员形象权开发的冲突得到彻底解决，反而导致国家体育总

① 参见韩勇主编：《体育法学》，高等教育出版社2022年版，第174页。

局行政管理权与各体育项目中心的自治权之间的冲突更加突出。①

《国家体育总局合同管理办法》第 33 条第 2 款第 4 项规定，运动员、教练员代表国家参加国际单项或综合性体育赛事活动时应遵守总局、中国奥委会及相应国际组织和具体赛事活动的相关管理规定，遵守国内外体育组织、赛事活动组织机构有关着装、装备使用、广告代言、宣传报道等方面的规定，严禁在一切不适宜的场合穿着、使用国家队标志的运动装备。第 34 条明确将运动员、教练员和国家(集训)队的姓名或名称、肖像、名誉、荣誉纳入体育领域无形资产的范围，第 35 条规定体育无形资产市场开发，不得违法或损害国家利益，不得影响运动员的训练参赛，不得有损体育形象、违背体育道德，第 36 条要求在合同中明确体育无形资产的范围、方式、条件、时限、规范。2019 年版的《国家体育总局合同管理办法》可谓是针对我国的现实情况量身定制的管理规定，从原则上明确了运动员与训练管理单位之间的利益分配与权利边界，一方面对运动员自身行使形象人格权的做法进行了明示承认，另一方面对于特殊情况下，如国家队集训、国际比赛参赛期间的形象商业价值开发作出了更严格的管理。

就职业运动员而言，随着球员与联赛、俱乐部之间商业利益矛盾的日益凸显，国内职业体育俱乐部与球员签订的工作合同中通常规定对球员的肖像权进行其他商业广告、赞助商开发、产品的开发等，需要包括球员经纪人在内的各方另行签订协议约定，并向联赛管理机构备案。即便是在球员已经退役的情况下，某些联赛组织方依然声明自己对于球员形象开发的审批权利，例如，中国篮协

① 参见戎朝、上官凯云：《“中国国家队”统一招商背后的法律问题分析及建议》，载《体育成人教育学刊》2019 年第 1 期。

给俱乐部的球员标准合同中就有专门条款规定球员退役之日起的180日内，如需将其本人联赛形象用于商业用途仍应遵守联赛商务的相关规定（特别是联赛赞助商竞争品牌的有关规定），且要提前至少10日报联赛管理机构并获得俱乐部的书面审批同意。此处所规定的“退役之日起的180日”是一个重要的时间节点，超过该日期的，球员不再享有向联赛管理机构及俱乐部申请使用联赛形象的权利；而对于此期间内未报联赛管理机构获得书面审批同意，擅自使用或逾期仍使用的球员，设置了赔付机制，须向联赛管理机构、俱乐部各支付一定数额的违约金。同时，联赛管理机构充分考虑到了自身利益的保护，设计了责任追偿机制，球员未经审批使用本人联赛形象，导致联赛管理机构或者俱乐部被联赛赞助商或其他第三方追究法律责任的，联赛管理机构或俱乐部有权要求球员承担包括经济赔偿在内的全部法律责任。

第四节 体育自治对运动员形象收益分配的限制

运动员形象收益权是运动员享有的将一切能标识其身份的形象要素通过自行使用或许可他人使用的方式付诸商业性利用的权利，如今这项权利是运动员人格权衍生出来的权能。收益权是运动员形象权益的一项重要权能，是指在运动员的自由意志得以保障的情况下，运动员就法定例外情况之外的商业使用形象获得合理收益的权利。由于体育管理部门的行政管制，体育组织及联盟的垄断性，运动员的形象收益权受到很大程度的限制。在大多数情况下，运动员形象商业利用收益的分配结果体现的并不是双方合意，更有体育组织强制力的成分，除像贝克汉姆和乔丹等一些国际巨星级别的运动员外，绝大多数运动员难以在收益分配中体现自己的自由意志。

一、收益分配的非自主性

在美国，政府不直接参与运动员的培养，只通过政策引导推动少年儿童体育事业的发展，运用类似于经济宏观调控的手段来调节对运动员的培养。通过法案颁布确定了政府不直接介入竞技体育的管理，竞技体育的管理主要由美国奥委会执行。美国竞技体育后备人才的培养依托于学校系统，训练竞赛管理主要由中学运动协会、全国联盟、美国全国大学体育协会进行。① 美国有一套完善的运动员培养机制，其中起作用的是市场经济的规律与法则，而不是行政命令的干预，所以政府并没有权利基础在运动员的人力资本产权利益分配中提出主张，也不会产生政府与运动员在人力资本产权方面的纠纷。

不同国家的体育体制是不同的，一名运动员的成长与成功在实行举国体制的国家，国家与集体的培养和投入起到了至关重要的作用。国家统一划拨专款培养运动员，耗费了大量的人力、物力、财力。这也成了国家对运动员形象经济收益主张一部分权利的主要原因。与一般主体的形象权益收益分配不同，长期以来，国家与集体对于运动员形象收益的分割，不是依靠合同合意达成的，而是依靠行政规范与强制性文件来确立的，我国曾出现过明确要求运动员的形象使用收益按照“运动员个人50%，教练员与其他有

---

① 参见赵炎、徐婷婷：《从产权问题谈我国运动员培养模式》，载《体育科研》2011 年第 3 期。

功人员15%，全国性体育协会的项目发展基金15%、运动员输送单位20%"这种"一刀切"的比例进行分配的规定，这种操作的合法性与合理性屡遭质疑。在2019年版的《国家体育总局合同管理办法》中取消了对收益分配的规定，交由各个项目管理中心自行处理。

随着运动员形象使用过程中个人利益与集体利益摩擦的不断产生，我国体育管理部门已经意识到了问题所在，国家队运动员在商业开发自身形象时虽必须与培养机构分享这部分收入，但"分享"是以当事人的合意为基础且通过合同形式来实现的。如今已经达成共识的是，运动员才是其形象的主体，运动员是法律上唯一合法的对其自身形象使用收益进行支配的主体，国家、集体对于运动员形象收益的分割应该以合同为依据。

除此之外，上述收益分配方式的另一个弊病还在于忽视了运动项目之间的差异以及运动员形象构建中的个人付出所占比例问题。有学者提出对于职业化程度高、运动员自身投入大的运动，应该提高运动员的收入比例；对于主要依靠国家培养的运动项目则可以采用不同的分配标准，而这些差异性完全可以通过合同进行调整。在国家体育总局2006年颁布《关于对国家队运动员商业活动试行合同管理的通知》（已废止）20天之后，中国篮协公布的运动员商业权利管理办法就在总局规定的收益分配原则基础上作出了调整，《中国篮球协会注册运动员商业权利管理办法》第11条规定中国篮协可授权将运动员形象用于对特定产品或服务的直接代言或特定产品的包装、销售，收益一般按照运动员及经纪人70%、所在俱乐部20%、中国篮协10%的比例进行分配。

二、欧美联赛规则的做法

体育组织与俱乐部控制了相当一部分运动员的形象使用权，

然而事实上大部分的运动员并没有从体育组织或者俱乐部就自己形象的利用中获得应有的或者说足额的经济回报。典型的一个案例就是20名美国大学生运动员与美国大学体育协会(NCAA)之间的纠纷,该案中被告NCAA一直声明自己坚持的“业余主义规则”(amateurism rules)应该受到美国反垄断法的豁免,企图以体育自治作为盾牌。此系列案件成为美国体育界争取反垄断豁免历史的标志性案件,其持续时间之长和范围之广引起了广泛关注。

美国的法院通过司法判例在大学生运动员的形象保护方面取得了重大进展。在此,有必要先介绍一下NCAA的大致情况,在NCAA早期对校际体育的改革中,一个重要特点便是要求参与者必须是业余选手而不能是职业运动员。对于大学生运动员,NCAA一直奉行“业余主义规则”,学校不能通过提供奖学金以外的任何报酬来招募大学生运动员,同时,大学生运动员也不能接受任何赞助或其他类似合约。这不仅限制了大学生运动员所能获得的资助,还限制了其与职业体育发生联系的条件。在参加大学生篮球联赛之前,大学生运动员就需要与NCAA签订一份名为Form 08－3a的格式合同,其中明确规定授权给NCAA使用他们的名字、形象来推广NCAA联赛或者其他的赛事以及商业宣传活动。① NCAA的大学生运动员一旦签署了Form 08－3a合同就等于放弃了基于其形象的使用而能得到的任何经济补偿。但是事实上,NCAA对于运动员形象权益的商业开发,仅仅是授权电视转播商、广告商、DVD制作商或者电竞游戏开发商的形象使用许可费就足以产生数亿美元的收益。随着运动员自我保护意识的觉醒,一拨拨退役大

① *Form* 08－3*a*, Liberty http://www.liberty.edu/media/1912/compliance/newformsdec2010/currentflames/compliance/SA%20Statement%20Form.pdf.

学生运动员将 NCAA 与游戏开发商列为共同被告向法院提起了诉讼，其中具有里程碑意义的案件是打了 7 年官司的某篮球运动员起诉 NCAA 案。

本案原告是加利福尼亚大学洛杉矶分校 UCLA 篮球队主力队员，在 2008 年发现一款 NCAA 授权某游戏公司开发发行的电子游戏未经其本人正式许可使用了他的身高、体重、肤色和发型等个人形象特征，且同样是打大前锋位置、穿着 UCLA 的球衣并用左手投篮，球服还使用与原告一样的球衣号码。该游戏公司作为共同被告，制作并发行了篮球电子游戏。退役运动员认为 NCAA 通过格式合同想让他们永远放弃自身形象使用权的做法剥夺了他们在协会合同结束以后自行与形象经纪公司签订许可合同的权利，违反了《谢尔曼法》中的禁止限制贸易原则。除此之外，原告还主张 NCAA 的做法剥夺了他的公开权以及对自身形象（包括照片、姓名、特征和声音等）的商业开发权利。经过长达 5 年的审理，北加利福尼亚州联邦法院的法官于 2014 年判决支持了原告的诉讼主张，认定 NCAA 长期以来拒绝向运动员支付费用的做法违反了《谢尔曼法》。同时，法院还裁定，在学生运动员离开学校后，学校应每年通过信托向他们每人提供 5000 美元的递延补偿金。NCAA 不服初审结果，称“业余主义规则”是其商业逻辑的基础，其在此基础上吸引粉丝，并确保学校之间竞争的平衡性，并将案件上诉至第九巡回上诉法院。上诉法院认为：NCAA 的“业余主义规则”规范了商业活动，在大学教育市场中具有显著的反竞争效应，所以需要受到《谢尔曼法》的约束。2016 年 10 月，联邦最高法院决定拒绝受理此案的调卷复审令申请，这意味着第九巡回上诉法院对此案的上述判决便是该案的最终结局。

在澳大利亚篮联《球员标准合同》中，“player’s image”条款明确规定"球员不可撤回地授予俱乐部不受限制的、全球范围内专有的将球员形象使用于球队制服的权利,并允许俱乐部将该权利转授权给澳大利亚国家篮联行使。针对这种使用行为,球员同意不要求俱乐部或者澳大利亚国家篮联任何许可费用或者类似形式的费用以及经济补偿"。在欧洲的球员合同中也有类似的规定,欧洲篮球联赛是欧洲较大规模的跨国男子职业篮球联赛,《2012—2013年欧洲篮球联赛章程》的附件二《球员标准合同》"形象使用权与宣传活动"条款规定:"经运动员同意,在不给予后续经济补偿的情况下,许可俱乐部或者国家联赛、欧洲联赛以及他们的赞助商,通过俱乐部或者国家联赛或者欧洲篮球联赛所指定的网络、电视或者任何其他已知或者未知形式的媒体,在比赛期间拍摄单独的或者与其他球员一起的静态照片、动态视频。只要相关主体的使用是为了公开或者推广比赛的目的,不管是采用何种使用方式,即无须向运动员支付后续报酬。而且,这些图片的所有权归属于拍摄的俱乐部、国内联赛或者欧洲篮球联赛。"这一规定被成员俱乐部直接照搬到与球员签订的雇佣合同中,如法国斯特拉斯堡队俱乐部与球员签订的合同。实践中,确实出现了对到底有没有"后续求偿权"的怀疑,2014 年法国篮球球员工会(SNB)发现欧洲篮球联赛以及 2K 游戏公司在没有获得其许可也没有支付任何报酬的情况下将运动员的形象直接使用于 NBA 2K 15 游戏中,SNB 将 2K 游戏公司起诉到美国法院,要求赔偿 12 万欧元。① 该纠纷与某篮球运动员起诉 NCAA 案有很大程度的相似性。

---

① *NBA 2K15*: *le syndicat des joueurs français réclame* 120 000 € *à 2K Sports et à l' Euroligue*, BASKET USA (Oct. 10, 2014), https://www.basketusa.com/news/250516/nba-2k15-le-syndicat-des-basketteurs-francais-reclame-120-000-dollars-au-nom-du-droit-a-limage/.

体育自治对运动员形象收益的分配还体现于“一刀切”式的转让运动员形象利用权而不再给予后续经济补偿的“无后续补偿条款”。典型的“无后续补偿条款”规定一直被欧洲篮球联赛沿用至今，在《2016—2017 年欧洲篮球联赛章程》中更是有了新的突破，附件二《球员/教练参加欧洲篮球联赛合同》被独立出来作为一个合同样本，一共 4 条内容，第 2 条用了整个合同一半的篇幅专门规定了联赛期间对运动员、教练员形象的具体利用方式，第 3 条则明确要求“运动员以及教练员必须保证和承认对所有上述第二条规定的权利，都不能主张进一步的补偿”。该章程并没有明确“无后续补偿”是仅指运动员、教练员在整个参赛期间，还是永久性地失去了相关权利，以及在运动员与俱乐部的雇佣合同到期之后该怎么计算等问题，在这一点上与 NCAA“Form 08 - 3a”合同的规定有同样的弊病。①

无论各国以什么方式、依什么法律来保护形象权益，形象权益都具备了不可侵犯的专属性和排他性。根据一般法理，形象的所有者有完全的自由决定如何行使该权利，包括授予何人、授权期限以及利用其形象的具体方式和获得报酬。即使体育领域有一定的特殊性，包括出于维护行业长期可持续发展和公平竞争的需要，会对运动员的形象开发收益设置最低和最高数额限制，但是这并不能剥夺运动员或者教练员在苦心经营自己的形象后据此获得合理报酬的权利。

运动员形象使用权难以得到经济补偿的状况并不是美国大学体育“业余主义规则”孕育出来的独有现象。欧洲的职业篮球运动

① 参见宋雅馨：《体育自治背景下运动员形象权益保护的法理展开》，载《人大法律评论》2019 年第 2 期。

员通过授权形象公司与俱乐部签订形象使用权协议的方式得到了一定的经济回报,他们所面对的问题是能否根据形象使用权实际的商业价值得到相应比例的收益。目前这种将实际工资与形象许可使用费打包一起算作球员总工资的做法,难以直观地体现出每个球员的形象商业价值。为了获得参赛资格,球员与俱乐部签订合同的时候就已经许可俱乐部和欧洲篮球联赛管理公司对其形象的使用权,且是没有后续报酬的。但相关协议及条款是否可解释为后者能够在未来不确定的时间无限制使用运动员形象呢?

在没有成熟的运动员形象商业价值反馈机制的情况下,尤其对于谈判实力较弱的运动员以及团体项目,否定工作合同中或者独立形象利用合同中"无后续补偿条款"的效力是保护运动员形象收益权的第一步。国内篮协《球员合同》试行版中也规定了球员退役后,俱乐部、中国篮协和联赛管理机构可以非营利目的使用球员个人肖像权,如出于历史展览、教育或纪念等。权利人在行使上述权利时,无须再征得球员同意。俱乐部、国家联赛或者欧洲篮球联赛并没有向球员说明过他们到底从这些授权合同、赞助合同、转播合同中获得了多大经济收益,就更不可能按照百分比补偿给运动员相应的酬劳了。这些所谓的"无后续补偿条款"显然剥夺了运动员对自身形象进行商业开发的权利。即便是在有了明确公开权保护制度的美国,在某篮球运动员诉 NCAA 案中的被告 NCAA 坦言,尽管形象使用权在转播权许可合同的谈判以及合同文本中有所体现,但是他们并没有进行过单独的估价。而原 NBA 电视与新媒体部主管艾德温·德赛尔(Edwin Desser)则表示,在他们出售比赛转播权的时候,无疑是要先就运动员形象使用问题展开谈判的。所以俱乐部等主张在签订转播许可合同时并没有单独对运动员形象进行估值的主张,不能成为不给予运动员补偿的理由。

三、民法典时代我国运动员形象收益权行使的分析

运动员形象商业利益的分配是首先要解决的问题，而直接适用《民法典》则面临几个障碍：首先，我国并不存在独立的形象权制度，不存在彻底转让自然人人格权的可能；其次，我国在《民法典》出台之前虽未有关于正面保护人格要素经济利益的规定，但是通过对《民法总则》（已废止）的延伸解释以及各地的司法判例也确定了对于人格要素经济利益提供法律保护的实际指导思想；最后，我国长期将体育视为一项事业，其商业化进程相对缓慢，忙着改革与“脱钩”的运动协会也没有要求运动员签署形象权益“买断式”的合同。总而言之，谁付出谁拿回报是无可厚非的，具体的利益分配应该属于当事人之间的协议内容。国家体育项目管理中心，足球、篮球协会等组织与运动员签署的合同只要符合当事人意思自治的知情同意原则，并不存在显失公平、欺诈胁迫等导致合同无效或效力待定的情形，就应当成为利益分配的有效文本依据。无论何种利益分配方式都不应该成为任何一方私自转让其依据无形资产市场开发合同所享有的权利，或与第三方进行联合开发活动的借口。

实行举国体制的国家统一划拨专款培养运动员，耗费了大量的人力、物力、财力，对运动员的成长与成功起到了至关重要的作用。从省队到国家队，运动员必须经历层层选拔之后才有可能站在世界的舞台上，国家也因此主张分享运动员形象带来的经济收益。与一般主体的形象权益收益分配不同，长期以来，国家与集体对于运动员形象收益的分割，不是依靠合同合意达成的，而是依靠行政规范与强制性文件来确立的。现在国家体育总局已经意识到需要通过合同来将这种分配方式合法化，2019 年国家体育总局发布《关于进一步规范商业开发活动的意见》提出确认人格要素商品

化权益归属于运动员个人的表述,并出台了《国家体育总局合同管理办法》,将具体情况具体分析的个案调整权限下放,有助于合意的达成。

小　结

契约论仍然是体育自治来源的主流理论,以契约论为基础,体育自治权产生于体育活动参与成员的权利让渡和自愿认可,该理论构成了本章运动员形象权益行使受到限制的正当性基础之一。除此之外,体育自治还源于国家的法律规定,很多国家在反垄断法、劳动合同法等法律中对体育领域的一些惯例给予了豁免。本章主旨在于结合体育自治的特殊性探讨运动员形象权益的行使,梳理体育自治对于运动员形象专有权行使的审查,以及形象收益的分配所产生的影响,并就我国既有规则进行分析评价。

运动员形象权益包含专有权、许可权以及收益权,这三大权利构成了运动员形象权益的基本内核。运动员形象的许可权是由专有权衍生出来的权利,由于体育行业封闭性与自治性的影响,体育规则通过章程、雇佣合同和参赛合同的内容限定了运动员形象权益行使的对象以及合同的生效程序,甚至合同的实质效力。最重要的是,由于受到其他强势的同行主体的压制,除极少数的顶尖运动员外,绝大多数运动员在形象收益的分配过程中难以获得合理份额的报酬。美国运动员与 NCAA 之间的系列案件反映出体育联盟中也存在不少要求运动员无偿转让形象权益的现象,在合同合意的表面下掩藏着对运动员形象权益的侵犯。

为保障运动员形象权益的实现,应注意明确体育自治的边界,一方面，向其他职业体育制度发达的国家学习先进经验，为运动员形象权益的开发提供良好的市场氛围与平台；另一方面，体育行政管理部门出台的规范性文件需要与《民法典》保持一致，规范运动员形象权益合同的治理，在尊重当事人合同意思自治的原则基础上保障运动员的权利。为了保障国家与集体的利益，可以保留对国家队运动员形象许可使用合同的审查机制，但是必须明确公布审查的标准。国家体育总局印发的《国家体育总局合同管理办法》确定的关于运动员无形资产开发之基本原则针对性地解决了我国的突出矛盾，但是在具体规定层面还有待进一步补充完善。

第五章　运动员形象侵权行为的认定与责任承担

美国著名经济学家曼昆在其《经济学原理》一书中评论道，篮球明星迈克尔·乔丹的形象价值加诸运动鞋之上做广告，这个过程中的附加价值将远远超过运动鞋销售的劳动价值和本身材料价值。[①] 面对未经授权的形象使用行为，法律需要明确的是权利人如何获得救济，这是对于球星乔丹等人物在产品销售过程中体现出来的“附加价值”的最有力回应。《民法典》的显著进步在于对姓名与肖像等的保护不再是“纸面上的静态保护”。实际生活中，关于运动员形象侵权的争议形态以及体现出来的民事诉讼形态多样，包括滥用、盗用姓名，或者对姓名进行有损人格的使用，以假冒、擅自使用署名的方式侵害著作人格权、开展不正当竞争等。在具体的法律适用上，可以参照《民法典》侵权责任编、《反不正当竞争法》及其司法解释等进行处理。

---

① 参见[美]曼昆:《经济学原理》(上册),生活·读书·新知三联书店、北京大学出版社 1999 年版,第 55 -57 页。转引自程合红:《商事人格权论:人格权的经济利益内涵及其实现与保护》,中国人民大学出版 2002 年版,第 34 页。

第一节 运动员形象侵权行为的认定

侵犯形象权益的行为，是指未经授权，又无法律许可，擅自对他人形象进行商业化利用的行为。一般而言，侵权行为的构成有四个要件：违法行为、损害事实、违法行为与损害事实之间的因果关系、违法行为人主观上的过错。

一、违法行为

违法行为，也即行为具有不当性，直接的体现就是未经权利人授权同意。就行为的违法性而言，学术界存在侵权领域“三要件”与“四要件”之争，两者的差别就在于是否包含行为的违法性。鉴于我国的实际情况，行为的违法性是一个不可忽视的要件。以法律规定作为依据来判断行为的违法性是可操作性较强的方式，这种方式就是要求有明确的法律规定。人格权是一项具备绝对性的对世权，对该权利的处分只能基于当事人意定或者强制法律规定。就运动员的形象权益的侵犯而言，不正当的行为就是有可能侵犯运动员形象利益的行为，是侵害人未经运动员许可以商业目的使用运动员形象的行为。如果行为人的行为获得了授权许可或者有法定的正当免责理由，则不需要承担任何法律责任。违法行为的存在是判断形象侵权的逻辑起点，判断某一种行为是否构成对他人形象权益的侵害，权利人能否行使不作为请求权时，需要考察行为人的主观意志状态，分析侵害他人权利行为是否具有违法性，这是首先应该考虑的因素。

值得注意的是，形象的使用也是需要结合个案进行判断的，其标准是公众能否从行为人的商业活动中识别出运动员的形象，即使用要达到能够让消费者在脑海中建立起与运动员之间联系的程度。如果在没有获得运动员许可也不存在任何责任豁免的情况下，能够从行为人的利用行为中明确识别出运动员的身份，则该行为就构成了对运动员形象人格的侵犯。值得分辨的是，仅在使用行为达到了大众真正能够辨别出运动员身份的程度时，才能称为"对形象的利用"行为，才需要往后判断其他的要件。在加拿大安大略省高等法院审理的某运动员诉加拿大某冒险夏令营案①中，原告是一位非常有名和成功的滑水运动员，之前其曾将形象进行过商业开发利用，特别是使用一张摆出独特姿势和具有特定背景的滑水照片作为自己的"招牌"，或者说"商标"，这张照片的标识性效果已经达到了能将该运动员从其他众多滑水运动员中辨识出来的程度。本案被告经营男童夏令营，其中滑水是一项重要特色项目，被告模仿原告的招牌照片制作了一幅素描版本，虽然被告的意图可能并不是要搭任何特定人物形象的"便车"，但是相关证据表明此素描版本与原告的照片之间存在惊人的相似性。该案件的法官认为相当比例的公众对滑水运动没有足够的了解而难以将该素描版本与原告形象联系起来，即便有小部分的对体育方面消息有较多了解的公众能辨认出原告的身份，但是这部分人的绝对数量不足以成为证明被告的广告宣传可能引发消费者对于原被告之间存在代言关系混淆的有力证据。因此，被告的行为并不构成对于原告形象的不当利用。

使用运动员形象的最终原理是通过消费者对其形象的识别来获取商业利益，如果行为人对于形象的使用没能在消费者的脑海

---

① *Athans v. Canadian Adventure Camps Ltd.* [1977] 80 DLR (3d) 583.

中将该形象与运动员联系起来,那么行为人并没能实际利用到形象的价值。因此,是否能够识别出运动员的身份是一个不可忽视的考量因素。此处应该特别厘清的是,这一点要求并不能用以证明形象权益保护的仅仅是知名运动员,这也是本书认为上述案件中加拿大安大略省高等法院判决理由里一个值得质疑的地方,考量能够识别出运动员身份的公众绝对人数或者相对比例,容易造成知名运动员与非知名运动员形象权益保护之间的实际差距,对尚未崭露头角的非明星运动员,法院很有可能判定侵权不成立。实践中,为了证明从被告的使用中能识别出原告的身份,律师团队常常会提交民众调查问卷的结果以证明行为人盗用形象的不正当行为是客观存在的,造成了消费者对运动员与侵权人之间存在合作关系的误解。这不仅适用于知名运动员,同样适用于非知名运动员的形象侵权。在推陈出新的商业广告手段中,法官们经常需要判断一个人物剪影,一个标志,或者其他形象要素的结合是否足以成为表征身份的符号。在美国,法院通常根据以下方式进行识别:(1)在法庭上进行直观的比对;(2)提供有关被告使用的大量元素指向原告的证据;(3)一个合理的人向原告作出的有关其相似性的自主识别的证据;(4)关于购买被告产品或服务的相关购买者群体的调研证据,证明他们从被告的使用中辨别出原告;(5)证明被告有意利用原告的身份从事商业行为的直接或间接证据,此种情况下推定存在可识别性。美国司法实践的做法提供了具体的指引,有助于法律适用。①

---

① 参见王绍喜:《〈民法典〉时代肖像权保护解释论》,载《法律适用》2021 年第 11 期。

二、损害运动员形象经济利益

首先,行为人损害的必须是权利人的经济利益,也即其行为应当是出于商业目的的使用。美国判例法中亦有此要求,在2003年密苏里州最高法院审理的某运动员诉某电视有限公司案①中,被告创造了一个漫画,并取名为原告的名字,该案法官认为被告的行为是出于商业使用目的,通过利用原告身份的商业价值谋取利益,而不是为了言论自由,判定被告构成对原告公开权的侵犯。

其次,对于"损害事实"的判断有两个层面:第一个层面,行为确实是对运动员形象的商业利用,实践中的一个判断要点就是所涉及的形象要素应能与运动员构成稳定的对应关系,某拳击运动员形象权案就是典型的例子,某球星姓名权与商标权纠纷案同样说明了唯一且稳定对应关系的关键性。② 第二个层面,运动员在发现其形象被未经许可使用了之后想要获得救济,还需要证明行为人已经对其就形象所享有的收益权造成或者可能造成经济性损害。美国大部分法院认为,原告的实际损害并不是证明被告侵权的必要条件。③ 比如,在美国某歌手诉某公司侵犯形象权案中,被告主张原告无法证明被告因为这则广告获得了多大的利益,因为广告对于产品销售所带来的增益甚至都不足以覆盖被告支出的广告费。法院对于被告提出的这一抗辩意见明确表示"法院所需要

---

① 参见阿依加马丽·苏皮:《人格权中财产利益的私法保护研究》,吉林大学2015年博士学位论文,第143页。

② 某外国球星与我国某体育公司之间产生了姓名权侵权和商标抢注纠纷。原告主张涉案的特定名称与原告本人已经建立稳定的对应关系,最高人民法院支持了这一观点,虽然这种对应关系并不"唯一",但也可以依法获得姓名权的保护。

③ *James v. Bob Ross Buick, Inc.*, 167 Ohio App. 3d 338, 2006 - Ohio - 2638, 855 N. E. 2d 119 (Ohio App. 2 Dist. 2006).

考虑的仅仅是被告在广告中使用原告姓名的目的就是促进产品的销售”。由此看来,美国法院否认原告需要证明被告从其不正当的行为中实际获得了经济利益,被告的不正当行为就已经说明他获得了另一种利益。被告是否获得现实利益并不影响侵权责任的承担。① 美国的麦卡锡教授也认为无须要求原告证明其受到的损失,在这一点上,与商标法的标准是一致的。就损害结果的判断而言,对形象的侵害,不表现为对客体的侵占、妨害或者损毁,而是表现为对形象的“利用”,因而对人格要素背后的经济利益的损害主要表现为许可使用市场的侵占,这与名誉贬损、人格降低、健康损害、精神痛苦等人格权的损害结果明显不同。在经济利益保护领域,损害事实包括已经造成的实际损失,以及尚未导致的损失,他们分别对应作为责任承担方式的“赔偿损失”和“停止侵害”。② 在民事侵权领域,对于财产损害的存在一般由原告举证证明,因此原告需要证明的仅仅是行为人的行为有可能造成其经济损失,而无须证明实际财产损失已经发生。实践中,运动员的形象对于产品和服务的促销究竟起到了多大作用也是难以准确估值的,如果真的将损害存在的举证责任交给权利人,权利人不会比侵权人掌握更多的数据和证据。所以,运动员在纠纷中就损害事实存在所承担的

① *Donald Hugh Henley v. Dillard Department Stores*, 46 F. Supp. 2d 587. United States District Court, N. D. Texas, Dallas Division. No. Civ. A. 3:97 - CV - 2276 - P. Feb. 4, 1999. 该案中,原告是一名摇滚歌手,在20世纪80年代至90年代是广受公众熟知的明星。被告是售卖T恤的厂家,专门出售印有“henley”字样的T恤。被告在报纸上发布了一则广告,其中一个男人穿着被告生产的衣服,上面还特别标明了“This is Don”(这就是Don),在图片下方还写着“这是Don的Henley”的注解。这则广告在得克萨斯和墨西哥广为传播。此案审理法院最后支持了原告的诉求,认定被告的行为构成形象权益侵权。

② 参见何敏:《知识产权基本理论》,法律出版社2011年版,第326-327页。

举证责任是证明对方的行为即将或者已经对运动员的经济利益造成损害威胁或者实际损害，而不需要证明对方因此获利多少。

综上所述，权利人主张财产利益的关键问题包括以下两个：第一，行为人损害的必须是形象商品化经济利益，倘若将运动员形象用于特定商品而损害其人格，则构成亵渎式使用，应以侵犯对应的人格权精神利益处理，权利人主张赔偿时就要限于精神损害赔偿；第二，当行为人的行为有可能影响运动员的形象权益时，就有可能构成侵权了，而不要求损害结果已经实际发生，这种做法也同时有利于保护权利人的潜在形象价值。

三、违法行为与损害结果之间的因果关系

就因果关系而言，运动员形象侵权的因果关系指的就是违法行为与损害结果之间的关系。在司法实践中，当事人对责任成立的因果关系少有争议。[①] 实践中，因果关系的复杂性主要表现在侵权赔偿责任的纠纷中，具体来说，与知识产权侵权案件一样，赔偿范围方面的因果关系是形象侵权案件的关键和难点问题。形象权益与一般的其他知识产权侵权判定之间有些许差别，考察与判断其他知识产权侵权因果关系的存在是先从损害结果出发向前逆推，再查找侵犯知识产权违法行为。但在运动员形象权益侵权的场合，权利人通常是先发现自己的形象未经许可地出现在了某产品或服务的宣传中，继而意识到自己损失了一笔按照法律规定本来应该享有的形象使用许可费。所以运动员先意识到违法行为的存在，然后再确定损害结果的存在，则因果关系的存在是易证的。

① 参见张广良：《知识产权侵权民事救济》，法律出版社 2003 年版，第 100 页。

四、行为人的主观故意

就主观故意而言，分为过错责任原则、无过错责任原则以及推定过错原则。我国《民法典》既规定了“过错责任原则”，也规定了“无过错责任原则”。承担侵权责任的方式主要包括停止侵害、排除妨碍、消除危险、返还财产、恢复原状、赔偿损失等，赔偿损失和其他责任形式是并列的。形象侵权的责任承担方式主要为停止侵害和损害赔偿，对于停止侵害，适用过错责任显然是不合理的，再考虑运动员形象的特殊性，将自然人的肖像、姓名或者其他身份标识使用于广告宣传或者产品包装上，行为人很难解释自己不存在为了提高影响力和销量的主观意图，哪怕是对于非知名运动员而言，商家在做广告创意的时候也应该履行自己的合理注意义务，有意识地先征求权利人的同意。

就人格权中财产利益的侵权行为而言，损害赔偿是主要的责任形式，[①]过错责任原则也是损害赔偿的归责原则。目前绝大部分国家对于人格权中财产利益的侵权行为归责问题适用的是过错责任原则。从比较法的角度看，德国、法国对于侵害他人精神权利的认定采取了过错责任原则；美国对于公开权侵权责任的判断采取的也是过错责任原则。过错责任原则与构成要件具有密切的联系，美国公开权的侵权责任构成要件对于人格商业化利用侵权诉讼的审理很有针对性，分为：原告是适格的公开权利人，被告对原告形象的使用行为足以让他人识别权利人的身份，被告的行为未经原告的许可，以及被告的行为有可能对原告的人格要素的商业

---

① 参见阿依加马丽·苏皮：《人格权中财产利益的私法保护研究》，吉林大学 2015 年博士学位论文，第 141 页。

价值造成伤害，这对于我国裁量相关问题亦有参考意义。就赔偿损失的责任承担形式而言，有学者曾提出对人格商业化利用的经济利益进行的侵害，本质上还是属于对人格权的侵害。为了从源头上控制侵害人格权中财产利益的侵权行为，真正地制止侵害人格权中财产利益的行为，有学者提出应该针对这种行为的侵权构成认定适用无过错责任原则。[①] 但这种观点没有被《民法典》侵权责任编采纳。人格权商业利益侵权并不会导致整个社会公共利益的重大受损，也不存在高危险性，属于一般的民事侵权行为；另外，适用无过错责任原则将不合理地强化其他主体的责任，这不符合人格权的利益平衡原则。故而，根据《民法典》的精神旨意，具备主观故意与否并非毫无影响，主观要素对于赔偿数额的认定有重要意义。

此外，值得注意的是，人格权不同于财产权，人格权的行使经常会跟其他的权利产生冲突，从比较法上看，各国都比较重视侵害人格权尤其是精神性人格权情形下的利益平衡，当人格权与公共利益发生冲突时，法官需要全面地衡量利益关系，此时对构成要件标准的适用应当作出适当的调整。

第二节　运动员形象侵权的民事责任承担方式

在我国，侵害人格权的民事责任方式与侵害财产权的民事责任方式并不完全相同，侵害人格权的救济目的具有全面性，救济方式具有多样性，这是我国以保护受害人利益为中心的救济模式的

① 参见李林启：《论人格权商品化侵权责任》，载《湖南科技大学学报》2011 年第 2 期。

体现。从我国现行立法来看，并没有对侵害人格权责任形式的优先顺序作出明确规定，而是规定了多元化的责任形式，针对人格要素经济利益的侵害，权利人通常主张的责任形式是停止侵害与损害赔偿，部分情况下还包括了赔礼道歉的责任承担方式，实践中对人格要素经济利益进行侵害的同时也可能对权利人的精神利益造成伤害，故损害赔偿又分为精神损害赔偿与财产损害赔偿。

一、停止侵害

在各国的民事法律制度中，民事救济措施最重要的是请求停止侵害与请求赔偿损失。停止侵害，是指受害人在面临即将发生的损害或正在发生损害的情况下，有权请求加害人停止实施侵害行为。可见，停止侵害既可以针对正在发生的侵害行为，也可以针对即将要发生的侵害行为。《民法典》第 196 条将停止侵害作为承担民事责任的首要方式。就人格经济利益侵权案件而言，这种方式是最有效最直接的补救方式，及时叫停正在进行中的损害，防止损害后果的产生与蔓延。

停止侵害的适用，并不以侵害人的主观状态为要件。也就是说，并不需要侵害人故意或者过失，只要存在已经或者将要发生的损害，受害人就有权请求停止侵害。更重要的是，停止侵害不以诉讼方式为必要，既可以作为诉讼之前的救济措施，也可以在裁判中适用。如果在诉讼判决宣布之前加害人就已经停止侵害，则这种责任承担方式就获得了实现；如果在判决之前加害人未停止侵害，则可以通过诉讼的方式实现这一诉求。

从我国的法律尤其是民事法律的逻辑构造来看，侵权责任是一定的主体违反一定义务的逻辑结果，即责任系义务之违反的法律处理，而违反义务的形态多种多样，所以侵权责任承担方式也就多种多样。对人格权的侵害由于不能像对物权那样主张返还原物或恢复原状,实践中往往先考虑的就是“停止侵害”,将其作为一种非常重要的责任方式对待。虽然是人格权衍生的经济利益,形象的损害结果往往具有复杂性和非显而易见性的特点,权利人只要证明对方行为人行为之存在,就完成了“停止侵害责任”的“损害”要件证明。对于侵犯运动员形象行为的规制应该考虑即发侵权,权利人或者与形象有关的权利主体有证据证明他人正在实施或者即将实施侵犯其权利的行为,如不及时制止将会使其合法权益受到难以弥补的损害的,可以在起诉前向人民法院申请采取责令停止有关行为的措施。

二、赔礼道歉

赔礼道歉是指责令行为人通过一定方式在一定范围内向受害人认错并表示歉意。这种责任承担方式通常适用于侵害人格权尤其是精神性人格权的情形。有学者认为,在财产权遭到侵害的情形中,不应适用赔礼道歉,①本书认为还需根据实际的侵害行为方式和行为影响来判断,如果实践中侵害人格财产利益的同时也有可能侵害了权利人的精神利益,则赔礼道歉也可以作为形象侵权的责任方式之一。赔礼道歉是一种独立的法律责任,而不是单纯的道德责任,《民法典》第995条规定人格权受到侵害的,受害人有权依照本法和其他法律规定请求行为人赔礼道歉,且停止侵害与赔礼道歉的这两种责任方式是不适用诉讼时效的。比如,运动员的形象未经许可被烟酒类生产商使用在其宣传中,或者被存在虚

① 参见王利明:《人格权重大疑难问题研究》,法律出版社2019年版,第322－325页。

假宣传和生产假冒伪劣商品的厂家所使用，这样的“窃”用形象方式不仅损害了运动员的经济利益，还损害了运动员在大众心中的形象，造成了精神损害，权利人可以请求法院判令其公开赔礼道歉。

值得注意的是，赔礼道歉仅适用于侵权责任，而不适用于合同责任。合同作为一种交易关系的证明已经由《民法典》合同编相关规则进行了全面的调整，违约可以通过《民法典》合同编规定的违约金来让行为人承担责任，弥补当事人的损失。我国的司法实践一直以来也持此观点。

由于作为民事责任的赔礼道歉是依靠国家强制力保障实施的，当行为人拒不赔礼道歉时，法院可以采取在报刊、网络等媒体上发布公告或者公布生效判决文书等方式执行，产生的费用由行为人承担。也正因此，《民法典》对此进行了更细致的规定，第1000条明确指出行为人因侵害人格权承担消除影响、恢复名誉、赔礼道歉等民事责任的，应当与行为的具体方式和造成的影响范围相当。在关某诉某健康管理有限公司网络侵权责任纠纷案的判决中，法院认定被告公司赔礼道歉的方式应与其侵权的具体方式和所造成的影响范围相当。①

三、损害赔偿

在侵害财产权的状况中，实行全面赔偿原则，对赔偿的数额并没有限制，而在人格权损害中，精神赔偿无法实现全面赔偿，由于精神损害的难以计量性，如实行无限制的赔偿，则有可能会导致加害人的负担过重。对于“侵权赔偿责任”，以实际损失为要件，权利

① 北京互联网法院民事判决书，(2020)京0491民初26289号；北京市第四中级人民法院民事判决书，(2021)京04民终58号。

人要获得赔偿,就需要证明存在实际损失。而形象的实际损失并不容易证明,形象利益的损失估算同样如此。其中很重要的两个原因就是形象客体的无形性以及使用的非损耗性。在《民法典》起草过程中曾有声音认为为了加强对人格权保护的重视,形象侵权赔偿应采用惩罚性赔偿,对此问题,归根结底还应该与我国的经济水平和社会发展状况相适应,避免该制度的滥用。

1. 精神损害赔偿

当未经许可对运动员形象进行商业化利用时,权利人可能遭受一定的精神损害,在此情形下,权利人应当有权依据《民法典》第1183条第1款关于“侵害自然人人身权益造成严重精神损害的,被侵权人有权请求精神损害赔偿”的规定请求行为人承担精神损害赔偿责任。精神损害赔偿本身具有调节功能,在财产损害不足的情况下,可以通过精神损害赔偿的方式予以调节。在某明星诉某公司侵害肖像权、名誉权案①中,法院肯定了原告的精神损害赔偿请求权,并根据侵害肖像权、名誉权的范围,侵权方式,过错程度等情况酌定精神损害赔偿数额。在某市园林索道管理处因肖像权纠纷上诉案②中,法院认为,肖像权主要是一种公民精神上的人格权利,原判决关于由上诉人赔偿经济损失(律师费)的内容不当;鉴于上诉人所印制和销售印有被上诉人肖像的索道票及简介数量较大,具有营利性,且使用门票、简介者的处理方式不同,加之乘坐索道缆车的游客来自四面八方,致使该肖像侵权的扩散面较宽,客观上给两名被上诉人的身心造成一定程度的损害,故上诉人应负担因此给被上诉人造成的精神损害赔偿。从我国的司法实践来看,

① 北京市朝阳区人民法院民事判决书,(1999)朝民初字第4247号。

② 云南省昆明市中级人民法院民事判决书,(2000)昆民终字第684号。

在原告因无法证明其损失而难以获得救济的情形下，法院一般会通过适当提高精神损害赔偿的方法来弥补受害人的损失。①

在人格权商业化利用的情形下，权利人所遭受的损害主要是财产损害，只有在少数案件中受害人才会遭受精神损害。在商业化利用趋势下，保护人格权中的财产利益成为人格权保护的一个重要内容，在现实生活中，如果仅仅提供精神痛苦的抚慰，而不对财产损失进行补偿，则难以达到对受侵害人所遭受损失的“填平”标准。在行为人未经许可对他人人格权进行商业化利用的情形下，单纯的精神损害赔偿无法对人格权中的财产利益进行有效的保护，还必须借助财产损害赔偿方法。因此，对人格权的侵害应当区分精神损害和财产损害，并进一步分别计算赔偿额。2021 年修正的《最高人民法院关于确定民事侵权精神损害赔偿责任若干问题的解释》第 5 条规定精神损害的赔偿数额可以依据的因素包括：侵权人的过错程度，侵害行为的目的、方式、场合等具体情节，侵权行为所造成的后果，侵权人的获利情况，侵权人承担责任的经济能力，受诉法院所在地平均生活水平。在此修正之前，我国的精神损害赔偿的数额和标准向来是偏低的，而知名运动员形象背后蕴藏的经济价值日益攀升到可以用“巨额”来形容的程度，运动员从人格权损害精神赔偿中获得的补偿数额可能对于真实的市场价值来说微乎其微，这是我国司法实践中保护力度不足的重大体现之一。

2. 财产损害赔偿

在《民法典》出台之前，虽然《民法总则》（已废止）对于人格权经济利益也作出了间接性的规定，但是由于当时社会商业化发展

---

①　参见王利明：《人格权重大疑难问题研究》，法律出版社 2019 年版，第 305 页。

程度不似如今,也不像如今这般重视人格商业化的经济利益对当事人的影响以及社会效应,所以权利人只能主张很微薄的经济赔偿来安抚权利人受到的精神伤害。这也是大量的文章质疑人格权究竟能否保护权利人合法利益的重要原因。精神损害赔偿的目的主要是抚慰受害人,并不能达到剥夺侵权人收益的目的,且数额非常有限,无法达到制裁侵权人的目的。《民法典》人格权编特地扩展了人格权的内涵以包含对经济利益的保护,由此不难看出经济利益是人格权商业利用中当事人最主要的关切,尤其是对于有代言合同、赞助合同在身的公众人物,他们的形象与隐私都是能够通过许可使用的方式换取经济利益的,未经许可的使用必将使其遭受财产损害。为全面救济受害人,应当注重发挥财产损害赔偿的功能,通过被侵害利益的保护力度、行为正当化程度、因果关系贡献度、过错程度等因素的综合平衡,来确定损害赔偿的范围。①

(1)传统人格权经济利益主张之困

依据之前的法律与判例的结论,如崔某诉某公司侵害肖像权、名誉权案②中,由于原告未举出其他证据证明其遭受了经济损失,因而法院并未支持原告赔偿经济损失的请求,而仅仅支持了精神损害赔偿的请求。就明星运动员而言,一旦形象被未经许可地商业化利用,运动员所能获得的赔偿数额与实际经济损失之间的差距就会非常大。人格权始终不是财产权,尤其是在尚未承认人格权包含财产利益的法域,对传统人格权的侵犯,法院通常仅支持原告的精神损害赔偿请求,我国法院对于精神损害赔偿数额的判定

---

① 参见叶金强:《论侵权损害赔偿范围的确定》,载《中外法学》2012 年第 1 期。

② 北京市朝阳区人民法院民事判决书,(1999)朝民初字第 4247 号。

一般都比较低，运动员的巨额财产损害赔偿请求往往在实践中难以得到满足。2005 年终审的某运动员诉某报社侵害肖像权案中，[①]国内法院判决被告支付原告精神损害抚慰金 2 万元，这个数额都不及原告在夺得奥运金牌之前获得的广告代言费零头，这显然是一个无法弥补原告预计经济损失的“点到即止”的赔偿数额。再如，在范某与毕某、某文化传媒有限公司侵犯名誉权纠纷案中，[②]法院判决两被告分别承担赔偿精神抚慰金 3 万元和 2 万元；在徐某与某信息技术有限公司名誉权纠纷二审民事判决书中，[③]法院判定被告赔偿原告精神抚慰金人民币 1 万元。有学者提出，为了适应市场经济下人格权商品化的发展趋势，应该区分“可商品化的人格权”与“不可商品化的人格权”来确定具体的人格侵权赔偿数额，[④]这一观点不是造成了人与人之间的人格不平等，而是造成了人格权权利种类之间的不平等，难以解释为何侵犯自然人不同的人格权利会产生不一样的法律后果。

（2）赔偿数额确定的标准

第一种标准为实际损失标准。行为人未经许可对运动员形象进行商业化使用，权利人须依据《民法典》第 1182 条的规定，证明其实际财产损失的数额，则其有权请求行为人按照该数额承担损害赔偿责任。尽管行为人侵害的对象是他人的人身权益，但由于造成了受害人的财产损害，所以，也适用财产损害赔偿的原则。

---

① 北京市第一中级人民法院民事判决书，（2005）一中民终字第 8144 号。

② 范某诉毕某、贵州某公司侵犯名誉权纠纷案，载最高人民法院公报 2024 年 6 月 12 日，http://gongbao.court.gov.cn/Details/b790fda5429b84cbbbe000e426e15a.html? sw = 范冰冰。

③ 北京市第三中级人民法院民事判决书，（2018）京 03 民终 15411 号。

④ 参见王利明：《论人格权商品化》，载《法律科学（西北政法大学学报）》2013 年第 4 期。

按照受害人的现实损害进行赔偿符合《民法典》侵权责任编的一般原理。因此，在造成财产损失的情况下，受害人应当举证证明损害的存在和范围，据此确定损害赔偿的数额。在运动员选择按照实际损失赔偿时，应当证明其客观上遭受了确定的财产损害，即需要证明其财产损失的具体数额，否则将难以获得救济。

第二种标准为获利数额标准。在权利人的损失难以确定时，如果行为人有获利的，则权利人有权请求行为人按照其获利承担财产损害赔偿责任。《民法典》侵权责任编确立的获利赔偿规则有利于剥夺行为人的非法获利，从而发挥侵权法的损害预防功能。在肖像、声音、姓名等运动员形象遭到侵害的情形中，只要是与侵权行为有因果关系的损害，都应当予以赔偿，以使受害人恢复到如同损害没有发生的状态。具体的计算方式可以包括：①依据运动员形象在行为人全部获利中的贡献度确定数额。根据不同考量要素（商品、版权、劳动力、企业等）对获利的贡献进行公平的分割，并根据贡献进行分配。例如，以他人的肖像做广告，对产品的促销究竟有多大的作用，应当综合考量再下判断。[①] ②使用费标准。根据我国2021年6月起实施的《著作权法》第54条的规定，侵犯著作权或者与著作权有关的权利的，侵权人应当按照权利人因此受到的实际损失或者侵权人的违法所得给予赔偿；权利人的实际损失或者侵权人的违法所得难以计算的，可以参照该权利使用费给予赔偿。人格权的许可使用不妨从著作权的许可使用中汲取有益经验，在体育无形资产开发已经相对成熟的当下，运动员形象代言费、赞助费虽然没有明文规定，但是也形成了稳定的市场行情，体

① 参见王利明：《人格权重大疑难问题研究》，法律出版社2019年版，第308页。

育经纪行业已经能够为司法实践提供有力参考。③法院酌定标准。在权利人无法证明自己的损失且无法证明侵权人获利的情况下，只能由法院酌情确定赔偿的数额。在张某诉某美容保健品有限公司肖像权案的判决中，[①]法院认为原告代言的品牌公司聘请原告担任其产品形象代言人两年所支付的酬金均已超过 200 万港元，参照此标准作出了赔偿金额 100 万元的判决，认为："如果有一般许可使用费可以参照，法院可以结合侵权人过错、侵权的情节、该许可使用的范围、时间、受害人知名度等因素，参照许可使用费确定赔偿数额。"《著作权法》第 54 条还给处罚的上限戴上了"帽子"，即对故意侵犯著作权或者与著作权有关的权利，情节严重的，可以按照权利人因此受到的实际损失、侵权人的违法所得，或该权利使用费确定数额的一倍以上五倍以下给予赔偿，这一条被理解为惩罚性赔偿的根据。与此不同的是，《民法典》并没有对人格权损害赔偿规定最高或者最低的限额。以侵害肖像权的案件为例，法院在酌定赔偿数额时，应对侵权人的过错程度、具体的侵权行为和方式、造成的损害后果和影响等因素进行综合考量。2021 年施行的《最高人民法院关于审理利用信息网络侵害人身权益民事纠纷案件适用法律若干问题的规定》第 12 条第 2 款规定："被侵权人因人身权益受侵害造成的财产损失以及侵权人因此获得的利益难以确定的，人民法院可以根据具体案情在 50 万元以下的范围内确定赔偿数额。"该规定也适用于未经许可在网络环境下对他人人格权益进行商业化利用的行为。

具体到运动员形象商业开发的领域，法院在酌定行为人的财

---

① 江苏省无锡市中级人民法院民事判决书，(2005)锡民初字第 101 号；江苏省高级人民法院民事判决书，(2006)苏民终字第 109 号。

产损害赔偿数额时，还应当考虑行为人的侵权方式，如果性质特别恶劣，不仅对经济利益造成了严重损害，对人格利益也造成了严重损害，法院应当特别考量这些情节。在关某诉某健康管理有限公司网络侵权责任纠纷案①以及张某诉某汽车销售服务有限公司网络侵权责任纠纷案中，②双方都未提供证据证明因侵权行为造成的实际损失数额与侵权人使用涉案肖像所获得的经济利益有关，但审理法院综合考虑了权利人的知名度，被告行为的过错程度，涉案肖像被使用的数量、范围、用途，涉案公众号影响力及当前的市场因素而酌情进行了确定。

综上所述，由于形象的特殊性，难以断定形象权利人对于产品或者服务的销售所起到的促销作用的实际比重，所以侵权人非法获利所得很难确定，合理使用费的赔偿是最接近“权利人实际损失”的衡量方式。从我国目前的司法经验来看，当被侵权人实际损失和侵权人违法所得都难确定时，定额赔偿的计算方法是一种比较好的补充方式。该方法理论上对于非知名人士形象被盗用情况的适用有一定倾向性，权利人一般还未曾有过将形象许可给其他人的经历，许可使用费的数额难定，定额赔偿应该依据相对争议较少的赔偿确定标准，③具体由法官根据形象的商业影响力、侵权行为的社会影响、侵权手段与情节、侵权时间和范围等因素进行裁量。在某明星诉某摄影杂志社侵犯著作权、肖像权纠纷案中，④法

① 北京互联网法院民事判决书，(2020)京 0491 民初 26289 号；北京市第四中级人民法院民事判决书，(2021)京 04 民终 58 号。

② 北京互联网法院民事判决书，(2020)京 0491 民初 15708 号。

③ 参见唐义虎：《知识产权侵权责任研究》，北京大学出版社 2015 年版，第 224 页。

④ 北京市第一中级人民法院民事判决书，(2003)一中民初字第 10253 号。

院认为，对于赔偿的具体数额应参照模特行业肖像使用费的一般付费标准及被告侵权的情节等因素酌情予以确定。对于知名运动员，则可以根据实践中体育经纪行业的真实行情对最高人民法院的标准进行具体化，具体到特定行业的标准虽不如司法解释那般具备强制效力，但其却是最具有参考价值的依据，可为法院的酌定提供借鉴。总之，《民法典》时代精神利益与财产利益难以分割将不再成为判赔高额损害赔偿的阻碍，对于形象许可使用制度的确认弥补了传统人格权概念所无法解决的人格要素经济利益问题，运动员的形象价值在市场上是可估算的，如此反而能促进运动员代言与赞助市场的有序化。

第三节　“山寨明星”的责任判定

运动员因拥有一个良好的社会形象而受到社会的尊重，这种现代社会人格蕴藏了重要财产利益，能够为运动员创造出更多的经济价值，已经在事实上成为一种私人的生产资料，一种可以进行价值增值的资源。这种形象价值不仅仅为与国内体育相关的产品流通提供了信息传播媒介的作用，同时，它也作为一种财产形态进行经济价值的创造活动。

以营利为目的在广告宣传中非法利用运动员形象或者相似形象是盗用运动员形象的两种主要形式。非法利用运动员相似形象的情形，往往不是在广告中直接使用运动员的形象，而是通过利用相似形象来非法占有他人的合法利益。这种做法就是通常所说的“山寨明星”，即侵权人不愿意支付知名人士的形象使用费，就模仿知名人士的形象，让消费者误认为名人与自己之间达成了合作关系,促销自己的产品或服务。这种行为基本上损害的都是名人的形象价值。然而,这种行为不但侵害形象主体的利益,还侵害了其他商家的经济利益。侵权人通过利用“山寨明星”广告来排挤其他利用明星做广告的商家。例如,A 和 B 两家球鞋生产商,A 通过支付 300 万元的广告费获得明星姚某的形象使用权,而 B 仅仅花了 10 万元的费用在广告中制造了“山寨姚某”的形象,那么 B 的行为显然会影响到 A 的广告效果,一定程度上削弱了 A 生产的球鞋产品所占的市场份额。这种行为同时还侵害了消费者的利益,前文已经说到将形象使用于产品是自然人在社会上获得的信誉在产品上的体现,消费者看到商家故意传递出的虚假信息会以为产品质量是经过了名人肯定和信赖的,从这个层面来看,无疑消费者也是受害者之一。[①] 在上述“山寨姚某”侵权情形中,形象主体可以针对侵权人主张自己的人格权财产利益遭到了侵害,拥有权利人合法授权许可的 A,可以针对侵权人提起形象权益之诉,因为 A 此时是形象被许可使用的有权主体,同时,A 还可以选择向法院提起反不正当竞争之诉。

小　　结

侵犯形象权益的行为,是指未经授权,又无法律许可,擅自对他人形象进行商业化利用的行为。本质上侵犯的是自然人的人格权。根据《民法典》以及我国司法实践的一贯做法,侵权行为的构

① 参见马波:《美国形象权法律制度研究》,知识产权出版社 2012 年版,第 470 - 473 页。

成有四个要件:违法行为,损害事实,违法行为与损害事实之间的因果关系,违法行为人主观上的过错。经过本章分析,运动员形象侵权行为的构成要件包括:第一,未经许可以商业利用为目的实施了使用运动员形象的行为,在这一点的判断上应特别注意区分对于运动员形象的使用行为是否达到了可识别具体个人身份的程度;第二,行为已经损害或者将会损害运动员的经济利益,不以损害结果的实际发生为前提,也不需要证明对方因此获利的具体数额;第三,违法行为与损害结果之间存在因果关系;第四,人格权的侵权责任认定适用过错责任原则,行为人须具有主观故意。

我国现行立法对侵害人格权的民事责任承担规定了多元化的形式,针对人格要素经济利益的侵害,权利人通常主张的责任形式是停止侵害与损害赔偿,部分情况下还包括了赔礼道歉的责任承担方式。长期以来,我国的司法实践并未支持侵害人格权经济利益的赔偿请求,而仅仅支持了精神损害赔偿的请求,在原告因无法证明其损失而难以获得救济的情形下,法院一般会采用适当提高精神损害赔偿的方法来弥补受害人的损失,这成为财产损害赔偿实现的一大障碍。《民法典》生效之后人格权的经济利益有了根本依据,当事人主张财产损害赔偿的,应该按照法律规定提供赔偿数额的证明材料。

第六章　运动员形象财产权益纠纷的体育仲裁路径探析

运动员形象许可使用是运动员开发其自身形象商业价值的主要手段,由此产生的形象财产权益纠纷也是运动员形象纠纷的重要来源。《仲裁法》第2条规定:"平等主体的公民、法人和其他组织之间发生的合同纠纷和其他财产权益纠纷,可以仲裁。"《仲裁法》第3条规定:"下列纠纷不能仲裁:(一)婚姻、收养、监护、扶养、继承纠纷;(二)依法应当由行政机关处理的行政争议。"由这两条内容可判断我国对争议可仲裁性采取的是"财产权益标准",即要求争议主体的平等性、仲裁事项的可处分性和争议内容的财产性,故此,人身关系是不可仲裁的。虽然自然人形象的经济权益被《民法典》纳入人格权体系之中,但是人格要素的商业开发应属于合同的财产权益纠纷,是可仲裁的事项。鉴于各国或地区对可仲裁事项的门槛要求越来越低,本章通过分析域外运动员形象财产权益纠纷的仲裁先例,尝试对我国《体育法》中的体育仲裁纠纷受案范围规则作出扩张解释,对运动员形象财产纠纷的多元解决路径进行探讨。

第一节　建立我国运动员形象权益多元救济机制的现实需求

一、落实体育法关于体育多元救济机制的规定

在体育发展过程中，尤其是在专业性程度很高的职业体育领域，当职业运动员个人利益与国家利益、俱乐部利益发生冲突时，除在职业道德、职业精神层面进行评价外，很难找到与之对应的法律法规解决这些矛盾与冲突。1995 年 10 月施行的《体育法》改变了这一局面，但是其中关于运动员权益的条款表述不够全面，其他法律法规也缺少针对性的条款，因此只能把体育归属于其他行业或领域，遵循相应的法律条款进行判断。[①] 自《体育法》实施后的 20 多年来，随着社会经济水平的不断发展，体育的市场化程度不断提高，包括运动员在内的各类主体对于体育的认识也发生了不同维度的转变，对体育本身也产生了多元化的需求，这些变化导致的纠纷一旦难以及时得到解决，运动员合法权益则难以保障。

2022 年修订的《体育法》新增了“体育仲裁”章节，为我国体育仲裁制度的发展奠定了法律基础，其在第 95 条规定：“鼓励体育组织建立内部纠纷解决机制，公平、公正、高效地解决纠纷。体育组织没有内部纠纷解决机制或者内部纠纷解决机制未及时处理纠纷的，当事人可以申请体育仲裁。”该条内容表明立法者意识到了体育领域纠纷存在的诸多特殊性，同时肯定了成立独立的体育纠纷

① 参见杨海东等:《我国职业运动员权益诉求的障碍和突破》，载《体育文化导刊》2018 年第 7 期。

解决机构（包括体育仲裁组织）进行专业裁决并构建多层级行业内部纠纷解决机制的必要性。

国家体育总局公布了《中国体育仲裁委员会组织规则》和《体育仲裁规则》，这两个法律文件对于体育仲裁委员会的落地影响重大。2023 年 2 月 11 日，中国体育仲裁委员会在北京正式成立，破解了长期以来困扰我国体育纠纷解决的制度障碍。体育仲裁制度的建立，对于化解体育矛盾、解决体育纠纷、保障体育权利，都具有非常重要的意义。对于公民体育权利及其实现问题，现行《体育法》做了很多规定，突出了权利导向，扩大了保障范围，加大了保障力度，明确了保障措施，提供了保障条件。

体育争端以自治解决为主，形成了体育组织内部仲裁、体育仲裁、司法审查的三层递进式结构。以体育组织处理和用尽内部救济为前提，以体育仲裁为终局，并通过司法审查保障争端解决的公平公正。

第一层，即协会内部仲裁。比如，中国足协和篮协都设立了自己的仲裁委员会，审理对协会纪律处分决定不服的上诉案件。该类纠纷解决机构实质上是体育组织的下属机构，属于内部纠错机制，旨在实现纪律委员会处罚决定的终局性，并非真正意义上的仲裁机构。①

第二层，即体育仲裁。1984 年国际奥委会成立的国际体育仲裁法庭，是判决体育项目争议的一个国际仲裁机构，法庭中的仲裁员都是法律专家，处理的案件大多数是服用禁药和运动员转会时出现的纠纷，同时也处理国际奥委会与其他体育组织之间出现的

① 参见董金鑫：《论我国单独的体育仲裁法的制定》，载《北京体育大学学报》2016 年第 3 期。

纠纷,1994 年改革后已属于独立机构,在国际体育界享有很高的声誉和权威性。[①] 我国的体育仲裁机构就是要与国际体育仲裁机构衔接起来。它是介于体育组织内部纠纷解决机构与国际体育仲裁机构之间的组织。2022 年修订的《体育法》第 91 条第 1 款明确了一个基本原则,即"国家建立体育仲裁制度,及时、公正解决体育纠纷,保护当事人的合法权益"。在此原则的基础上,下一步的工作是建立健全一套管辖范围明确、层级分明的体育领域内部纠纷解决体系。《中国体育仲裁委员会组织规则》第 2 条规定中国体育仲裁委员会是由国家体育总局依法设立、专门处理体育纠纷案件的仲裁机构,明确了设立主体以及机构的根本任务与级别。

第三层,体育仲裁的司法审查。体育仲裁的基础是体育自治,继而强调其法律性,在自治与司法间寻求空间。[②] 司法对于仲裁机构和仲裁裁决的司法审查通常从三个方面来进行干预,即撤销、承认与执行仲裁裁决,但这种干预并不是随心所欲的,有其特殊的启动条件,须以仲裁协议效力优先、用尽内部救济、技术事项例外三原则为前提。而究其实质,司法其实仅在涉及程序公正和公共秩序的问题时才会"插手"体育仲裁裁决。然而公共秩序并不是一个内涵与外延非常明确的概念,在不同的国家或者地区也有不同的理解与判例法渊源。

二、完善对运动员权益的保障

事实上,运动员权益保障一直以来都是国家层面十分关注的

① 参见杨海东等:《我国职业运动员权益诉求的障碍和突破》,载《体育文化导刊》2018 年第 7 期。

② 参见李智:《修法背景下我国独立体育仲裁制度的设立》,载《法学》2022 年第 2 期。

问题,国家为此相继出台了诸多保障政策,涵盖了运动员工资福利、表彰奖励、退役安置、文化教育、医疗保障等各方面内容,如2006年国家体育总局、财政部、劳动和社会保障部发布的《关于进一步加强运动员社会保障工作的通知》,2010年国务院办公厅转发的《关于进一步加强运动员文化教育和运动员保障工作的指导意见》等指导性文件。具体到地方的执行层面,地方体育局的人、财、物决定于各级地方政府,保障政策的实施还需要财务部门、劳动部门、社会保障部门、教育部门等机构的共同执行才可落地。但国家体育总局颁布的指导性文件没有上升到法律层面,只停留在政策引领层面,造成了国家政策和地方政策衔接的障碍,问题层出,壁垒难除,导致运动员权益保障的落实大打折扣。

在我国,专业运动员适用的是针对运动员这类特殊群体所建立的独立权益保障体系,而职业运动员除在救济性权利方面适用行业内部自治救济机制外,其余权利适用与市场其他劳动主体一样的社会权益保障体系,故专业运动员与职业运动员在权益救济方面存在一定的区别。除此之外,还存在现役运动员与退役运动员之间的差别。正如本书第一章所述,“现役”与“退役”是运动员职业生涯中两个不同的阶段,两者之间的区别主要在于是否以专门从事体育训练与比赛作为职业,因此两者权益救济方面的区别主要在于能否适用,或者说是否强制性适用体育行业内部的多元纠纷解决机制。

我国运动人才的培养根植于特殊的政治环境土壤,运动员的思维方式较为固定,曾长期停留在比较封闭的状态,法律意识与维权意识相对淡薄。在体育商业化的浪潮中,运动明星成为身负巨大经济价值名人的同时也易与国家、集体、企业之间产生经济纠纷,运动员维权知识的缺乏、纠纷所涉及利益的复杂性都要求我国必须建立多元化运动员权益诉求渠道,使运动员申诉更加便捷,更加高效。如此才有利于全面提升运动员的存在感与获得感,更好地保障运动员的形象权益。

另外,专业的体育仲裁机制对于厘清体育纠纷内部解决、外部仲裁与诉讼之间的关系,避免造成一些体育纠纷因为通过常规诉讼途径不能及时解决而不得不提交国际体育组织仲裁的被动局面具有重要意义。[①] 国际体育仲裁耗时长、成本高,保证国内畅通的救济渠道本身也是对于运动员权益的保障。

第二节　域外运动员形象财产权益纠纷仲裁探析

一、仲裁机构对运动员形象财产权益纠纷管辖权的认定

从国际单项联合会内置的仲裁机构已经处理过的案件可见,形象使用合同的定性经常会影响该合同履行的法律适用依据以及纠纷解决条款的适用。例如,多起国际性的相关案件都涉及国际足联《球员身份与转会规则》第 22 条的适用,该条明确规定,在无损于(任何球员或俱乐部由于雇佣关系)诉至地方法院寻求赔偿权利的情况下,国际足联对于俱乐部与球员之间产生的国际性劳资

---

① 参见马宏俊:《试论我国体育法律体系的建立与完善——以〈中华人民共和国体育法〉修改为视角》,载《体育科学》2021 年第 1 期。根据 2019 年正式公布的《中国足球协会章程》第 54 条的规定,除该章程和国际足联另有规定外,国内的足球组织和足球从业人员不得将争议诉诸法院。有关争议应提交协会或国际足联的有关机构。争议各方或争议事项属于协会管辖范围内的为国内争议,协会有管辖权。其他争议为国际争议,国际足联有管辖权。

纠纷有管辖权,除非已在协会和(或)劳动工资协议的框架下成立了国家级的独立仲裁法庭,能够保证公平的诉讼程序并遵循球员和俱乐部在仲裁庭有相同的代表人数的原则。故此,形象许可使用协议的性质直接决定了体育组织的内部仲裁机构是否对纠纷享有管辖权。国际足联不仅仅对于俱乐部与球员之间就具体雇佣合同所产生的狭义劳资争议有管辖权,而且对于与雇佣合同相关的一切纠纷都享有管辖权。“雇佣关系”比“雇佣协议”的概念要广泛得多,因为前者还包括了那些没有正式规定在合同中的内容,《球员身份与转会规则》第 22 条规定应该根据纠纷的本质进行广义的理解与解释。

仲裁本来应该是意思自治的产物,是当事人在程序问题上的选择和自决,国际体育仲裁虽然也强调当事人的意思自治,但是这种表现是不完全的、有限制的,乃至是“强制性”的,在很多情况下运动员并没有选择的余地。国际体育仲裁对意思自治进行了一定程度的扩张解释,这不仅体现于奥运会仲裁协议并非建立于意思自治的基础上,还体现于各国家奥委会、各国际单项体育联合会、各国内层面的国家单项体育协会等都在其章程中设定了格式化仲裁条款,使运动员在加入某一体育组织或者参加该组织主办的竞赛时必须概括性地接受仲裁条款。国际体育仲裁的实践也倾向于从当事人之间的仲裁合意“有利于有效”的预设出发来反向赋予仲裁协议有效性。①

实践中,许多体育组织在其章程中添加了对司法介入的排斥性规定。在参赛环境下,体育内部仲裁机构的优先仲裁管辖是强

---

① 参见刘想树主编:《国际体育仲裁研究》,法律出版社 2009 年版,第 13 - 14 页。

制性的,在比赛举办期间,如奥运会赛事期间就设置了专门的临时仲裁法庭,以高效地解决比赛期间发生的实时纠纷。在参赛环境之外,运动员与体育组织或者俱乐部之间关于形象许可使用的纠纷中,当事人都是体育行业内部主体,根据体育组织章程中通常规定的强制性仲裁条款以及穷尽内部救济的基本法律原则,无疑运动员形象许可使用合同相关的纠纷会先依照双方之间的协议提交到仲裁机构,按照约定适用的国内法律来解决纠纷。

体育仲裁机构的仲裁权可以通过两种方式获得,一是体育组织章程的内部规定,二是与运动员所签订合同中的仲裁条款。运动员与俱乐部之间的雇佣合同、运动员与体育协会的参赛合同,其中的仲裁条款或协议,以及诸如国际足联《球员身份与转会规则》第 22 条的规定等就是仲裁机构的纠纷管辖权来源。国际篮联的内部仲裁机构(Basketball Arbitral Tribunal,BAT)或者国际足联的内部仲裁机构(Dispute Resolution Chamber,DRC)等在遇到形象许可使用纠纷时,既要分析当事人之间签订的仲裁协议,又要考虑本组织内部的相关规定来明确管辖权。如前所述,由于形象许可使用协议往往与雇佣协议之间被认定存在不可分离的关联性,所以国际体育仲裁机构对于运动员形象纠纷的管辖权很多情况下来自雇佣合同的纠纷解决条款,而非形象许可使用协议中的纠纷解决条款,除非合同中对此有明确的说明和界定。

以国际篮联 BAT 2014 年裁决的某篮球运动员诉西班牙某篮球俱乐部案①为例,申请人运动员与被申请人俱乐部首先签订了

① *Steven Smith v. Virtus Pallacanestro Bologna S. p. A. BAT* 0413/13, Jus Mundi (Feb. 3, 2014), https://jusmundi. com/en/document/decision/en – steven – smith – v – virtus – pallacanestro – bologna – s – p – a – arbitral – award – monday – 3rd – february – 2014#decision_26813.

2012—2013 赛季的雇佣合同，接着球员授权的形象公司与俱乐部的形象权益管理公司签订了运动员形象使用协议，最后运动员与俱乐部又签订了 2012—2013 赛季的联盟合同。然而，冲突出现了，雇佣合同中明确指定由 BAT 仲裁，不服裁决的可以申诉到国际体育仲裁院，继而上诉到瑞士联邦最高法院；形象权益使用协议中规定的却是相关纠纷提交意大利博洛尼亚法院，适用意大利法解决；联盟合同中默认的纠纷解决机构是位于博洛尼亚的意大利篮联常设仲裁庭。三个合同对于仲裁和适用法都各有所指，究竟以哪一个为准呢？BAT 仲裁员首先要解决的就是管辖权问题，在判定几份合同之间的关系后，通过解释合同来确定所谓的“主合同”与“附加合同”，并判断形象许可使用协议中的纠纷解决条款能否取代雇佣合同中的 BAT 仲裁条款。BAT 在裁决过程中从四个方面进行了考量：第一，从合同的履行来看，因为雇佣合同与形象许可使用协议中都有详细的付款计划，但是根据俱乐部提供的付款数额与时间只能看出俱乐部履行了联盟合同与形象许可使用协议中规定的部分义务，并没有完全按照日程安排履行全部义务。第二，从几个合同的内容来看，联盟合同的文本比较短而雇佣合同的文本更长，关于运动员与俱乐部劳资关系的核心内容都规定在雇佣合同中。第三，从当事人双方提交的材料来看，双方都没有质疑各个合同的效力，且在行动上间接承认了联盟合同与形象许可使用协议是雇佣合同的补充。第四，从雇佣合同的仲裁条款来看，其形式和实质都符合《瑞士国际私法典》的相关规定，而且雇佣合同规定了“所有由本合同产生以及与本合同相关的纠纷”都提交 BAT，且被申诉人也没有提出管辖权异议。综合各个要素，BAT 认为自己是有管辖权的，并将雇佣合同认定为“主合同”，其他两个合同认定为“附加合同”。在欧美订立独立的形象权益合同实践过程中这种各个合同规定了不同仲裁地的现象并不少见，故在合同中明确纠纷解决方式与机构的同时，还应该注意不同合同之间的关系处理。

上述分析说明，"体育自治"是得到世界范围承认的法律原则，[①]任何行业总是天然地倾向于封闭自治，一方面源于对外介入结果的难以预期所滋生的恐惧和反感，另一方面更是为了维护行业垄断地位及由此带来的巨额利益。[②] 体育组织纠纷裁判权对于运动员决定用什么方式解决形象财产权益纠纷也产生了重大影响。通常而言，体育纠纷的主体一般是单项体育协会、运动队、俱乐部、运动员、教练、裁判等，主体之间的地位应该是平等的，争议内容很多都涉及合同纠纷，不少纠纷具有一定的财产权益内容。但是随着体育自治砝码的日渐积累和事实上垄断组织的形成，体育纠纷中出现的许多合同关系不再平等，[③]体育组织、俱乐部与运动员之间合同的仲裁条款与仲裁实践就是典型的体现。

二、仲裁机构对运动员形象财产权益纠纷性质的判定

国际体育仲裁法庭（CAS）是世界上最有影响力的国际体育仲裁机构，国际上所有的奥林匹克单项体育协会都接受 CAS 的管辖，CAS 也是体育仲裁机制内部最高的上诉机构，俱乐部与非本国国籍球员之间的形象商业开发及其报酬支付的国际性纠纷也可以上诉到 CAS。CAS 曾经就俱乐部与球员之间签订的形象权益协议纠纷是否属于劳资纠纷进行了论述。在 2015 年 CAS 仲裁的某足球

---

① 参见高升：《我国体育协会内部纠纷的法律救济：以体育仲裁与司法介入的关系为中心》，载《体育科学》2009 年第 8 期。

② 参见刘想树主编：《国际体育仲裁研究》，法律出版社 2009 年版，第 15 页。

③ 参见宋军生：《论体育行业自治与司法管辖》，载《体育科学》2012 年第 5 期。

运动员诉国内某足球俱乐部案[①]中，该球员与国内某足球俱乐部于2012年2月签订了雇佣合同，其中第6条"肖像权使用"条款约定："运动员拥有其自身的肖像权，俱乐部在未经事先许可的情况下不得为了营利目的使用运动员的肖像。"同时，该球员还与俱乐部以及俱乐部的附属实体"A投资公司"（以下简称公司）签订了一份单独的形象权益协议，约定由公司支付给该球员6,850,000美元的形象使用费，并约定了具体的支付方式与期限，但是在合同履行过程中俱乐部并没有按照约定支付给运动员报酬，于是该球员开始了寻求形象权益救济之路。由于该足球俱乐部是中国足协的注册会员，中国足协又是国际足联的成员，所以本案因运动员的身份成为一个国际性纠纷，申诉人首先申诉至国际足联内部仲裁机构DRC，[②]DRC认为该球员与俱乐部之间签订的形象权益协议并不包含任何雇佣关系的因素，构成一份独立的形象权益合同，按照DRC通常的做法，这种形象权益协议不被识别为劳资关系的一部分，因此根据《球员身份与转会规则》第22条的规定DRC是没有管辖权的。只是在少数的情况之下DRC会考虑独立协议中的具体内容来判断自己的管辖权，如关于奖金的规定、汽车的使用、住处的提供等，这些内容通常是属于雇佣合同中规定的内容，但是如果出现在形象权益合同中，则形象权益合同就有可能会被

① *Arbitration CAS 2015/A/3923 Fábio Rochemback v. Dalian Aerbin FC*, Court of Arbitration for Sport (Oct. 30, 2015), https://jurisprudence.tas-cas.org/Shared%20Documents/3923.pdf.

② 根据FIFA《球员身份委员会与纠纷解决委员会管理规定》，DRC在裁决时适用FIFA章程和规则，同时考虑国家层面的法律或集体协议以及体育的特殊性。*FIFA Rules Governing the Procedures of the Players' Status Committeeand the Dispute Resolution Chamber* (2019), FIFA, http://www.fifa.com/mm/document/affederation/administration/01/95/84/00/verfahrensordnung.

识别为雇佣合同的补充合同或者是附属合同。基于上述理由,DRC 得出结论认为自己对此案没有管辖权,该球员只能上诉至 CAS。申诉人极力强调形象权益协议构成了雇佣合同关系的一部分,是雇佣合同的补充合同;而俱乐部则否认这一说法。CAS 独立仲裁员考虑俱乐部确实是形象权益协议的当事方之一的事实,认为该球员与足球俱乐部签订的单独形象权益协议构成了实际雇佣关系,认定形象权益协议构成雇佣合同的补充协议,其理由主要有以下三个方面:第一,如果俱乐部在当初签订形象权益合同时并不是当事方之一的话,那么运动员直接将俱乐部作为被申诉人提交仲裁就是有问题的,但是根据形象权益协议中的明确规定,在公司没有及时履行义务的时候俱乐部对于形象权益使用费的支付承担直接责任,因此,俱乐部提出的其仅仅负责雇佣合同中的工资支付而公司负责形象权益使用费支付的辩护理由是不成立的。从这一点看来,形象权益协议事实上是雇佣关系的一个组成部分。第二,俱乐部在该球员正式签订合同之前初次与球员接触的时候就提出过一份合同草案,其中预算给球员的报酬总额正好是形象权益协议的价码与雇佣合同工资数额的总和,仲裁员认为合同前期的谈判内容也能作为佐证,这种数额的吻合并非偶然,恰好说明俱乐部是有意将形象权益协议作为雇佣合同的一部分的。第三,仲裁员认为非常重要的一个因素就是形象权益协议中规定“在球员与俱乐部签订雇佣合同后的 7 天之内,公司应该支付给球员 2,000,000 美元的签字费”,对此,仲裁员认定这种签字费应被识别为雇佣合同的标志性要素,凡是签字费出现在形象权益协议中的,都说明形象权益协议与雇佣合同是主次合同的关系。所以,这一份形象权益协议也要适用国际足联的相关规定,没有相关规定的,补充适用瑞士法律,仲裁员最终认定了 CAS 的仲裁管辖权。

第三节　我国运动员形象财产权益纠纷的可体育仲裁性

一、我国运动员形象财产权益纠纷的特征

行政性突出是我国运动员形象许可使用纠纷显著的特征。我国运动员与国家队或者运动管理中心之间就运动员形象商业开发自主权益而产生的纠纷有其历史渊源。1992 年,原劳动部出台了《关于界定文艺工作者、运动员、艺徒概念的通知》,对运动员这一职业身份的工作内容给出了清晰的概念界定,这一时期内运动员成为在专业运动队专门从事体育竞赛和训练的单位职工,纳入国家正式职工编制。① 1993 年,《国家体委关于深化体育改革的意见》进一步确立了我国体育社会化的突破口地位,此后一部分原专业运动队单位职工身份的运动员与职业体育俱乐部签订了劳动协议,运动员身份有了体制内外之分。后来随着多元化办队模式的发展,《运动员聘用暂行办法》《国务院关于加快发展体育产业促进体育消费的若干意见》等文件的出台致使运动员与运动队之间的关系越来越复杂,且不同运动员之间的身份差异导致其相应权利义务关系认知上的混乱,对于纠纷的解决产生了较大阻碍。

运动员独立进行形象开发过程中发生的纠纷可能是违约责任也可能是侵权责任,毫无疑问这种情况下的诉讼属于典型的民事诉讼。我国国家体育管理部门及其下属机构曾一度将运动员的形

---

①　参见张海鹰、韩新君:《身份识别:我国运动员职业纠纷解决的关键所在》,载《武汉体育学院学报》2018 年第 12 期。

象视为“国有财产”，对于运动员的形象有专门的规定，尤其是国家队运动员，如此致使运动员与体育主管机构之间的纠纷充满了行政色彩。这种行政性的直接后果表现为运动员可能因形象开发问题而失去参赛资格，且这种后果对于运动员而言往往是没有申诉途径的。以中国篮协为例，国家体育总局篮球运动管理中心是具有篮球项目行政管理职能的事业单位，又是中国篮球协会的办事机构。中国篮协针对运动员形象权益商业开发活动出台的管理办法中对违反规定的运动员规定了明确的处罚办法，即中国篮协可以提出警告并要求其纠正违规行为，还能视具体情节处以罚款。对后果特别严重、影响恶劣或拒不改正的，中国篮协还可暂停或取消其注册运动员资格。更重要的是，中国篮协出台的行政性规定还影响着运动员个人赞助协议的效力和协议中涉及的第三方利益，对于违反法律法规和国家体育总局及中国篮协相关规定的运动员个人赞助协议，中国篮协和(或)所在俱乐部有权不承认其效力，并可要求运动员修改或取消协议。对于未及时申报个人赞助协议或弄虚作假的运动员，中国篮协和(或)所在俱乐部除不承认其个人赞助协议的效力外，还有权对运动员给予相应处罚。① 整个文件没有关于纠纷处理的条款，也没有说明运动员对于以上处罚

① 《中国篮球协会注册运动员商业权利管理办法》第29条规定，对于违反本办法的运动员，中国篮协除警告并要求其纠正违规行为外，还将视具体情节，给予5000－20000元/次的罚款，依次累计。对后果特别严重、影响恶劣或拒不改正的，中国篮协将暂停或取消其注册运动员资格。对于违反法律法规和国家体育总局及中国篮协相关规定、办法的运动员个人赞助协议，中国篮协和(或)所在俱乐部有权不承认其效力，并可要求运动员修改或取消协议。对于未及时申报个人赞助协议或弄虚作假的运动员，中国篮协和(或)所在俱乐部除不承认其个人赞助协议的效力外，将视情节轻重给予相应处罚。由于以上原因使运动员无法履行个人赞助协议而造成的损失或法律纠纷，将由运动员个人和相关责任人承担全部责任。

决定不服时如何获得救济。虽然根据国家体育总局相关文件的精神,国家各个运动项目管理中心应该通过合同获得运动员的形象开发与管理权限,但是由此合同产生的纠纷与争议却很少完全根据合同相关法律的原则与规范来解决。

除行政性的特征外,运动员形象许可使用纠纷还具备了复杂性。随着我国体育事业社会化的进一步改革,赛事审批逐步放开,运动员的参赛方式越来越多样化。职业运动员代表职业体育俱乐部参加职业联赛或其他体育赛事时与俱乐部之间是雇佣劳动合同关系;代表国家或所在专业运动队参加国际比赛或全运会等专业性赛事时,一般为聘用合同关系。由此观之,运动员出席的每一场比赛所代表的队伍可能并不一致,其背后的法律关系可能也不一致,涉及多种情形时,运动员也同时具备了多重身份。[①] 然而,运动员形象的许可使用并不一定在各个环节都进行了清晰的约定,并非运动员签署的所有参赛协议中的形象使用条款都与其所注册的运动队不存在竞争关系,这导致我国运动员在形象商业开发方面的纠纷异常复杂。

二、运动员形象财产权益纠纷适用体育仲裁的理论依据

体育仲裁因其契合时代精神而被纳入国家纠纷消解体制,呈现尊重体育行业自治与尊重体育个性的特殊性,同时,仲裁制度所具备的专业性和高效性迎合了体育行业的要求,赢得了体育行业外部救济机制的尊重,得以逐渐发展壮大。在非工作合同环境中,

---

① 我国体育竞赛主要采用的是注册代表制,即先成为某一有注册资格的体育竞赛单位的运动员,再以其代表身份参加比赛,而体育竞赛存在不同的类型和层级,这意味着如果运动员参加不同类型的体育竞赛,必然有不同的身份。

运动员与企业之间是平等主体之间的合作关系，如体育赞助合同、体育明星代言合同等，这种关系中由于另一方并不是体育行业内的特殊主体，完全可以通过诉至法院或者按照约定提交给商事仲裁机构来解决纠纷。而在纠纷另一方是体育俱乐部、体育联盟的情况下，尤其是当事人为体育组织或者赛事主办机构时，仲裁员的专业性就成为突出的优势。迄今我国运动员形象商业开发还没有充分市场化，职业体育的发展仅限于几大受欢迎的运动项目，运动员作为一种人力资源并没有得到充分开发。运动员委托形象经纪公司全权处理形象事宜的做法并不普遍，尤其是绝大多数的体育明星都受益于举国体制，在国家运动项目管理中心的培养体系中成长起来，这种发展路径决定了很少有运动员能以“单飞”的形式完成自身形象开发。面对我国运动员形象商业开发纠纷的复杂性，法官难以全面摸清运动员与纠纷所涉运动队之间的渊源与历史纠葛，而专业体育仲裁员则往往在此方面比法官具备更丰富的行业背景知识与同类案件处理经验。此外，仲裁程序还具备保密性、灵活性、简便性与快捷性以及费用的低廉性、裁决承认与执行的国际普遍性等优势。

运动员与体育协会之间签订合同的内部纠纷，即管理者和被管理者之间的纠纷，大多以行政手段解决，如中国足协的仲裁委员会和纪律委员会，承担着解决内部争议纠纷的职能。中国足协建立的中国足球协会仲裁委员会有权对运动员、俱乐部等主体就中国足球协会纪律委员会作出的处罚决定不服的申诉进行管辖。此外，其还可以处理会员协会、足球俱乐部、足球运动员、教练员、经纪人相互间，就注册、转会、参赛资格、工作合同、经纪人合同等事项发生的属于行业管理范畴的争议。2017 年初通过的《中国篮球协会章程》推动了建立国内篮球项目的仲裁委员会（纠纷调解委员会)的进程,考虑篮球行业的体育特殊性,对属于仲裁委员会管辖范围内的争议纠纷,要求通过该仲裁委员会解决。总而言之,在2022年修订的《体育法》实施之前,国内一直未能建立起独立的体育仲裁机构,仲裁制度也不够完善,运动员和俱乐部都缺乏仲裁意识,往往“上诉无门”失去了维权可能。国家队运动员形象商业开发合同模板中规定的纠纷解决方式有两种,选择北京仲裁委员会仲裁或者有管辖权的人民法院进行判决,并没有“体育仲裁”这种方式。

《民法典》的出台将自然人形象纳入人格权体系中进行保护,人格权是人之所以为人的根本性权利,主要保护的是人的精神利益,所以就人格权的许可使用产生的经济利益能否以仲裁方式进行处理是可能会引起怀疑的。前文已经述及,运动员形象开发纠纷既有合同纠纷,又有侵权纠纷,曾经有多位学者坚持认为人格权不能包含财产利益,主张人格权与财产权两者应坚持二分法,截然分开,且不认为人格形象要素的商业使用能成为这两者融为一体的契机。根据我国《仲裁法》的规定,平等主体的公民、法人和其他组织之间发生的合同纠纷和其他财产权益纠纷,可以仲裁;婚姻、收养、监护、扶养、继承以及依法应当由行政机关处理的行政争议纠纷不能仲裁。由此可见,仅就合同纠纷而言,运动员形象财产权益虽然是跟人身密切相关的权益,但其终究还是以契约为表现形式的当事人之间的财产权益纠纷,实质上还是一种交易关系,这类纠纷的权利人通常主张的也是财产损失的经济补偿,因此这类纠纷也应考虑加入体育仲裁。体育财产权益类型的纠纷案件数量占据体育争议纠纷的主要部分,若全部将其归为商事仲裁则会造成对体育仲裁制度发挥作用空间的过度限缩。

采用体育仲裁方式处理运动员形象财产权益纠纷具有突出的

优越性。第一，体育行业有非常特别的商业模式。综观各国体育行业的发展，都离不开独特商业模式的发展和支持。这部分商业模式与体育行业本身紧密结合，互相影响，具有很多与一般商业模式相比完全不同的营收模式，传统的商事仲裁机构，尤其是国内目前的商事仲裁机构可能并不能很好地理解这些特别之处。第二，现有行业体育仲裁机构相较传统商事仲裁机构已经积累了相关经验并培养了一批人才。《中国足球协会仲裁委员会工作规则》规定的体育仲裁管辖范围中的第二类纠纷即注册的俱乐部和个人间的属于行业管理范畴的争议，除了包含劳资纠纷外，还包含了经纪人合同等财产性纠纷，因此对于相关类型的纠纷具有处理经验。第三，国际接轨的便利性。从国际体育仲裁院的受案情况来看，合同相关的纠纷比例也并不少，占比约为11.3%。[①] 故而，直接将合同纠纷排除出我国体育仲裁可能不利于与国际体育仲裁院的后续接轨。

《体育法》第92条规定："当事人可以根据仲裁协议、体育组织章程、体育赛事规则等，对下列纠纷申请体育仲裁：(一)对体育社会组织、运动员管理单位、体育赛事活动组织者按照兴奋剂管理或者其他管理规定作出的取消参赛资格、取消比赛成绩、禁赛等处理决定不服发生的纠纷；(二)因运动员注册、交流发生的纠纷；(三)在竞技体育活动中发生的其他纠纷。《中华人民共和国仲裁法》规定的可仲裁纠纷和《中华人民共和国劳动争议调解仲裁法》规定的劳动争议，不属于体育仲裁范围。"通过仔细阅读这一条规定，可以发现，涉及竞技体育活动领域的专业运动员与职业运动员

---

① Johan Lindholm, *The Court of Arbitration for Sport and Its Jurisprudence*, T. M. C. ASSER Press, 2019, p. 40.

的形象权益的纠纷存在被解释为“在竞技体育活动中发生的其他纠纷”的可能性，是能够根据仲裁协议、体育组织章程和体育赛事规则而采用体育仲裁这种多元纠纷解决方式处理的。所以，以形象许可使用合同违约为由主张以仲裁方式解决纠纷的，符合《仲裁法》第 2 条规定的积极仲裁事项。更重要的是，体育仲裁受案范围规则的制定目的除避免各仲裁机构之间相互推诿外，也应为当事人提供更多的仲裁机构选择的可能性，让当事人充分发挥意思自治，自行选择提交商事仲裁还是体育仲裁。

在运动员形象财产权益纠纷解决是否适用仲裁手段的问题上，还需要区分职业运动员与专业运动员，职业运动员形象利益的争议可以通过事前合意诉诸一般的仲裁机构，而专业运动员因培养机制特殊，行政主导性强，对仲裁员的专业背景要求较高，故有必要妥善处理体育仲裁的排他性、强制性和终局性与公民诉讼权之间的关系，落实《体育法》关于体育仲裁新规定的客观要求。总而言之，体育仲裁制度的建立是为了充分发挥体育仲裁制度的专业性并填补之前难以与国际仲裁接轨的空白，对体育仲裁受案范围的过度限制反而不利于这一目的的实现。

小　　结

运动员对形象权益的行使是运动员通过各种方式将自己的形象在商业活动中加以利用，实现经济利益的过程，运动员形象权益的实现与运动项目之间有着重要的依赖关系。运动员形象财产权益纠纷既存在付诸专业体育仲裁解决的客观必要性，又具备现实的可行性。我国运动员形象价值开发的法律关系复杂，运动员形象开发有着历史以来的行政制约性,运动员形象权益的行使打着"体育自治"的烙印,所以运动员形象许可使用合同纠纷有着以仲裁方式处理的必要性。另外,形象许可使用合同所产生的纠纷是一种财产利益纠纷,符合我国《仲裁法》规定的可仲裁事项范围标准,同时,各级各类参赛协议中对于相关纠纷解决方式的约定都是仲裁,这决定了体育仲裁适用的可行性。

体育仲裁的独立性和专业性是保障自治性和提升法律性的纽带。在此基础上,亟须解决的关键问题是厘定体育仲裁的特定内容,圈出体育仲裁的专属范围,既与单项组织内部仲裁相区分,又与普通仲裁相衔接,还要与CAS仲裁协同。在我国,由于独立体育仲裁机制长期缺位,导致对内体育争端解决的专业性和法律效力不足,加之对外与国际争端解决机制的衔接不畅,难以公平、高效地解决体育争端,甚至造成了国内争端的国际化,[①]这些问题的存在同样影响了运动员权益的救济。国际上,可仲裁事项的范围呈不断扩大的趋势,我国体育专业仲裁机构的建设也在如火如荼地进行之中。根据2022年修订的《体育法》,我国发布了《体育仲裁规则》并于2023年正式成立了中国体育仲裁委员会,我国体育仲裁机构的建立为运动员解决形象财产权益纠纷提供了新的选项。鉴于运动员培养机制与权益保障的特殊性,我国体育仲裁与国际接轨的必要性以及体育仲裁自身的专业性优势等各种原因,对《体育法》第92条进行扩张解释,将运动员的形象财产权益纠纷纳入体育仲裁机构的受案范围,这种做法具备探讨的空间。

---

① 参见李智:《修法背景下我国独立体育仲裁制度的设立》,载《法学》2022年第2期。

第七章　我国运动员形象权益保护机制的完善

《民法典》所要调整的法律关系始终是人与人之间的关系，具体到运动员形象权益中，《民法典》调整的对象是运动员基于对形象的支配关系所产生的人与人之间的关系。这种支配关系又具体体现为对形象的归属关系以及利用关系。鉴于我国运动员形象商业开发实践中所存在的问题以及国内法律体系的框架，有必要优化和调整相关规则来保障运动员自身及体育组织对运动员形象开发的秩序，促进产业健康发展。

第一节　域外体育法关于运动员形象权益保护的经验

根据广义的理解，体育法不仅包括国家对国内体育事务进行管理控制的具有强制力的硬法，还包括国际体育组织（如 CAS）制定的相关规章、国际公约（如《反兴奋剂国际公约》）、体育规则等具有自治性、专业性、非强制性的软法,也即既包括国家体育法,又包括国际体育法;既包括公法,又包括私法。[①] 国际体育法与国内体育法之间呈现相互推动与促进的局面,这种现象在法国、西班牙颁行的单行国内体育法关于运动员形象利益的规定中得到了验证。

一、法国体育法对独立形象许可使用协议的要求

为了保证体育行业的透明度和健康发展,以及法国体育俱乐部在国际市场上的竞争优势,法国体育法进行了修订,专门新增了针对运动员形象许可使用的条款,以减轻法国体育俱乐部因其他国家对于体育行业的税收倾斜政策而承受的国际竞争压力。《法国体育法》(Code du sport)于 2017 年 3 月 1 日开始生效,其第 17 条中新增的第 L. 222 - 2 - 10 - 1 条就是针对形象权益问题的条款,主要内容包括了允许体育协会和职业俱乐部针对运动员和教练员的个人形象(包括姓名、声音、肖像等)进行商业性开发,且要求支付独立于普通工资之外的形象权益使用费。通过在合同文本中加入这一条款,运动员的形象收入得以单独体现出来,一部分是运动员、教练员基于其赛场表现而获得的"工资",另一部分是对形象进行商业开发所应支付的形象权益许可使用费。将工资与形象许可使用费区分开来的标准主要有以下三个:其一,对运动员、教练员的形象、姓名或者声音进行商业开发使用的时候,是否需要本人出席现场,形象许可使用费取决于商业开发使用行为带来的经济收益,而不取决于工作合同所规定的工资数额。其二,形象许可使用合同是否详细规定了形象权益授予使用的范围、有效期、目的、开发的方式与地理范围、形象许可使用费计算方式及其上限与

① 参见谭小勇等:《体育法学概论》,法律出版社 2014 年版,第 36 - 37 页。

下限。其三,俱乐部是否及时将签订的相关合同副本提交给各自所属体育协会的财政审查部门进行审核。

在该法条生效之前,俱乐部一直是通过球员工作合同的形象权益条款获取对球员的形象开发与利用的权利,包括球员身体特征、姓名、个人喜好、签名、声音等个人标记。在法国以往的实践中,“相关形象权益”(associated image right)这个概念常常用来指代与俱乐部有关联的球员形象权益开发,区别于另一种仅仅是球员自己的赞助商或者商业伙伴使用球员个人形象的情况,即前文所述的球员工作合同与其他商业合同之间的区别。在相关形象权益的概念之下,又可以分为“个体形象权益”“团队形象权益”两种,前者指俱乐部每次只使用一名球员的形象权益,后者则指使用多名球员形象权益,这两种情形都在球员工作合同中有所规定。法国体育行业中普遍适用的集体议价协议,要求不论是团队还是个人形象权益的使用,一旦与俱乐部关联,就应通过球员工作合同来调整,这意味着由此产生的形象许可使用费应该纳入球员工资的范畴,双方都需根据工作合同的税收标准缴税,而按照法国的税收标准,雇主所应缴纳的社会保险平均是总工资的42%。[①] 社会税收是法国体育俱乐部的主要财政支出之一,法国体育法要求球员就形象权益问题与俱乐部独立签订合同,并参照艺术从业人员的标准向体育从业人员征税,以此来提高法国职业俱乐部的竞争力。法国劳工法规定:艺术从业人员所获得的报酬中,关于销售或者开发其本人表演的那一部分收入,无论是由雇主还是由其他任何人

---

① Basnier Gregory, *France's Sports Code Makes It Possible for Players' Image Rights Licensing alongside Employment Contracts*, Lawinsport(Jul. 26, 2017), https://www.lawinsport.com/articles/item/france-s-sports-code-makes-it-possible-for-players-image-rights-licensing-alongside-employment-contracts.

展览或者呈现，只要不再需要其本人出现在现场，且这种报酬不与该人员因相关作品所获得的工资直接相关，那么这部分收入就不能被认定为“工资”。如今法国体育法中新增的条款正是基于这一规定，符合要求的球员独立形象许可使用合同的报酬从此不再被视为“工资”。

法国形象许可使用合同法条的生效符合时代的潮流，对于球员和俱乐部及其赞助商来说都是一个好消息，球员可以处于一个更有利的位置去开发和管理自己的形象权益，同时，俱乐部也能减轻纳税负担。但不可否认的是，该法具体实施操作中所存在的问题还有待进一步解决。第一，形象权益代理公司所订立合同的性质问题。法国并不是一个有独立形象权益制度的国家，运动员形象权益的许可往往是在经纪人与代表俱乐部的形象管理公司之间进行的。比如，在《欧洲篮球联赛章程》中明确载明 Euroleague Commercial Assets S. A. 有限责任公司的股东是各个成员俱乐部的所有人，该实体拥有欧洲篮球联盟的所有商业资产，Euroleague Properties S. A. 有限责任公司（EP）是受控的子公司，专门负责管理和组织欧洲篮球联赛、欧洲杯赛事，并对相关财产进行商业开发，美国 NBA、英超联赛等都采用了相同的做法。目前的惯例是将独立的运动员形象许可使用合同认定为避税的手段，这显然是不合适的，因为运动员形象许可使用合同是实现运动员形象权益的必要手段。体育法作为针对性突出的专门立法，可以进一步明确规定这种情况下签订的运动员形象许可使用合同的性质与效力问题以避免纠纷。第二，形象许可使用合同的生效要件问题。该条中只提出了要对形象权益使用费的数额设定最低和最高限制，却没有考虑其他的限制条件，也没有规定体育联盟对形象许可使用合同有效性设定限制的具体权限，更没有说明协议内容不公平、违反竞争原则时的处理方式。在接受各个体育协会审查时，形象许可使用协议的生效标准具体如何确定、如何执行都还有待规范化。第三，运动员形象权益收益的支付问题。形象使用收益的支付形式一直备受关注，并在赛季开始前规定以预付款的形式支付，具体的数额可以在赛季结束之后再根据实际情况进行确定。2008 年法国最高法院在艺术从业者合同案中的判决支持了预付款的方式，法院在判决中认为，预付款应该视为工资，因为合同并没有规定如果作品或者表演的载体销售额未达到预期数额时作者需要退回预付款，故此“预付款”只是最低保障金额。在独立的形象许可使用合同中，球员要求俱乐部预付形象权益使用费是非常合理的，为了准确反映上个赛季运动员形象权益商业开发所产生的实际利益，合同中应该专门制定相应的条款来明确形象收益分配的原则与规则。

二、西班牙体育法对运动员形象开发的重视

西班牙足球行业有着极高的商业化程度，有巴塞罗那与皇家马德里这两个号称世界上最具商业价值的足球俱乐部，聘请过身价较高的足球运动员，包括内马尔、克里斯蒂亚诺·罗纳尔多等，每一个巨星级球员自身便是一个国际化的品牌。与欧洲其他许多国家一样，西班牙对于运动员形象权益进行保护是基于 1978 年《西班牙宪法》第 18 条关于隐私权的规定，该条将“对自身形象的权利”认定为一项值得专门保护的“基本权利”，它适用于侵权人的行为侵害了自然人的名誉和隐私的情形。西班牙出台的《对名誉、个人及家庭隐私和自身形象的民事保护基本法》（第 1/1982 号法令，以下简称 LOPC）对于《西班牙宪法》第 18 条作出了补充性的规

定,[①]允许运动员自行或者授权许可其他主体开发自身形象以换取利益。[②] 在特定情况下职业运动员的照片经常会在公开比赛中(或者新闻发布会上等相关的体育行业活动)被抓拍、记录甚至被复制,根据西班牙法律,这种使用个人形象的行为是可以免责的;但是如果将在这些场景中拍摄到的照片用于商业性目的,或者在非公开场合获取了运动员的照片,则适用宪法第 18 条规定的"基本权利"而非自动适用 LOPC,认定为侵权责任。此外,运动员形象权益在西班牙还受到 2007 年 12 月修订的《个人数据保护基本法》(第 15/1999 号法令)保护。

不同国家以及不同体育项目之间对于运动员形象权益的保护差异甚远,将西班牙与其他国家比较,欧盟运动员协会发布的《职业运动员工作情况分析报告》,[③]对西班牙、法国、波兰和罗马尼亚四个国家进行了调查,以 2008 年的手球项目情况为例,罗马尼亚的运动员表示几乎没有订立单独形象许可使用合同的惯例,西班牙的运动员则是被调查的国家中订立单独运动员形象权益协议最多的国家,占比约为 12%;同时,研究人员针对法国、西班牙、比利时、波兰、德国、罗马尼亚、瑞典、立陶宛等国的篮球运动员进行了调

---

① *Ley Orgánica* 1/1982, *de 5 de mayo*, *de protección civil del derecho al honor, a la intimidad personal y familiar y a la propia imagen*, BOE(May. 5,1982), https://www.boe.es/buscar/pdf/1982/BOE - A - 1982 - 11196 - consolidado.pdf#: ~ : text = Ley%20Org%C3%A1nica%201%2F1982%2C%20de%205%20de%20mayo%2C%20de,de%2014%20de%20mayo%20de%201982%20Referencia%3A%20BOE - A - 1982 - 11196.

② Pérez Juan De Dios Crespo, *Sports Law in Spain*, Wolters Kluwer,2015. p.3.

③ EU Athletes and UNI Sport Pro., *An analysis of the working conditions of professional sports players*, EU Atheles, http://www.euathletes.org/wp - content/uploads/2017/06/2013 - UNI - An - Analysis - of - Working - Conditions - of - Professional - Sports - Plyers - ilovepdf - compressed - 1.pdf.

查,其中西班牙的篮球运动员签订独立形象许可使用合同的比率占到50%,立陶宛则超过20%,比利时、德国等其他国家则很少采用这种形式。这种现象的出现在很大程度上受到体育单行立法的影响,西班牙立法针对职业运动员形象权益开发的原则性规定见于1985年6月26日颁布的第1006/1995号体育法令。首先该法令规定了其适用范围,即适用于职业运动员与参与赛事举办的公司之间的商业合作,以及其他符合该法要求的职业运动员与公司之间的协议。其次该法令对职业运动员雇佣合同中的权利和义务作出了规定:在集体谈判协议或者单独的协议中,除非与商业公司签订协议或者是该法令中另有规定,否则必须明确规定形象利益的分配规则。[①] 这给雇佣协议之外订立单独的形象许可使用合同提供了可能性。[②] 最后在体育组织与运动员工会谈判的过程中,双方也讨论了运动员形象权益使用费能否作为法律意义上的工资收入,最终认可了西班牙运动员订立独立形象权益协议的必要性。根据西班牙法律,各方主体之间必须根据《民事保护基本法》(第1/1982号法令)以及第1006/1985号体育法令的规定通过书面形式作出明确约定,球员的工作合同不是俱乐部获得运动员形象使用许可的依据。这表明西班牙体育界对运动员形象权益的重视,不论是单行立法层面还是运动员自律组织层面,也不论是在权利义务的约定过程,还是履行过程,都在力图通过明确的成文规则来保证运动员形象权益的实现。

---

① Moraga Yago Vazquez & Andreu Sarrias, *Sport Image Rights in Spain*, 3 The International Sports Law Journal 122(2010).

② Descalzo Gonzúlez A. & Palomar Olmeda A., *Los Derechos de Imagen en el Deporte Profesional (Especial Referencia al Futbol)*, Dykinson, 2001, p. 77 - 88.

第二节　我国运动员形象权益行使的突出问题

不仅是国家队运动员与其所在运动项目管理中心因代言或者赞助问题产生了诸多矛盾，我国职业体育赛场上也曾多次因为广告代言问题发生纠纷。这些事件反映出的主要问题是：运动队要出成绩，而明星队员要找市场，个人价值与集体利益如何平衡？多方契约如何共生？当个人的利益与运动队的利益发生冲突时，我国竞技体育、职业体育的管理思维是否能够跟上？[①] 有学者曾将体育明星商业开发中权利与权力的冲突本质概括为利益之争。但在这种利益冲突之外，两者又具备同质性，运动员权利与体育公共行政权力，这二者都是社会物质财富的转化形式，都是社会公共利益的法律表现，具有统一与平衡的内在要求。[②] 这种总结对于认识我国当下运动员形象利益纠纷的根源颇有启发意义。

一、利益多元化与行政主导传统的冲突

早期，我国国力尚为薄弱，个人没有能力投资体育事业，所以举国“一盘棋”，调度全国资源发展体育事业。在举国体制下，国家是投资主体。但是随着我国体制机制改革的不断深化，非国家主体也开始投资体育事业。投资主体都是期待回报的，随着投资主体的多元化，利益分配的冲突也逐步凸显。市场经济条件下社会

① 参见杨海东等：《我国职业运动员权益诉求的障碍和突破》，载《体育文化导刊》2018 年第 7 期。

② 参见王飞、周爱光：《我国体育明星商业开发中权利与权力的冲突与平衡》，载《体育学刊》2022 年第 2 期。

价值取向多元化，市场经济导向下的合理利己主义观开始凸显。运动员形象的经济价值主要体现于从事的商业性广告活动，如今这种活动已经成为开发体育无形资产、实现运动员自身价值、筹集体育发展资金、促进体育事业发展的重要手段。商业代言使运动员个体与运动队管理部门之间的利益冲突与摩擦加大，[①]由此引发的典型问题一方面是专业运动员与企业之间的矛盾，如某篮球明星与某饮料公司纠纷案；另一方面是运动员与所属的运动队之间的矛盾，如运动员不服从运动项目管理中心的管理，私签经纪人致使被国家队开除等事件，就充分暴露了这种利益冲突。为强化对队伍的管理，游泳运动管理中心曾于 2011 年出台《国家游泳队在役运动员从事广告经营、社会活动的管理办法》，其中规定"在役运动员参与商业广告活动及社会活动，必须征得游泳运动管理中心的同意，并由中心批准后按照有关规定进行办理"。"在役运动员不得单方面与商业推广单位及企业签订协议"；同时还规定了"对违反本规定的运动员，将视情节给予通报批评、警告处分、国家队除名的处分"。然而，这一文件依然受到了多次挑战，一度引发了关于我国运动员形象开发权利究竟归属于谁的热议。

这些事件的发生有其复杂的背景因素，彼时各个运动项目管理中心对于运动员尤其是国家队运动员的管理模式仍有比较鲜明的行政色彩。运动员的职业生涯规划对管理部门或所在运动队的依赖度较高。[②] 个别体育协会甚至会将未经批准的运动员形象个人商业开发行为视为严重的职业违规，运动员因此被剥夺参赛权。

---

① 参见刘利：《从在训到退役：中国专业运动员的身份变化与认同研究》，北京体育大学 2017 年博士学位论文，第 49 页。

② 参见王武年、千少文：《我国专业运动员人力资本产权现状及归因分析——基于案例研究》，载《武汉体育学院学报》2010 年第 11 期。

在如今《民法典》已经将形象的商业利用纳入人格权基本权能的背景下，这种管理方式备受怀疑：一是剥夺参赛权的处罚手段是否符合法律基本原则之一的比例原则；二是合同的精神实质在于当事人的合意，平等、自愿是合同订立的基础，贯彻以合同来处理运动员形象许可使用事宜理念的过程不应掺杂过多行政色彩，否则会颠覆合同订立的基础与初衷。

二、运动员形象开发的意识不足

商品化潮流的全面扩张促使运动员自主控制自身形象开发的意愿越来越强烈。在国际体育环境中，随着整个体育行业向市场驱动型与自由竞争型运作模式势不可当地迈进，有学者认为俱乐部和体育行业的管理者不得不承认比赛遇到的任何经济危机和政治危机，大部分情况归根结底都是因为权利中心已经从俱乐部逐渐转移到了运动员。[①] 近年来我国"权利本位"的思想潮流盛行，突出的体现莫过于在立法过程中对公民权利保障的加强。在此潮流影响之下我国运动员权利意识已经逐步觉醒，而行业内仍没有出现权利转移的趋势。计划经济以来形成的大包大揽、管办不分的管理风格与社会主义市场经济的发展可谓矛盾重重。本书第六章分析了我国运动员形象许可使用纠纷具有源于历史的行政性以及源于改革的复杂性，我国体育行政管理部门在管理运动员的职业生涯与业余生活过程中长期以来一直奉行"防止个人主义、拜金主义等不良思想滋长"的理念，"强身健体、为国争光的事业不能跟金钱利益混为一谈"的观念深入人心。各种文件中明文禁止、限制运

① Richard Haynes, *Footballers' Image Rights in the New Media Age*, 7 European Sport Management Quarterly 361(2007).

动员自由与外界合作开发形象商业价值是我国体育行政管理部门对运动员实行“家长制”管理的典型体现。与其他传统型的民事权利相比,运动员形象的商业利用是随着形象的商品化大潮而出现的,在我国的发展历史并不长。而举国体制对运动员形象开发、利用和保护意识的影响是深远的。故此,早期运动员对于这种形式的无形资产,脑海中是没有太多概念的。

随着我国经济体制要素市场化配置的逐步推进,运动员作为体育产业的重要且关键的人力资源,应当在满足了国家体育事业需要的基础上通畅运动员流动的渠道,允许运动员充分开发其商业价值,这样才能吸引更多的人成为职业运动员,继而推动我国整个体育行业的高质量发展。再者,一个国家的竞技体育运动不可能独立于世界竞技体育的发展存在,对于以“体育强国”为建设目标的中国,竞技体育与国际接轨显得更加重要,世界竞技体育的发展潮流让我们意识到体育体制改革的需求不仅是内生性的,也承受着外部环境的压力。①

三、内部利益分配规则的不完善

运动员形象利益的分配掺杂着行政性因素和体育自治特征,处理这种情形中的主体关系时还要考虑是否适用体育法的特殊规定,比如,国家田径运动管理中心、国家游泳运动管理中心对于国家队运动员形象许可使用合同缔结的特殊规定。运动员商业开发内部利益分配规则是指,调整不同主体就运动员形象商业开发获取经济利益的各个环节及其相互之间关系的规定,这些条文以一

① 参见高雪峰主编:《中国竞技体育管理变革之路》,人民体育出版社 2007 年版,第 253 页。

种可见的方式呈现事物和现象的规律性。① 而这些环节中最为关键的就是确定参与培养的各主体在运动员形象商业价值中的贡献，这直接决定了他们最后能获得的利益分成，分成的确定方式可以是“一刀切”的规定，也可以是个案协商的结果。继国家体育运动委员会1996年出台《运动员、教练员奖励实施办法》之后，多个省市也结合地区的实际情况颁布了区域性的奖励实施办法，如《河南省优秀运动员、教练员奖励实施办法》《海南省优秀运动员教练员奖励实施办法》《吐鲁番市运动员教练员奖励实施办法》等。除了这类规范，1996年国家体育运动委员会还颁布了《社会捐赠（赞助）运动员、教练员奖金、奖品管理暂行办法》，比起前者，该《办法》对于运动员商业价值的开发有更为重要的影响。该《办法》不仅对捐赠（赞助）的奖金、奖品进行了界定，其第3条还明确了奖金、奖品的接收程序和分配比例：“社会捐赠（赞助）的奖金、奖品按下列程序接收和分配：（一）捐赠（赞助）者以亚洲及亚洲以上单项比赛或其他名义捐赠（赞助）给运动员、教练员及有功人员的奖金、奖品，由全国性单项体育协会接收并按下列原则分配：捐赠（赞助）的奖金按不低于70%奖励运动员、教练员及其他有功人员，其余部分留作单项体育协会发展基金；捐赠（赞助）的奖品由全国性单项体育协会制定具体处理办法。（二）捐赠（赞助）给参加亚洲及亚洲以上综合性运动会运动员、教练员及有功人员的奖金、奖品，由中国奥委会设立的专门小组接收。其中：捐赠（赞助）给除运动员、教练员以外的有功人员的奖金、奖品，由专门小组制定办法并具体组织实施；捐赠（赞助）给运动员、教练员的奖金、奖品的分配办法由协

① 参见胥群：《运动员培养体制与机制关系探析》，载《浙江体育科学》2012年第2期。

会按第三条第(一)项的规定执行。”众所周知,新闻中常出现企业给运动员或者运动队“赞助”的情况,而此种形式的“赞助”是否为受到该《办法》调整的行为,是存在边界模糊之处的。再者,条文虽然规定70%奖励给运动员、教练和其他有功人员,但并未明文规定对70%奖金的分配原则,而这正是导致专业运动员产权分配纠纷的关键所在。①

从实践情况看来,大部分的利益分配结果体现了各主体对于运动员形象商业价值的客观贡献,但也存在受行政力量过度干预而未充分顾及运动员自身努力因素的情况。纠纷源于利益的分配与争夺,引发社会广泛关注的多起运动员与培养单位之间的代言风波暴露出的正是利益分配机制的不完善,各方主体并未就利益分成结果达成事前共识,过度的行政干预以及“一刀切”的模式致使个案没有体现不同主体的客观贡献。在内部利益分配问题上不可否认的规律就是“按劳分配”“按贡献分配”,不同的运动员、不同的运动项目、不同的个案之间理所当然会存在贡献度的差异,故应在秉持原则的基础上允许多元化的分配结果。进言之,优化内部利益分配机制的当务之急就在于合理确立分配原则,充分尊重个案差异。从这个角度来审视之前的做法,培养单位试图以“家长制”的作风来进行统一管理的理念违背了发展趋势与市场规律,不利于将商业价值的开发转化为激励运动员提升成绩的力量,反而成为阻碍某些运动员进一步提高的障碍。

---

① 参见吴真文等:《成绩资本产权的主要现实表现形式及法律思考——以我国专业运动员为视角》,载《武汉体育学院学报》2013年第11期。

第三节　运动员形象权益保护机制建设的具体措施

运动员形象权益保护机制的构建需要关注我国运动员商业价值开发中权利与权力之间的平衡。事实上，始终贯彻举国体制或者一直坚持充分遵循市场规律，运动员形象的商业化都不会出现如此激烈的冲突。矛盾的产生正是肇始于市场机制对我国体育产业和运动员培养机制的影响力逐渐变大，市场机制的开放凸显了两种机制的差异，不断在商业化利益分配问题上碰撞出火花。举国体制与市场体制，这两种体制之间并无"宿仇"，分别在国内与国外都对竞技体育事业的发展发挥了至关重要的作用；而当要将两者融合时，则不免出现各种"水土不服"的症状。问题的根源在于，新时期我国固有的举国体制发展模式难以改变体育不平衡不充分发展的局面，无法满足人民日益增长的对体育美好生活之向往，这是新时代我国体育治理的基本矛盾，同时也是需要融入市场机制的根本原因。由此可见，这一矛盾成了我国体育事业发展历史上不可避免的矛盾，处理好两种机制的融合与过渡，或者说新型举国体制的建设，就是如今摆在中国体育治理面前的重要课题。这既是我国推进竞技体育市场化、产业化的必然要求，也是坚持依法行政、建设法治体育的应有之义。①

① 参见王飞、周爱光：《我国体育明星商业开发中权利与权力的冲突与平衡》，载《体育学刊》2022年第2期。

一、深化体育领域“放管服”改革

体育事业“放管服”改革，目标之一就是解决体育管理部门对体育事项管得过多、过细的问题。[①] 国务院2014年印发《关于加快发展体育产业促进体育消费的若干意见》，明确要创新体制机制，转变政府职能，培育多元市场主体，鼓励社会力量参与。深入推进“放管服”改革，转变政府职能，才能为运动员形象利益最大化，乃至人力资本的最优配置提供良好的环境。运动员成绩资本产权来源集中于竞技体育领域，竞技体育是培养“体坛巨星”的肥沃土壤。前文已对我国历史时期竞技体育体制发展情况进行了介绍，《2001—2010年体育改革与发展纲要》中就已认识到体育行政主管部门转变自身管理职能的重要意义，主张进一步深化对政企分开、政事分开的改革，积极挖掘市场在资源配置中的基础性作用。于是在这段时期内，竞技体育管理体制的改革与机构的撤并成为我国竞技体育发展着力解决的问题。然而，管理机制改革从来不是一蹴而就的，在举国体制向市场机制转型的过程中不可避免地积累了大量问题，一度造成管理活动中多种类型组织机构并存的状况，这些组织的行政性机构与行业性机构性质不明确，彼此之间关于“管”“办”体育的权界划分不明晰。

长期以来，我国的竞技体育发展中政府拥有最高管理权限，社会和市场须在行政力量的隐性约束下寻找自身的发展空间。[②] 随着管办分离以及加强服务型政府建设的进一步推进，政府不再是

① 参见张笑世等：《以问题为导向的修改与完善——试论〈中华人民共和国体育法〉修改》，载《体育科学》2021年第10期。

② 参见辜德宏：《我国竞技体育发展中政府职能的历史审视》，载《北京体育大学学报》2016年第3期。

竞技体育发展的唯一投资主体，市场配置资源的基础性作用逐步加大，政府主导下的混合型资源配置方式渐渐形成。这对于回应运动员形象利益的诉求是非常重要的体制机制背景。对一种利益的承认和兑现，并不仅仅在于对个体权利的承认，整体环境对于多元利益诉求的接纳也必不可少。以运动员形象利益纷争为代表的众多体育领域争议，其实质是各主体之间的权利冲突，而权利冲突的本质是价值与利益的冲突。政府体育主管部门需要调整管理职能的重心、管理的价值取向、管理的权限，以使竞技体育的发展方向、服务对象、发展路径更加符合竞技体育发展的内在要求与规律。

二、加强体育法下位规则的体系性

我国的体育法规则体系主要分为以下几个位阶：(1)法律，《体育法》是我国现行体育法律规则体系中位阶最高的规范；(2)行政法规，行政法规是国务院为了领导和管理体育事业和体育产业行政管理工作，根据《宪法》和法律而制定的，如《反兴奋剂条例》《奥林匹克标志保护条例》等；(3)部门规章，是国务院下辖的各部门颁布的规章，比如国家体育总局发布的《反兴奋剂管理办法》(第 20 号令)，《运动员技术等级管理办法》(第 18 号令)；(4)规范性文件，体育领域内，我国目前有关于竞技体育、群众体育、体育经济、劳动人事等方面的规范性文件共 144 个，前三个位阶的文件中尚无针对运动员形象商业开发的规定，前述的《关于对国家队运动员商业活动试行合同管理的通知》(已废止)以及涉及运动员形象商业开发与运动项目管理中心的《关于运动项目管理中心工作规范化有关问题的通知》(已废止)都属于规范性文件，均由国家体育总局颁布。除此之外，规范性文件还包括地方立法。

我国《体育法》首次颁布的1995年正处于我国计划经济向市场经济转轨的阶段，所以《体育法》的立法理念中明显延续了计划经济时代的思维。不可否认，1995年的《体育法》存在着内容取向和立法技术等方面的缺失，在运动员权利和体育产业化发展方面，从立法思路到具体制度安排，都显现出很多与现实需求的不适，明显有偏重管理的色彩和行政化的倾向。① 2022年修订的《体育法》奉行以人民为中心，彰显了运动员权利保障立法理念，有关运动员的内容主要集中在第四章“竞技体育”部分。其中第42条规定：“国家加强对运动员的培养和管理，对运动员进行爱国主义、集体主义和社会主义教育，以及道德、纪律和法治教育。运动员应当积极参加训练和竞赛，团结协作，勇于奉献，顽强拼搏，不断提高竞技水平。”第43条规定：“国家加强体育训练科学技术研究、开发和应用，对运动员实行科学、文明的训练，维护运动员身心健康。”新修订的《体育法》“竞技体育”章节构建了以运动员职业特点为基础的法律权利体系，确立了多部门协同治理的运动员权益保障思路，②虽整体上大大加强了对于运动员权利的保护力度，但仍未涉及商业开发与形象权益规定。体育行业的独立性要求体育法律法规的配合与协调，而不同运动员之间形象权益行使与保护差异较大，只有在体育法律法规体系中明文规定运动员对自身形象的所有权以及进行商业开发的权利，才能最大限度克服不平等现象。故此，应该进一步在国务院与国家体育总局制定的行政规章、规范性文件中针对运动员的商业开发规则制定实施细则。关键在于明确当运

---

① 参见姜熙：《中国体育法治建设的宏观理路：于善旭教授学术访谈录》，载《体育与科学》2017年第1期。

② 参见张恩利等：《全面促进职业发展：新修订〈体育法〉中运动员权利保障的立法突破与现实效应》，载《西安体育学院学报》2022年第4期。

动员与各运动项目管理中心所签合同超越《民法典》相关规定时的处理原则，在不损害国家体育事业形象以及其他自然人、社会组织形象的前提下，充分行使运动员的人格权进行商业开发，既要明确商业化不得违背体育制度的根本宗旨，又要保障运动员基本权利的实现。在此过程中，还需要着重关注规则之间的体系性与配套性，以免出现上下位规则的冲突。

三、创新收益分配机制

运动员权利的实现不仅要依靠法律，更要依靠市场，创新收益分配机制的根本遵循是尊重市场力量、兼顾多方利益。《社会捐赠（赞助）运动员、教练员奖金、奖品管理暂行办法》和《加强在役运动员从事广告等经营活动管理的通知》（已失效）是我国曾出台的两部关于专业运动员与管理部门在商业活动中取得利润分配问题的部门规章。这两部部门规章仅仅明确规定在役运动员未经组织批准不得随意参与商业活动，[①]而没有对专业运动员在经过组织批准下参与商业活动后其利润如何分配及分配形式作出明确规定。尊重市场力量在体育资源配置中的作用，其实就是针对不同专业运动员的培养模式，根据一定原则去权衡他们的利润分配方式，制定不同的分配标准，而非一概论之。那么，究竟应当遵循什么原则来平衡价值之间的冲突呢？首先，应尊重我国体育领域的基本秩序。政府在体育事业发展过程中扮演的角色决定了运动员人力资本产权的边界。虽然市场力量不断介入，但在我国，国家依然是体育事业的主要投资主体，追求的是竞技体育强国的国际形象与地位，商

---

① 参见吴真文等：《成绩资本产权的主要现实表现形式及法律思考——以我国专业运动员为视角》，载《武汉体育学院学报》2013 年第 11 期。

业利益不是国家追求的首要目标。[①] 故应尽量避免不同利益导向冲撞所造成的对我国国家体育事业整体形象的影响。其次，兼顾个人利益、集体利益与社会公共利益。这一原则在利益具体分配中显得尤为重要，企业谋取的商业利益也属于个人利益的范畴，运动队或运动项目管理中心代表的则是集体的利益，不可忽视三者中任何一方的关切，避免矛盾的激化。

从国家体育总局 2006 年 78 号《通知》来看，虽然文件针对的只是国家队运动员，但至少说明我国同样是鼓励运动员与体育管理机构之间订立单独的形象开发合同的，鼓励通过合同的方式确立双方的权利义务。所以国际实践中采用订立独立运动员形象开发合同的形式与我国的文件精神是相符的。合同作为联系政府与公司、企业和个人的重要纽带有显著的优越性：(1)合同的内容与当事人的义务均可以通过约定实施比法律、内部规章更加细致的规制，弥补立法及制度上的漏洞，且具有充分的灵活性；(2)竞技体育法律制度中运动员个体面对的往往是公权力机关和具有一定垄断性质的社会团体，虽然国家体育总局下属的各个运动项目管理中心在我国经过“脱钩”改革之后目前是事业单位的性质，而非行政机关，但绝大多数的运动员群体仍常处于弱势、被支配地位，其在遭遇侵权和不公平待遇时的内部维权之路还是异常艰辛，[②]而《民法典》统筹了之前通过协商签订合同确定各方权利义务的方式，这更有利于取得各方的配合，也有利于体育事业内部的生态平衡发展。由此，订立单独的形象权益合同，一方面顺应了国际体育

---

① 参见王飞、周爱光：《我国体育明星商业开发中权利与权力的冲突与平衡》，载《体育学刊》2022 年第 2 期。

② 参见马宏俊：《试论我国体育法律体系的建立与完善——以〈中华人民共和国体育法〉修改为视角》，载《体育科学》2021 年第 1 期。

产业的发展趋势，另一方面响应了文件的精神，应该在所有的主体范围内得到推行，而不单是针对部分运动员。

里约奥运会结束后正值中国体育深化改革的当口，2016 年 12 月 2 日，国家体育总局官方网站将 2001 年 46 号《通知》、2006 年 78 号《通知》这两个文件重新推上首页，一方面各运动项目管理中心认识到通过合同方式规范国家队运动员商业开发行为的重要性，需要重申文件的精神；另一方面，预示着体育总局强化运动员商业性广告监管的态度。2019 年 10 月，基于对合同在体育事业与体育产业发展中重要性的认识，国家体育总局政策法规司印发了《国家体育总局合同管理办法》，约束的主体是国家体育总局及总局直属单位和以总局为业务主管单位的全国性体育协会的合同管理工作。该管理办法分为总则、合同的管理，合同的内容，合同的订立、履行、变更和解除，特殊合同，责任追究，附则七章，还对该文件作出了有效期限 5 年的明确规定。其中涉及运动员商业开发的第 33 条第 1 款规定运动员、教练员进入各类国家（集训）队应当与训练管理单位签订运动员、教练员入队协议，约定各方权利义务。该条第 2 款第 2 项规定，运动员、教练员入队协议应当包括运动员、教练员同意将自己国家（集训）队运动员、教练员名义的肖像使用权让渡给所在训练管理单位用于集体商业开发。此文件首次明确了国家体育总局对于运动员无形资产开发的态度，确立了以合同为准明确双方权利义务的宗旨。只是该文件为部门规范性文件，效力待提高，关于合同管理的内容也有待进一步细化。

我国的职业体育仍处于稳步发展阶段，基于现有的制度条件和经济条件去效仿已经发展得非常成熟与完善、俱乐部实力强大的外国职业体育联赛如 NBA、英超等，必然会有很多“水土不服”的地方，国外的职业体育运营经验对于我国的参考价值有待进一步论证。但是,向职业体育转型并壮大职业体育的力量已经成为我国目前体育改革的目标,体育资源配置的市场机制在逐步完善,因此国外的先进运动员形象开发经验对于我国体育事业的管理以及体育产业的发展还是有一定程度的借鉴价值。

四、规范合同管理

1. 保障运动员基本权利、公开合同审批标准

英超标准球员合同(FAPL)规定球员可以在遵守《足球联盟规则》"不给联盟造成消极影响"的前提下保留自行签约的权利,以负责任的方式将自己的形象公之于众。在条件允许的情况下,球员应该履行给予俱乐部合理通知的义务,告知俱乐部其公开使用形象的意图,以便允许他作出代表俱乐部的行为。① 美国国家单项体育协会对于运动员形象权益开发所规定的限制恰恰与我国形成相反之势,我国是对运动员使用自己形象权益的行为有诸多制约,而美国是对协会的使用行为施加了各种束缚。以美国国家篮球队为例,美国国家篮球队要将队员的形象用于商业活动的时候必须征得球员的同意并签订授权书,根据以往授权书版本的规定,除一些特殊奖品外,美国篮协的赞助商只能在"团队的"前提下使用球员特征(每项物品上至少要显示球队5名队员的特征),条款中对于"奖品"的范围、②"团队使用"的具体情形都有细致而明确的界定。

---

① Blackshaw Ian S. & Siekmann R., *Sports Image Rights in Europe*, TMC Asser Press, 2005, p. 338.

② 参见郑李茹、田学礼:《我国国家队运动员无形资产开发权问题研究》,载《南京体育学院学报(社会科学版)》2009年第5期。《美国"梦之队"队员和美国篮协的有关商业授权书》中规定:"本合约中的奖品是指任何带有美国篮球协会标志或个人球员特征的产品,并将以赠送的方式派发或者大幅低于普通销售价的价格出售,旨在增加一产品或服务影响力或对其进行宣传。"

赞助商可以播出电视广告(包含或不包含产品照片)来展示或描述球队中至少5名队员,前提是不含任何产品搭配(球员和产品的直接接触),而且赞助商的名称不能和任一球员或几个球员同时提及。从这些条款可以看出美国国家篮球队员拥有自己形象权益的主动权和话语权。

以中国篮协2006年发布的《中国篮球协会注册运动员商业权利管理办法》的运动员形象管理办法为例,其中规定中国篮协在全球范围内对运动员集体特征享有独家所有权、管理权和使用权,并可授权他人使用。使用范围包括但不限于公关、宣传、推广、市场开拓、包装、销售等;不仅如此,中国篮协授权俱乐部享有其所属运动员集体特征的管理权和使用权,以及除国家队运动员以外的俱乐部注册运动员的球员特征的管理权和使用权;使用范围仅限于俱乐部的各类公共关系和市场开拓活动。彼时中国篮协尚未试行“脱行政化”改革,其性质并非独立的社团法人,故这套管理办法仍然具有行政规范性文件的拘束效力,我国体育行政部门不仅控制了运动员集体形象的所有、管理和使用权,还将非国家队运动员的集体以及个人形象管理、使用权都授予了运动员所属的俱乐部。这是一种在双方当事人签订工作合同之前就已经通过强制性规定实质剥夺运动员形象许可使用自由的做法。

就球队俱乐部和运动管理中心而言,运动员形象许可使用合同的审批规则制定与审批程序本身就是对于公共利益与个人利益平衡的一种把关。2001年发布的《国家体育总局关于运动项目管理中心工作规范化有关问题的通知》(已废止)明确规定了运动员从事商业性广告活动需要事先通过实质性审查,审查的内容包括商业活动的内容和形式以及收益分配规则。运动员签订形象合同无疑是“从事商业性广告活动”的行为,运动员订立的形象许可使用合同正式生效之前应当“经所属的全国性单项体育协会批准”。

正如本书前文已经论证的,形象权益是一个自然人生而具备的权利,运动员的形象权益也应该是运动员主体受到国家法律保护的一种新型知识产权,不论是从法经济学、劳动财产理论还是自由意志理论的角度出发,形象权益均是运动员自身作为原始主体所享有的民事权利,它的行使所受到的限制都只能来自明确、有效的法律法规的规定。纵使出于对体育行业自治的特殊性考虑,过度限制运动员的形象权益行使自由依然是以行政手段剥夺民事权利的侵权行为,同样不符合我国目前发展体育产业化、职业化和保护体育无形资产的政策与目标。所以,应该借全国性单项体育协会“去行政化”改革之机,在保证国家收回投资成本和整体利益的前提下,将形象权益行使自由“归还”运动员本人,通过许可合同的方式获得管理权、使用权,同时建立健全运动员形象权益交易的市场机制和经纪人制度,而不是以“家长制”的方式剥夺运动员正当权利。

2. 细化运动员形象权益利用方式

运动员形象权益商业利用方式随着市场经济的发展进一步多样化,采用不同的方式开发运动员形象权益会导致不同的权利归属与控制结果,这一点在运动员工作合同的形象权益条款中也有明确的体现。英超标准球员合同、美国足联统一球员协议的形象权益使用条款、欧洲篮联球员标准合同就是典型的例子。英超标准球员合同第 14 条被视为 2003 年英超调整球员标准合同形象权益条款前唯一一条关于形象权益的规定,其具体内容为:球员作为球队成员之一和俱乐部员工,必须参与俱乐部的官方照片拍摄。如今的英超标准合同要求俱乐部与球员之间在协调球员所担负的推广和宣传义务基础上彼此妥协与配合。就球员而言,该条内容可以归纳为积极义务与消极义务两个方面,积极义务包括:(1)球员有义务参加“俱乐部或者俱乐部赞助商、合作伙伴,或者联盟,或者任何联盟的主要赞助商要求的任何以商业推广为目的的活动。对于获得了俱乐部官方授权的媒体活动,具体内容包括但不限于到场、接受采访以及拍照等”,同时俱乐部不能据此推断其获得了球员对任何其他事项的授权。此外,该条还具体到球员应该预留出每星期不超过6小时的时间完成俱乐部的公共活动要求,其中的一半时间应该用于参加俱乐部的商业宣传与推广活动。(2)在合同存续期间,球员必须穿着经俱乐部同意或授权的服饰,但是不阻止球员穿着球鞋为球鞋做宣传,守门员球员有权自由选择其使用的手套。

消极义务即意味着对特定行为的禁止,包括:(1)除了球员在签订合同之前就已经身负的合同义务,或者球员所承担的来自国家足球协会UEFA或者FIFA相关的国际义务以外,在合同有效期内不可未经俱乐部书面同意与俱乐部、俱乐部两个主要的合作伙伴或者任何一个联盟(俱乐部当下赛季所属的足球联盟)主要赞助商的利益相冲突地开发与利用自己的形象权益。(2)球员不能以自己的名义或者授权第三方在俱乐部合同有效期间参加商业推广活动与开发形象权益。

从根据不同宣传手段来区分形象权益使用许可获取方式这个方面来看,运动员形象权益利用方式也有明显的进步。美国足球联盟与美国国家球员工会之间达成的《统一球员协议》(uniform player agreement,UPA)中第6条将对球员形象的使用分成了两类:第一类,非现场型(non－Spot),包括非商业视频与平面创意广告;第二类,现场型(Spot),包括在所有媒体平台上进行广播、传播或者发布商业视频。这两种不同的形象利用方式,需要履行不同的授权许可程序:如果美足联的赞助商或者合作伙伴在第一种情况下利用6名及以上任何国家队球员的形象,则美足联可以要求赞助商或者合作伙伴为球员提供一定的赞助,但是这种要求对于赞助商与合作伙伴来说没有强制力;如果在第二种情况下,美足联则有义务提供视频的复制品给球员工会以寻求工会的授权许可。①

此外,联盟标准合同对于球员形象利用方式的规定还在不断地细化,如在对运动员拍摄照片和视频的时间安排方面,《欧洲篮球联盟2016—2017赛季的球员、教练参赛合同》中明确规定了负责管理欧洲篮球联赛的公司及其赞助商有权对球员拍摄照片和视频,不论是比赛场上,还是练习期间,包括热身阶段、往返更衣室的过程,或者休息期间,总之在参加比赛期间,不论是针对球员一个人还是与其他球员一起,赛事管理公司对所拍摄的照片和视频都享有所有权。制定参赛合同的一方还考虑了不同法域对形象权益(或者权利)性质存在不同认定结果的可能,要求俱乐部和球员有义务配合欧洲篮球联赛管理公司按照当地法律规定所需要的手续取得球员的形象开发权。

在我国现阶段的实践中,职业体育领域对于球员形象商业价值开发的管理已经有了长足的发展,这一趋势明确地体现于联赛球员的工作合同模板中。这类合同条款中对于形象权益利用的理解与"商业开发"的内涵趋于等同,即使用运动员的肖像、姓名、签名及其复制件、声音,以及其他与运动员人格和身份有关的各种标识所进行的商业推广和宣传等活动,包括拍摄广告,制作各种电视

① 美国足球联盟与美国国家球员工会之间达成的《统一球员协议》第6条规定,"Spot"即指商业视频,包括待播放或者待传播或者在任何媒体上待发布的视频,包括电视媒体。

节目和录音节目，制作或出版各种图书及音像制品，出席现场活动等。以中国篮协为例，要求运动员须参加中国篮协安排的联赛相关商业性赛事（每年不超过6场）和由3名（含）以上俱乐部运动员出席的赞助商推广活动（每年不超过6次），并无偿参加中国篮协和联赛的官方活动、公益性活动及宣传推广活动。[①] 除此之外，在《2019—2020赛季CBA联赛商务推广工作规定》中还明确了俱乐部（包括球员、教练组成员及工作人员）及赛区有责任维护联赛赞助商权益，俱乐部及赛区无论赛场内外不得发表诋毁、侮辱联赛赞助商的言论；不得在公开场合宣传和展示联赛赞助商竞争品牌，包括但不限于标识、广告语和吉祥物；也不得帮助或允许任何第三方进行隐性营销。球员不得以联赛球员身份（身着赞助商提供的装备或自称是联赛球员）擅自接受联赛赞助商竞争品牌的采访或参加其举办的任何活动。俱乐部不得允许球队成员以集体形式（3人或3人以上）参与联赛赞助商竞争品牌的宣传或活动（包括但不限于训练营、发布会、新店开张等）。虽然职业联赛的球员标准合同已经充分反映了我国职业体育领域运动员形象商业开发的发展，尤其是在普通球员与精英球员的差异化处理方面，但整体而言，合

---

① 《2019—2020赛季CBA联赛商务推广工作规定》第6条“保护赞助商权益”中关于“参加联赛赞助商活动和广告拍摄规定”的条款中明确写道：“1. 俱乐部及联赛球员应在不影响正常比赛和训练的前提下，积极参加联赛赞助商组织的公关/商业活动和广告拍摄。2. 联赛公司设立专项资金，向俱乐部购买球员出席赞助商广告拍摄及活动两项服务。3. 派遣球员要求及基础人次数量。（1）派遣球员要求。每赛季请各俱乐部安排主力球员（技术统计数据排名前5，不含外援）参加赞助商组织的公关/商业活动或电视及平面广告拍摄。（2）基础人次数量。每年（包括联赛和非联赛期间）各俱乐部基础人次数量为电视及平面广告拍摄6人次、公关/商业活动8人次；每名球员参加电视及平面广告拍摄和公关/商业活动原则上合计不超过5次。如超出，需征得俱乐部和球员同意。4. 俱乐部及联赛球员受邀参加上述活动和电视及平面广告拍摄的交通和食宿费用由活动方承担。”

同条款对于形象开发利用形式规定的精细程度仍有细化的空间。

与职业运动员相比,专业运动员或者说国家队运动员的形象商业开发问题则更为复杂,如前所述,这种复杂性主要源自培养机制的特殊性与利益主体的多元性。除订立书面合同这种形式性要求外,体育管理部门或者体育组织还可以进一步对形象权益合同的具体内容提出实质性要求或给出指导性意见。比如,规定运动员或者其授权的经纪人签订的形象权益商业开发合同中必须明确地约定开发方式、开发的范围以及开发所得利益的分配;运动员的消极义务与积极义务,包括运动员在什么条件下能够自己或者委托经纪公司开发其自身形象,以及自行开发形象合同的效力与运动队合同效力的位阶、纠纷解决途径等内容。2006 年 78 号《通知》提供的“国家队运动员商业开发合同”模板保留了各下级单位进行补充和变更的权利,虽然仅仅针对国家队运动员,但这种发布关于运动员形象权益合同指导性文件的做法值得赞扬。现行的规范性文件仍旧停留于规定各单位应“组织”运动员、教练员和管理人员“学习、宣传合同管理的意义和内容”“讲解合同文本中具体条款的含义”等内容,这些规定缺乏可执行性和操作性。形象权益相关规定不应该仅仅针对国家队运动员,而应该适用于所有的运动员,因为形象权益是自然人主体享有的私权,只能通过合同授权的方式流转。各单位应该根据项目的自身情况,配合体育行政规章中的规定,就运动员形象的使用范围、利用方式、酬劳以及酬劳支付方式等内容作出符合各方利益的约定,尤其在处理国家队运动员的相关事宜时要兼顾我国举国体制的背景与市场体制的转型趋向。在职业体育场景中则应适当克制非市场因素的干扰,争取实现资源的市场化配置,以适应体育产业化长期发展的需求。

五、坚持过罚相当的比例原则

从柏拉图的“官吏服从法律”的法治观，到亚里士多德的“普遍服从良法”的法治标准，再到西塞罗的“执政官是会说话的法律”，其中无不蕴含着控权的理念，即行政权从属于法律，受法律的控制。拥有强制性处罚权的体育管理机构跟行政机关一样，也会滥用权力，对它们掌握的权力同样需要加以限制。① 基于此理解，在运动员形象商业开发规范中适用比例原则的第一层含义是按照投入的多少来分配利益，第二层含义是按照行为的性质与严重程度作出对运动员的处罚。为了实现第一层含义中的体育基本秩序，当然要严格按照运动员成绩资产或者形象价值的投资来确定回报，这也是市场底层的规则，只有如此才能给各方提供动力；同时，罚则是维护秩序的重要手段，但如何罚，罚什么必须有理有据。例如，对违反赛场穿着服装规定的行为给予禁赛处罚，被认为是超出了比例原则的，不符合对于过罚相当的理解。2020 年 11 月新闻报道 CBA 对一众球员开出“巨额”罚单，引起网民争议，根据 CBA 给各俱乐部和球员下发的官方内部文件可以看到，这些球员因为未按规定穿着联赛官方赞助品牌指定装备而遭到罚款。② 据悉，所有罚款必须在规定时间如期缴纳，否则将遭到停赛处罚。根据联赛手册，对于违规穿着竞品服装的行为，第一次就处以通报批评，罚款 50 万元人民币。这是 CBA 专门针对联赛官方赞助商权益的“重拳”保护措施，为了安抚被“惹怒”而核减赞助经费的官方赞助

① 参见宋雅馨：《论“一事不再罚原则”在兴奋剂处罚中的适用》，湘潭大学 2015 年硕士学位论文，第 33 页。

② 参见贾磊：《482 万，CBA 巨额罚单争议的背后》，载腾讯网，https://new.qq.com/rain/a/20201108A0B8BX00。

商,CBA 不但将处罚条款升级,还对每一项违规行为作出了严格的限定。

中国男子篮球职业联赛作为国内运营成熟度走在前列的联赛,从规范人员穿戴的规则演变中就能看出进步的轨迹。2008—2009 赛季颁布的《中国男子篮球职业联赛纪律处罚规定》第三章第 8 条规定,在赛前联席会、赛前训练、赛后新闻发布会等公开正式场合中未按要求穿着指定装备的,处以警告和通报批评的处罚;经警告和通报批评后仍不改正再次出现违反,每次处以罚款 5 万元和追加停赛 5 场的处罚。第 9 条规定,联赛期间,比赛中(包括赛前热身)第一次出现着装(包括鞋)违反联赛规定并不听劝告、拒不改正者,处以警告、罚款 2 万元的处罚;累计出现第二次违反,处以通报批评、罚款 5 万元和追加停赛 10 场的处罚;累计出现第三次违反,处以取消本赛季参赛资格的处罚。经过 10 年的发展,2019—2020 赛季《中国男子篮球职业联赛纪律准则》的相关规定进一步细化,第二章第四节第 32 条规定,赛季期间,运动员、教练组成员如发生违规行为涉及联赛赞助商的,纪律部门有权依据第 116 条进行处罚。第 33 条规定,比赛期间,运动员因比赛服丢失、忘记携带等原因穿着不规范或涂改的比赛服,或与全队其他队友的服装颜色、款式或长短不统一,纪律部门有权对其处以:1. 对于第一次违规,处以通报批评罚款 20,000 元;2. 对于第二次违规,则处以罚款 50,000 元;3. 对于第三次及以上违规,则自第三次起,对其处以罚款 100,000 元(当在单赛季中累计处罚超过 500,000 元后,如再次出现违规情况,则该运动员将被立刻驱逐出该场比赛,并不得停留在比赛场地);4. 在出现上述违规行为时,纪律部门同时有权对当事人所属俱乐部在相应处罚金额范围内核减联赛经费或罚款。可见这些年来,CBA 逐步形成了一套完整的市场规则,市场力量在该联赛的运作中起到关键的作用，而合同是各方权益的基本保障，唯有遵守契约精神才能维持联赛运行的秩序，获得可持续发展，纵观全球任何一个知名联赛体系，无一不是如此。李宁公司在 2017 年与 CBA 公司签订了 5 年 10 亿元的赞助合同，在当时业界看来是豪掷千金之举，李宁作为赞助商，对于人员穿戴要求，已经明明白白地写进了合同里，CBA 作为合同签署方有义务将条款内容落实到自己的管理规定中并严格执行，否则是对赞助商权益与合同秩序的违反，应当按照违约条款付出代价。

六、发展运动员权益诉求统一表达平台与体育经纪业

1. 发展运动员权益诉求统一表达平台

在美国，运动员并不依附于谁，他们的人力资本产权清晰、完全地属于自己，一旦出现劳资纠纷问题，可以通过运动员权益诉求统一表达机制得以处理。美国的运动员权益诉求统一表达机制主要表现为一套完整的工会制度，以此帮助运动员获得合理期待。以北美几大体育联盟为例，工会和资方代表就劳资双方各自的权利和义务、利益分配等方面的分歧进行谈判，工会代表运动员整体在集体谈判中发挥了重要作用。①

各国内部以及各地区的运动员协会与工会组织谈判往往受到体育界乃至全社会的关注，例如，NBA 的谈判成果就集中体现于集体劳动合同之中，成为体育新闻媒体的头条。随着运动员主张形象权的意识不断提高以及运动员协会之间的联系与合作加强，运动员形象权益的保障与实现得到进一步的巩固。国际职业足球运

① 参见陆广等：《我国职业运动员工会之法律体系构建：域外经验与本土实践》，载《武汉体育学院学报》2019 年第 7 期。

动员联盟(FIFPro)作为世界范围内所有足球运动员的代表组织,拥有约50个职业足球运动员协会会员。该组织自博斯曼案之后话语权不断加强,成为足球运动员与国际足联谈判的代表,促成了2001年国际足联《球员身份与转会规则》的修改。[①] 随着运动员工会联合力量的加强,FIFPro欧洲分会与欧洲足联(UEFA)于2012年达成了《球员雇佣合同标准协议》,该标准协议第6条专门针对球员的形象权规定"俱乐部与球员必须就如何开发球员形象权达成协议;在不与俱乐部赞助商以及合作伙伴利益相冲突的情况下,鼓励以球员独立开发其形象权为原则,同时俱乐部可以保留以集体为单位开发球员形象权的权利"[②]。2013年,欧盟运动员协会(EU Athletes)受欧盟委员会资助发布了《职业运动员工作情况分析报告》,其中提到了欧洲运动员对于形象权保护的怀疑,他们苦于运动员的赛场表现既不能构成版权法保护的"作品",也不能成为邻接权法所保护的"表演",在现有的知识产权法体系中找不到针对运动员劳动的保护依据。职业运动员对此表示强烈不满,认为基于运动员对于比赛的重要性,他们也应该得到一种特殊的保护。对于这种保护的水平运动员有明确的期待,即不仅要能够支持他们对未经许可使用其形象的侵权行为主张权利,还应能成为他们跟雇主或者媒体签订合同时的筹码。运动员形象的实质性经济回报仅仅是针对极少数知名度非常高的运动员而言的,对于大

---

① 参见[日]山崎卓也、姜熙:《运动员与球员组织的全球化发展趋势——以国际职业足球运动员联盟(FIFPro)为例》,载《体育科研》2013年第6期。

② *Memorandum of Understanding between the Union des Associations Européennes de Football and Federation Internationale des Associations de Footballeurs Professionnels*, *UEFA*, https://www.uefa.com/MultimediaFiles/Download/EuroExperience/uefaorg/Players%27unions/01/78/06/85/1780685_DOWNLOAD.pdf.

多数的运动员都是意义不大的，而且形象权协议还经常被俱乐部用以克扣运动员的社会保险福利，降低税收开支。[①] 在2014年欧盟委员会委托荷兰阿瑟国际体育法研究中心撰写的调研报告中更明确地道出了运动员的诉求："如果新创设了体育组织所享有的任何权利，不论是对于体育赛事的商业开发还是体育赌博的合法化，都应该相对应地创设运动员所享有的权利。"[②]2017年12月，世界运动员联盟（The World Players Association）作为世界上运动员维权工作成果突出的全球性组织，发布了旨在保护全球范围内运动员人权的综合性文件——《世界运动员权利宣言》（the Universal Declaration of Player Rights）。该宣言中明确提出的17项原则中就包含了关于"每一位运动员有权保护其姓名、肖像以及赛场表现。运动员的姓名、肖像及赛场表现只有在经过其本人自愿同意的情况下才能进行商业性利用"[③]的规定，这一现象足以证明运动员形象利益侵害已经成为跨越国界的现实难题。

欧美的俱乐部以及体育联盟都是自主经营的独立经济实体，联盟作为各个俱乐部共同利益的代表机构要争取实现各方利益的平衡，而俱乐部则追求自身利益的最大化与成本的最小化。在这

---

① EU Athletes and UNI Sport Pro., An analysis of the working conditions of professional sports players, EU Atheles, http://www. euathletes. org/wp - content/uploads/2017/06/2013 - UNI - An - Analysis - of - Working - Conditions - of - Professional - Sports - Plyers - ilovepdf - compressed - 1. pdf.

② Ben Van Rompuy & Thomas Margoni, *Study on Sports Organisers' Rights in the European Union*, SSRN (Jun. 18, 2014), http://ec. europa. eu/assets/eac/sport/news/2014/docs/study - sor2014 - executive - summary - gc - compatible_en. pdf.

③ Universal Declaraton of Player Rights, NHLPA, https://www. nhlpa. com/the - pa/pa - programs - and - partnerships/universal - declaration - of - player - rights #: ~ : text = Every% 20player% 20has% 20the% 20right% 20to% 20a% 20sporting, in% 20or% 20affected% 20by% 20sport% 2C% 20including% 20the% 20player.

种充分市场化了的机制之下，在工作合同或者与俱乐部、联盟签订的单独形象权益合同中，运动员作为重要的资源有了为自身形象价值谈判的资本和可能，因为集体协议都是由球员工会代表球员的利益与联盟谈判确定的，自然体现了球员的诉求，要求形象权益商业开发权利的部分保留和形象使用方式的细化，就是球员集体声音的体现，就是双方妥协的结果。我国的体育协会主要是行政性的职能部门，管理模式也是自上而下的，这样更容易以行政性的命令代替合同的约定，导致运动员处于弱势的地位。在职业运动员与俱乐部的雇佣关系中，运动员以自己的运动才能获取报酬，运动员作为劳动者自然与其他行业的劳动者一样享有这种法律赋予的通过团结以改变自身弱者地位的结社权利。[①] 运动员形象权益的利益需求可以项目为单位，通过发展运动员职业联盟、协会等社会组织，使它们成为运动员权益诉求集中表达的平台。而目前我国的现实情况是，代表运动员集体发声的组织发展迟缓，职业体育领域又尚未形成如球员集体协议那般成熟的机制，运动员的声音可能被掩盖，因此研制诸如“三方机制”等中国特色的运动员权益诉求集中、统一表达的平台与机制，成为保障运动员权益落实的当务之急。

2. 发展运动员体育经纪业

2006 年，体育经纪公司（人）成为连接体育产业上游和下游之间的纽带，国家人力资源和社会保障部将体育经纪人纳入新的国家职业分类体系。有数据统计显示，我国专职运动员与专业体育经纪人之比不足 3000∶1，虽然通过对某些数据公司的数据和公开

① 参见姜熙、谭小勇：《我国建立职业运动员工会的法律思考》，载《天津体育学院学报》2011 年第 2 期。

数据进行整理发现,2015 年至 2021 年运动员的商业代言数量呈持续走高态势,[①]但体育经纪人才仍然匮乏。这一方面源于我国专业运动员的体制内身份在商业开发中受到限制,另一方面源于我国职业体育的发展进程确实相对缓慢且覆盖的运动项目范围也较小。代理运动员无形资产的经营和运动员表演是运动员经纪人工作的重要组成部分,就职业技能方面而言,体育经纪人必须具备的基本知识包括法律、业务、形象包装、理财和外语等,在美国等体育经纪人制度历史悠久、发展成熟的国家,联邦与州立法中关于体育经纪人的资格、经纪合同、权利义务、体育经纪争端解决等问题的规定随着实践的发展而逐步细化,同时职业联盟运动员工会为保障运动员的利益也设置了专门的详细规则对参与本职业联盟经纪活动的经纪人进行规范。[②]

目前,我国体育经纪业还处于初始的发展阶段,国内一些优秀的运动员在代言、转会及谈判过程中都是依靠亲戚、朋友,运动员经纪业务领域开展渠道狭窄。随着我国体育产业政策的出台,我国体育产业发展逐渐进入快车道,体育经纪市场已逐步成为我国体育产业发展中的一个重要内容。尤其是近几年随着我国大型体育赛事的成功举办,体育经纪组织的规模日益扩大,经纪业务范围逐步拓宽,故此我国有必要推动运动员经纪业务向专业化、规范化方向发展,通过法律法规来鼓励、倡导体育经纪人行业的发展,同时保障运动员的相关权利。

---

① 参见乐琰等:《揭秘奥运明星的商业版图》,载《第一财经日报》2022 年 2 月 16 日,A09 版。

② 参见周青山:《职业体育经纪人法律制度的美国经验与中国前景》,载《体育成人教育学刊》2020 年第 5 期。

小　结

我国运动员形象权益保护机制的完善既需要汲取域外法律法规共同智慧的结晶，也需要分析国内的实际情况、回应切实的诉求。法国和西班牙体育商业化发达，因此，运动员形象利益备受重视。无论是在立法层面还是在运动员自律组织层面，这些国家都致力于通过规范化来保障运动员形象权益的实现，并在立法路径与具体规则方面都形成了可供参考的经验。

我国运动员形象权益的行使现状有其时代烙印与本土特色，既受到行政主导传统的深刻影响，又体现了长期以来运动员形象商业开发意识的不足，还暴露了内部利益分配机制的不完善。具体而言，在体制与管理模式上，政府在体育事业发展过程中扮演的角色决定了运动员人力资本产权的边界，也决定了国家利益与集体利益长期以来占主导地位。在观念层面，运动员形象开发、利用和保护观念长期以来较为保守，运动员对于形象资产的开发意识不足，处于比较被动的地位。在形象商业开发利益分配规则层面，目前的运动员商业开发内部利益分配机制虽体现了各主体对于运动员形象商业价值的客观贡献，但也存在受行政力量过度干预而未充分顾及运动员自身努力因素的情况。

2022 年修订的《体育法》虽强化了对于运动员权利的规定，但尚未明确运动员形象商业开发权益管理的基本原则，目前仍然是由暂行 5 年的部门规范性文件作出原则性的调整。《民法典》人格权编为运动员形象的商业性利用提供了正式的法律依据，但鉴于体育领域的自治性与封闭性，一般性民事规则与行业的特殊情况产生了价值取向上的偏离，运动员这类主体的权益行使还需要落实到体育行业内部的规范中。鉴于此，针对我国运动员形象商业开发的现状，有必要采取一系列具体措施构建权益保护机制：第一，深化体育领域“放管服”改革，调整政府体育主管部门管理职能的重心、管理的价值取向、管理的权限，以使竞技体育的发展方向、服务对象、发展路径更加符合竞技体育发展的内在要求与规律。第二，加强相关规则的体系性，在国务院与国家体育总局制定的行政规章、规范性文件中增加针对运动员的商业开发的实施细则，着重关注规则之间的体系性与配套性，以免出现上下位规则的冲突。第三，创新收益分配机制，尊重市场力量在体育明星形象收益中的分配作用，可以通过建立市场竞争环境，针对不同专业运动员的培养模式，根据一定原则去权衡他们的利润分配方式，制定不同的分配标准。第四，政府和行业协会可以通过监管和制定行业规范来确保市场秩序和竞争公平，规范合同管理。为了保障国家与集体的利益，政府和行业协会可以保留运动员形象合同审查机制，但是必须明确公布审查的标准；同时，细化运动员形象权益利用方式的有关规定与约定，尤其要在职业体育领域争取实现资源的市场化配置，以适应体育产业化长期发展的需求。第五，坚持过罚相当的比例原则，对于破坏赞助市场与管理秩序的行为给予符合比例原则的处罚，做到过罚相当。第六，发展体育经纪业，发展运动员权益诉求统一表达平台，让作为弱势群体的运动员，可以通过稳定而畅通的渠道在集体谈判、规章制定时表达其形象权的利益需求。扩大体育经纪组织的规模，拓宽经纪业务范围，推动运动员经纪业务向专业化、规范化发展。

结　语

在全民健身的时代，人人都可以成为运动员。运动员，已经成为一个场景化的概念，不同的研究领域与研究范围可作不同的理解，这一点需要先行明确。职业运动员是指通过市场机制运作，进行培养训练，加入职业体育俱乐部，参加职业联赛的运动员；专业运动员是代表国家或地方参赛，获取比赛成绩，为国家或地方争取荣誉的我国特有职业群体，参赛的最终目的是获取社会效益。职业运动员、专业运动员、业余运动员，或者是现役运动员、退役运动员皆为自然人，其形象作为人格要素都是受到《民法典》保护的，虽因身份差异而身系不同的合同关系，受到不同程度的权利行使约束，但并未从根本上否认他们在法律层面所享有的基本权利。在合法限度内的合同关系给形象开发带来的约束是当事人意思自治的体现，是当事人处分自身权利的一种方式。本书所指的“运动员”即包括所有上述类型的运动员，而非专门指代其中的某一种。

形象，是指能够引起人的情感活动或者思想的具体或者模糊的外部特征或者状态。体育运动员由于其形象象征的努力拼搏的正面形象，对于消费者有异常强大的吸引力，其姓名、肖像、声音、动作等形象要素标识既指代运动员本人，还能指代其职业技能、水平甚至职业道德，如刘翔速度、姚明高度、女排精神等。对于运动员形象要素的界定不能再满足于列举式的方式，而应转变为列举式加概括式或者直接用概括式的方式，这样才能适应社会生活的发展。

关于运动员形象的法律保护，世界不同国家、地区采用了不同的路径，这些保护方法可以大致分为三类，第一类是知识产权路径，即通过既有的著作权法、商标法以及反不正当竞争法为符合这些法律适用要求的运动员形象提供保护。第二类是发展出一项独立的权利制度，将人格的经济利益与精神利益剥离，典型的代表就是美国建立的"公开权"制度。第三类是如德国、法国等成文法系国家通过扩张解释传统的人格权法而发展出了人格要素商业化利用理论，坚持在人格权制度的理论框架之内解决自然人的形象商业价值保护问题，这也是我国《民法典》所采用的方式。《民法典》对肖像、姓名保护客体的扩张意味着运动员形象的具体内涵不仅指传统的肖像、姓名，一切"可辨别为特定人的外在因素"包括声音、生平简历或个人数据等要素都是人格权的保护对象。《民法典》人格权编的出台改变了之前运动员形象利益无明确法律保护的状态，搭建起了人格要素经济利益保护的基本框架，并就权益的行使作出了原则性的规定，这对于我国体育领域完善运动员形象商业开发制度有重要意义。

《民法典》主要从以下几个方面进行了规定：

第一，对形象要素的内涵作出了全面的扩张。运动员形象不仅包括肖像和姓名等，还包括运动员在比赛场上的一些极具个人识别性的特征，如球衣号码、标志性动作，甚至赛车选手的标志性赛车，都是运动员形象的构成要素，《民法典》对于人格权客体规定的扩张化解了适用肖像权和姓名权等传统人格权规定会遇到的尴尬。其对自然人肖像、姓名内涵与外延之扩展,可以抽象出两个关键要件:其一,属于外部特征或者状态;其二,能够据之识别特定人的身份,为今后实践中的新发展保留了空间。

第二,《民法典》将人格经济利益纳入人格权体系内这一立法选择解决了以往法律适用遭遇的困境。在我国的司法实践中,运动员形象要素中争议最多的肖像与姓名要素,一般由当事人提起人格权(包括肖像权、姓名权)之诉予以解决,遇到通过传统的肖像权、姓名权以及商标权不能解决的纠纷,当事人和法院通常转向《反不正当竞争法》来寻求法律救济。《民法典》实施后,运动员形象经济权益是根据人格权编由运动员作为权利主体所享有的权益,任何人都不得侵犯。

第三,根据《民法典》的规定,运动员可以将自己的姓名、名称、肖像等凡是能够脱离权利人本身而独立存在,能够产生声誉和吸引力,具有相当的市场价值,经过使用能够获得经济利益属性的人格要素许可给其他主体使用。依据法律规定或者根据其性质不得许可的除外。由此肯定了运动员对其人格标识享有的支配性权利。合同或者协议条款是运动员形象开发确定权利与义务的基本工具,运动员的形象商业开发按照利用的模式来划分,主要分为工作合同环境下与工作合同环境外两种方式,运动员形象权益行使的特殊性主要表现于工作合同环境下。在形象商品化现象逐渐兴起的过程中,运动员形象的价值背后关联的经济利益迅速膨胀,形象开发从合同中的一个条款发展为独立的合同,体现了其在体育行业中地位的提升。《民法典》进一步明确了人格要素许可使用合同解除权与合同解释原则的规定,确立了对人格权利主体基本权利的保护偏向,成为我国运动员形象许可使用合同所需遵守的一般规定。除此之外,《民法典》人格权编关于人格要素的合理使用制度也成为运动员形象许可使用的限制。

第四,《民法典》对侵害人格权经济利益的行为明确了损害赔偿数额的标准,这使今后我国运动员遭遇形象侵权时不再只能主张精神损害赔偿,而是可以根据其形象的许可使用市场价值获得补偿。体育自治权产生于体育活动参与成员的权利让渡和自愿认可,该理论构成了本书运动员形象权益行使受到限制的正当性基础之一。体育自治权是典型的集体权利,与个人权利之间存在天然的对立性与冲突性。体育行业中一系列的自治性规则与合同,在很大程度上约束了运动员本人行使其形象专有权。其中规则制定权、比赛组织管理权与监督权与运动员形象专有权使用范围直接相关。

侵犯形象权益的行为,是指未经授权,又无法律许可,擅自对他人形象进行商业化利用的行为。根据《民法典》以及我国司法实践的一贯做法,运动员形象侵权行为的构成有四个要件:违法行为、损害事实、违法行为与损害事实之间的因果关系、违法行为人主观上的过错。我国现行立法对侵害人格权的民事责任承担规定了多元化的形式,针对人格要素经济利益的侵害,权利人通常主张的责任形式是停止侵害与损害赔偿,部分情况下还包括了赔礼道歉的责任承担方式。运动员对形象权益的行使是运动员通过各种方式将自己的形象在商业活动中加以利用,实现经济利益的过程,运动员形象权益的实现与运动项目之间有着重要的依赖关系。

在我国,竞技体育领域的运动员形象权益行使受到了运动员传统培养模式的深刻影响。由于我国的体育组织与行政管理部门长期实行“两块牌子、一套人马”的运行模式,对于运动员形象商业开发的管理也表现出明显的行政性。因此,为了保障运动员形象权益的实现,除了《民法典》这个"一般法"规则体系外,还应不断整合和完善我国体育法规中的相关规定,在其中加入对运动员形象权益的基本规定,创新收益分配机制;在体育管理人员队伍中树立以合同约定运动员形象许可使用行为的理念,以"治理"取代"管理"。对于运动员与第三人签订的形象商业开发合同,审批与监督机制要透明化,标准要公开化。另外,我国运动员与体育组织之间就运动员形象权益商业开发权问题已经有了无法回避的冲突和矛盾,需要构建我国运动员稳定的权益诉求集中表达机制与平台,保障运动员作为弱势群体的需求能够顺畅表达。同时扩大体育经纪组织的规模,拓宽经纪业务范围,推动运动员经纪业务向专业化、规范化方向发展。

在运动员形象权益纠纷的解决方面,还需要区分职业运动员与专业运动员,职业运动员形象利益的争议可以通过事前合意诉诸一般的仲裁纠纷机构,而专业运动员培养机制特殊,行政主导性强,运动员形象权益的行使打着"体育自治"的烙印,对仲裁员的专业背景要求较高。我国体育仲裁机构的建立为运动员解决形象财产权益纠纷提供了新的选项。鉴于运动员培养机制与权益保障的特殊性,我国体育仲裁与国际接轨的必要性以及体育仲裁自身的专业性优势等各种原因,对《体育法》第 92 条进行扩张解释,将运动员的形象财产权益纠纷纳入体育仲裁机构的受案范围,有利于妥善处理体育仲裁与公民诉讼权之间的关系,落实《体育法》关于体育仲裁规定的客观要求。

参考文献

一、中文著作类

[1]程合红:《商事人格权论:人格权的经济利益内涵及其实现与保护》,中国人民大学出版社 2002 年版。

[2]高雪峰主编:《中国竞技体育管理变革之路》,人民体育出版社 2007 年版。

[3]郭瑜:《个人数据保护法研究》,北京大学出版社 2012 年版。

[4]韩勇主编:《体育法学》,高等教育出版社 2022 年版。

[5]何敏:《知识产权基本理论》,法律出版社 2011 年版。

[6]洪伟等:《人格商业化利用的法律规制》,浙江工商大学出版社 2016 年版。

[7]黄晖编:《郑成思知识产权文集:商标和反不正当竞争卷》,知识产权出版社 2017 年版。

[8]霍伟岸:《洛克权利理论研究》,法律出版社 2011 年版。

[9]孔令杰:《个人资料隐私的法律保护》,武汉大学出版社 2009 年版。

[10]李琛:《论知识产权法的体系化》,北京大学出版社2005年版。

[11]李丹:《公开权比较研究》,时事出版社2016年版。

[12]李明德:《美国知识产权法》,法律出版社2003年版。

[13]李明德:《知识产权法》,法律出版社2008年版。

[14]李霞:《波斯纳:法律的经济分析》,黑龙江大学出版社2009年版。

[15]梁慧星:《民法总论》(第4版),法律出版社2011年版。

[16]刘想树主编:《国际体育仲裁研究》,法律出版社2010年版。

[17]马波:《美国形象权法律制度研究》,知识产权出版社2012年版。

[18]梅夏英:《财产权构造的基础分析》,人民法院出版社2002年版。

[19]南振兴、刘春霖:《知识产权学术前沿问题研究》,中国书籍出版社2003年版。

[20]彭学龙:《商标法的符号学分析》,法律出版社2007年版。

[21]史晋川主编:《法经济学》(第2版),北京大学出版社2014年版。

[22]谭小勇等:《体育法学概论》,法律出版社2014年版。

[23]唐义虎:《知识产权侵权责任研究》,北京大学出版社2015年版。

[24]田思源、孙彩虹:《新时代体育法治建设基本问题研究》,立信会计出版社2018年版。

[25]王利明编:《民法》,中国人民大学出版社2010年版。

[26]王利明、程啸:《中国民法典释评·人格权编》,中国人民

大学出版社 2020 年版。

[27]王利明:《人格权法》(第 2 版),中国人民大学出版社 2016 年版。

[28]王利明:《人格权法》,中国人民大学出版社 2009 年版。

[29]王利明:《人格权重大疑难问题研究》,法律出版社 2019 年版。

[30]王利明主编:《人格权立法的中国思考》,中国人民大学出版社 2020 年版。

[31]王太平:《知识产权客体的理论范畴》,知识产权出版社 2008 年版。

[32]王先林:《竞争法学》(第 2 版),中国人民大学出版社 2015 年版。

[33]王泽鉴:《人格权法》,北京大学出版社 2013 年版。

[34]吴汉东、胡开忠:《无形财产权制度研究》(修订版),法律出版社 2005 年版。

[35]吴汉东:《无形财产权基本问题研究》(第 4 版),中国人民大学出版社 2013 年版。

[36]吴汉东:《知识产权多维度解读》,北京大学出版社 2008 年版。

[37]吴汉东:《知识产权基本问题研究》(第 2 版),中国人民大学出版社 2009 年版。

[38]吴汉东主编:《知识产权法学》(第 6 版),北京大学出版社 2014 年版。

[39]徐瑄:《知识产权的对价理论》,法律出版社 2013 年版。

[40]杨健:《知识产权国际法治问题研究》,法律出版社 2017 年版。

[41]杨立新:《人格权法》,法律出版社2011年版。

[42]杨立新:《人身权法论》(第3版),人民法院出版社2006年版。

[43]杨立新:《物权法》(第5版),中国人民大学出版社2016年版。

[44]于善旭等:《我国体育无形资产法律保护的研究》,北京体育大学出版社2009年版。

[45]张广良:《知识产权侵权民事救济》,法律出版社2003年版。

[46]张红:《民法典人格权编立法论》,法律出版社2020年版。

[47]张民安:《无形人格侵权责任研究》,北京大学出版社2012年版。

[48]张文显主编:《法理学》(第3版),高等教育出版社2003年版。

[49]张志伟:《体育权利问题研究》,中山大学出版社2014年版。

[50]赵宾等:《人格权商品化法律问题研究》,知识产权出版社2009年版。

[51]赵廉慧:《财产权的概念:从契约的视角分析》,知识产权出版社2005年版。

[52]赵宇霆:《无形财产权理论研究》,法律出版社2011年版。

[53]郑成思:《版权法》(修订本),中国人民大学出版1990年版。

[54]郑成思:《知识产权法》,法律出版社1997年版。

[55]周爱光主编:《体育法学概论》,高等教育出版社2015年版。

[56]祝建军:《人格要素标识商业化利用的法律规制》,法律出版社 2009 年版。

二、译著

[1][澳]彼得·德霍斯:《知识财产法哲学》,周林译,商务印书馆 2008 年版。

[2][澳]胡·贝弗利－史密斯:《人格的商业利用》,李志刚、缪因知译,北京大学出版社 2007 年版。

[3][德]黑格尔:《法哲学原理》,杨东柱等译,北京出版社 2007 年版。

[4][德]康德:《法的形而上学原理:权利的科学》,沈叔平译,商务印书馆 2009 年版。

[5][美]E. 博登海默:《法理学:法律哲学与法律方法》,邓正来译,中国政法大学出版社 1999 年版。

[6][美]大卫·弗里德曼:《经济学语境下的法律规则》,杨欣欣译,法律出版社 2004 年版。

[7][美]R. 科斯等:《财产权利与制度变迁——产权学派与新制度学派译文集》,胡庄君等译,上海人民出版社 1994 年版。

[8][美]理查德·A. 波斯纳:《法律的经济分析》(下),蒋兆康译,中国大百科全书出版社 1997 年版。

[9][美]罗伯特·考特、托马斯·尤伦:《法和经济学》(第 6 版),史晋川等译,格致出版社、上海三联书店、上海人民出版社 2012 年版。

[10][美]苏姗·K. 塞尔:《私权、公法:知识产权的全球化》,董刚、周超译,中国人民大学出版社 2008 年版。

[11][美]威廉·M. 兰德斯、理查德·A. 波斯纳:《知识产权法的经济结构》,金海军译,北京大学出版社 2005 年版。

三、中文期刊

[1]蔡璞、袁张帆:《体育运动员的形象权及其法律保护》,载《首都体育学院学报》2004年第4期。

[2]陈健:《从网络即时通讯表情包看运动员形象权问题》,载《体育成人教育学刊》2017年第1期。

[3]程啸:《论我国民法典中的个人信息合理使用制度》,载《中外法学》2020年第4期。

[4]董炳和:《论形象权》,载《法律科学(西北政法学院学报)》1998年第4期。

[5]董冬:《论北京奥运会给我国体育无形资产带来的机遇和挑战》,载《体育文化导刊》2007年第4期。

[6]董双全:《体育赞助冲突的法律解读——以宁泽涛事件为例》,载《体育成人教育学刊》2017年第1期。

[7]杜颖:《论商品化权》,载《民商法论丛》2000年第13期。

[8]David Vaver:《知识产权的危机与出路》,李雨峰译,载《知识产权》2007年第4期。

[9]冯晓青:《利益平衡论:知识产权法的理论基础》,载《知识产权》2003年第6期。

[10]冯晓青、刘淑华:《试论知识产权的私权属性及其公权化趋向》,载《中国法学》2004年第1期。

[11]高升:《我国体育协会内部纠纷的法律救济:以体育仲裁与司法介入的关系为中心》,载《体育科学》2009年第8期。

[12]郭玉军、向在胜:《美国公开权研究》,载《时代法学》2003年第1期。

[13]何炼红:《著作人身权转让之合理性研究》,载《法商研究(中南政法学院学报)》2001年第3期。

[14]何英、焦洪涛:《关于角色商品化权法律保护的思考》,载《华中理工大学学报(社会科学版)》2000 年第 2 期。

[15]姜世波等:《国际体育组织自治的困境与出路:国际足联腐败丑闻的深层思考》,载《体育与科学》2015 年第 4 期。

[16]姜熙、谭小勇:《我国建立职业运动员工会的法律思考》,载《天津体育学院学报》2011 年第 2 期。

[17]姜熙:《中国体育法治建设的宏观理路:于善旭教授学术访谈录》,载《体育与科学》2017 年第 1 期。

[18]姜新东、徐清霜:《美国形象权的司法保护》,载《法律适用》2008 年第 3 期。

[19]景辉:《商品化权的"囚徒困境"(上)》,载《电子知识产权》2013 年第 8 期。

[20]景辉:《商品化权的"囚徒困境"(下)》,载《电子知识产权》2021 年第 9 期。

[21]李琛:《知识产权法基本功能之重解》,载《知识产权》2014 年第 7 期。

[22]李琛:《质疑知识产权之"人格财产一体性"》,载《中国社会科学》2004 年第 2 期。

[23]李江、李金宝:《运动员形象权的确立、实质及其争议焦点》,载《体育与科学》2017 年第 6 期。

[24]李梦佳:《论版权与形象权的冲突与协调——以美国法规则与案件为视角》,载《电子知识产权》2020 年第 5 期。

[25]李明德:《美国形象权法研究》,载《环球法律评论》2003 年第 4 期。

[26]李威:《从人格权的商品化到形象权的创立》,载《人民论坛》2013 年第 14 期。

[27]李扬:《经验抑或逻辑:对知识产权客体与对象之争的反思》,载《大连理工大学学报(社会科学版)》2011 年第 2 期。

[28]李智:《国际足联腐败案冲击下体育自治的反思与完善》,载《天津体育学院学报》2016 年第 4 期。

[29]刘春霖:《商品化权论》,载《西北大学学报(哲学社会科学版)》1999 年第 4 期。

[30]刘春田:《知识财产权解析》,载《中国社会科学》2003 年第 4 期。

[31]刘德良:《民法学上权利客体与权利对象的区分及其意义》,载《暨南学报(哲学社会科学版)》2014 年第 9 期。

[32]刘进:《欧洲国家对运动员形象权的法律保护》,载《体育学刊》2007 年第 7 期。

[33]刘丽娟:《我国司法如何确认商品化权(上)》,载《电子知识产权》2017 年第 10 期。

[34]刘丽娟:《我国司法如何确认商品化权(下)》,载《电子知识产权》2017 年第 11 期。

[35]卢结华:《运动队集体形象的保护路径:性质、模式及规则》,载《沈阳体育学院学报》2021 年第 2 期。

[36]陆小聪:《析疑:职业体育引论》,载《体育科研》2010 年第 3 期。

[37]马法超:《体育无形财产权探析》,载《武汉体育学院学报》2008 年第 5 期。

[38]马宏俊:《试论我国体育法律体系的建立与完善——以〈中华人民共和国体育法〉修改为视角》,载《体育科学》2021 年第 1 期。

[39]茅铭晨:《介入与止步:司法权在体育纠纷中的边界》,载

《北京体育大学学报》2014 年第 1 期。

[40]彭昕等:《中国体育行业协会的法理分析》,载《武汉体育学院学报》2006 年第 7 期。

[41]钱大军等:《权利应当如何证明:权利的证明方式》,载《法制与社会发展》2007 年第 1 期。

[42][日]萩萩原 · 有里:《日本法律对商业形象权的保护》,载《知识产权》2003 年第 5 期。

[43]戎朝、上官凯云:《"中国国家队"统一招商背后的法律问题分析及建议》,载《体育成人教育学刊》2019 年第 1 期。

[44]宋军生:《论体育行业自治与司法管辖》,载《体育科学》2012 年第 5 期。

[45]宋雅馨:《竞争法视域下〈奥林匹克宪章〉第 40 条变迁的审思》,载《天津体育学院学报》2022 年第 5 期。

[46]宋雅馨:《体育自治背景下运动员形象权保护的法理展开》,载《人大法律评论》2019 年第 2 期。

[47]宋雅馨:《运动员形象权的域外法律实践研究》,载《体育成人教育学刊》2019 年第 1 期。

[48]孙松:《知识产权客体扩张的检视与反思:兼论知识产权的立法体例》,载《电子知识产权》2017 年第 9 期。

[49]郤峰、何艳华:《借助产权理论研究我国运动员产权的界定问题》,载《首都体育学院学报》2013 年第 6 期。

[50]谭小勇:《依法治体语境下的体育行业自治路径》,载《上海体育学院学报》2016 年第 1 期。

[51]王飞、周爱光:《我国体育明星商业开发中权利与权力的冲突与平衡》,载《体育学刊》2022 年第 2 期。

[52]王利明:《论人格权商品化》,载《法律科学(西北政法大

学学报)》2013 年第 4 期。

[53]王利明、周友军:《民法典创制中的中国民法学(上)》,载《中国法学》2008 年第 1 期。

[54]王梦、闫成栋:《我国运动员人格要素商品化利益的分享机制——以〈中华人民共和国民法典〉人格权立法为背景》,载《体育科学》2021 年第 3 期。

[55]王茜、王家宏:《"计划型"和"融合型"运动员人力资本产权配置的法学探析》,载《体育学刊》2019 年第 2 期。

[56]王茜、王家宏:《"融合型"运动员人力资本产权归属配置问题的法律研究》,载《体育科学》2019 年第 1 期。

[57]王绍喜:《〈民法典〉时代肖像权保护解释论》,载《法律适用》2021 年第 11 期。

[58]王先林:《我国〈反不正当竞争法〉修订中若干基本问题初探》,载《竞争法律与政策评论》2017 年第 3 期。

[59]王晓玲、高清伟:《论体育无形资产的特点及其开发保护策略》,载《北京体育大学学报》2005 年第 8 期。

[60]温世扬:《标表型人格权的制度价值与规范构造》,载《法律科学(西北政法大学学报)》2021 年第 6 期。

[61]温世扬:《中国民法上的"公开权"——〈民法典〉人格标识许可使用规定之解析》,载《当代法学》2021 年第 2 期。

[62]吴汉东:《法哲学家对知识产权法的哲学解读》,载《法商研究》2003 年第 5 期。

[63]吴汉东:《形象的商品化与商品化的形象权》,载《法学》2004 年第 10 期。

[64]吴汉东:《知识产权"入典"与民法典"财产权总则"》,载《法制与社会发展》2015 年第 4 期。

［65］谢晓尧:《商品化权:人格符号的利益扩张与衡平》,载《法商研究》2005 年第 3 期。

［66］徐瑄:《知识产权的正当性:论知识产权法中的对价与衡平》,载《中国社会科学》2003 年第 4 期。

［67］许延威等:《对“运动员无形资产与运动员人力资本”概念的辨析》,载《西安体育学院学报》2014 年第 5 期。

［68］杨海东等:《我国职业运动员权益诉求的障碍和突破》,载《体育文化导刊》2018 年第 7 期。

［69］杨立新、林旭霞:《论形象权的独立地位及其基本内容》,载《吉林大学社会科学学报》2006 年第 2 期。

［70］杨年松:《体育无形资产初探》,载《体育学刊》1999 年第 2 期。

［71］杨茜等:《运动员代言广告的帕累托改进与合同管理》,载《天津体育学院学报》2011 年第 4 期。

［72］杨茜:《肖像权、无形资产所有权与债权:论运动员无形资产开发中的权利》,载《天津体育学院学报》2006 年第 5 期。

［73］杨素娟、杜颖:《商品化权议》,载《河北法学》1998 年第 1 期。

［74］姚辉:《关于人格权商业化利用的若干问题》,载《法学论坛》2011 年第 6 期。

［75］姚颉靖、彭辉:《后奥运时期的运动员形象权法律保护研究》,载《河北科技大学学报(社会科学版)》2013 年第 4 期。

［76］易继明:《评财产权劳动学说》,载《法学研究》2000 年第 3 期。

［77］易继明:《知识产权法定主义及其缓和——兼对〈民法总则〉第 123 条条文的分析》,载《知识产权》2017 年第 5 期。

[78]尹田:《论一般人格权》,载《法律科学》2002 年第 4 期。

[79]于善旭:《体育无形资产的经济分析及我国的经营对策》,载《山东体育学院学报》2004 年第 2 期。

[80]俞吾金:《决定论与自由意志关系新探》,载《复旦学报(社会科学版)》2013 年第 2 期。

[81]袁博:《商标注册在先权利中名人姓名商品化权的保护》,载《中华商标》2013 年第 8 期。

[82]袁博:《我国形象权纠纷案件类型化研究》,载《四川行政学院学报》2012 年第 1 期。

[83]张恩利等:《全面促进职业发展:新修订〈体育法〉中运动员权利保障的立法突破与现实效应》,载《西安体育学院学报》2022 年第 4 期。

[84]张海鹰、韩新君:《身份识别:我国运动员职业纠纷解决的关键所在》,载《武汉体育学院学报》2018 年第 12 期。

[85]张鹏:《足球运动员生物识别信息保护:美国经验与中国策略》,载《上海体育学院学报》2022 年第 2 期。

[86]张耀红:《新时期改革全国性单项体育协会的思考》,载《山东体育学院学报》2016 年第 4 期。

[87]张志伟:《现阶段运动员形象商业开发和利益分配制度的完善》,载《西安体育学院学报》2019 年第 1 期。

[88]赵凤梅、姜新东:《形象权的哲学思考》,载《云南社会科学》2004 年第 4 期。

[89]赵豫:《运动员形象权的法律保护》,载《体育学刊》2005 年第 2 期。

[90]郑成思:《商品化权刍议》,载《中华商标》1996 年第 2 期。

[91]郑李茹、田学礼:《我国国家队运动员无形资产开发权问

题研究》,载《南京体育学院学报(社会科学版)》2009 年第 5 期。

[92]郑友德、焦洪涛:《反不正当竞争的国际通则——WIPO〈反不正当竞争示范条款〉述要》,载《知识产权》1999 年第 2 期。

[93]郑友德、万志前:《德国反不正当竞争法的发展与创新》,载《法商研究》2007 年第 1 期。

[94]钟秉枢:《成绩资本和地位获得——我国优秀运动员群体社会流动的研究》,载《体育科学》1998 年第 3 期。

[95]周召勇、万小丽:《国家运动员肖像权的法律探析:刘翔肖像权案引起的法律思考》,载《天津体育学院学报》2005 年第 5 期。

[96]朱广新:《形象权在美国的发展状况及对我国立法的启示》,载《暨南学报(哲学社会科学版)》2012 年第 3 期。

[97]祝建军:《质疑商品化权》,载《科技与法律》2010 年第 5 期。

[98]邹月辉等:《我国运动员形象权商业价值开发研究》,载《体育文化导刊》2018 年第 6 期。

四、学位论文

[1]程合红:《商事人格权论:人格权的经济利益内涵及其实现与保护》,中国政法大学 2001 年博士学位论文。

[2]郭晓红:《形象权若干法律问题研究》,中国人民大学 2007 年博士学位论文。

[3]康晓磊:《全球视野下体育自治研究》,北京体育大学 2014 年博士学位论文。

[4]罗思婧:《体育行业自治与法律规制问题研究》,武汉大学 2014 年博士学位论文。

[5]徐升权:《商业标识权论》,武汉大学 2012 年博士学位论文。

[6]张成元:《法治观念下的体育行业自治研究》,吉林大学2007年博士学位论文。

[7]张丹丹:《商品化权研究》,吉林大学2008年博士学位论文。

五、外文著作类

[1]Anderson Jack, *Leading Cases in Sports Law*, T. M. C. Asser Press, 2013.

[2] Beverley – Smith Huw, Ansgar Ohly and Agnes Lucas – Schloetter, *Privacy, Property and Personality*, Cambridge University Press, 2005.

[3]Black Gillian, *Publicity Rights and Image—Exploitation and Legal Control*, Hart Publishing, 2011.

[4]Boycs Simon et al., *Sports Law*, Routledge, 2012.

[5]Descalzo González A. & Palomar Olmeda A., *Los Derechos de Imagen en el Deporte Profesional (Especial Referencia al Futbol)*, Dykinson, 2001.

[6] Garner A. Bryan, *Black's Law Dictionary*, West Publishing Company, 2009.

[7]Ian S. Blackshaw, *International Sports Law: An Introductory Guide*, *Shorts Studies in International Law*, T. M. C. Asser Press, 2017.

[8] Ian S. Blackshaw & Robert C. R. Siekmann, *Sports Image Rights in Europe*, T. M. C. Asser Press, 2005.

[9]Ian S. Blackshaw, *Sports Marketing Agreements: Legal, Fiscal and Practical Aspects*, T. M. C. Asser Press, 2012.

[10]Leanne O'Leary, *Employment and Labour Relations Law in*

the Premier League, *NBA and International Rugby Union*, T. M. C. Asser Press, 2017.

[11] Lewis Adam & Taylor Jonathan, *Sport Law and Practice*, Tottel Publishing, 2008.

[12] Locke John, *Second Treatise of Government*, Hackett Pub. Co., 1980.

[13] Martinez – Piva & Jorge Mario, *Knowledge Generation and Protection Intellectual Property*, *Innovation and Economic Development*, Springer New York, 2010.

[14] Matthew J. Mitten et al., *Sports Law and Regulation—Cases*, *Materials*, *and Problems*, Wolters Kluwer Law & Business, 2013.

[15] McCarthy J. Thomas, *McCarthy on Trademark and Unfair Competition* (*Volume* 5), A Thomson Reuters Business, 2006.

[16] McCarthy J. Thomas, *The Right of Publicity and Privacy*, Minneapolis/St. Paul: A Thomson Reuters Business, 2008.

[17] Pérez Juan De Dios Crespo, *Sports Law in Spain*, Kluwer Law International, 2015.

[18] R. Robert C., *Introduction to International and European Sports Law*, T. M. C. Asser Press, 2012.

[19] Sanghoon Ahn, Bronwyn H. Hall & Keun Lee, *Intellectual Property for Economic Development*, Edward Elgar, 2014.

[20] Valloni, Lucien William & Pachmann Thilo., *Sports Law in Switzerland*, Wolters Kluwer Law & Business, 2014.

[21] Walter T. Champion, Willis Kirk D. & Thornton K. Patrick, *Intellectual Property Law in the Sports and Entertainment Industries*, Praeger, 2014.

六、外文连续出版物

[1]Adrin Angela, *Trade Mark Dilution, Right of Publicity, Image Rights: A Comparative Analysis of Japanese, Australian*, 23 *UK and US Law*, IIP Bulletin 84(2014).

[2]Al – Ameen Abayomi, *Image Right Clauses in Football Contracts: Masterstroke for Mutual Success?*, 5 Intel Prop Rights 185 (2017).

[3] Angela Adrian, *Mickey Mouse Wants to Live Forever: Guernsey's Image Rights Ordinance Will Make that Possible*, 35 European Intellectual Property Review 397(2013).

[4]Ayranci Zehra Betul, *Right of Publicity of Athletes in the United States & Europe*, 33 Ent. & Sports Law. 61(2017).

[5] Barbas Samantha, *The Laws of Image*, 47 New Eng. L. Rev. ,23(2012).

[6]Bartholomew Mark, *A Right Is Born: Celebrity, Property, and Postmodern Lawmaking*, 44 Conn. L. Rev. 301(2011).

[7]Bass Ellen S. , *A Right in Search of A Coherent Rationale – Conceptualizing Persona in A Comparative Context: The United States Right of Publicity and German Personality Rights*, 42 U. S. F. L. Rev 799(2008).

[8]Benson Christopher et al. , *Hitting Back, To What Extent Can Celebrities Protect the Exploitation of Their Image?*, Copyright World 153(2005).

[9]Bergmann Susanne, *Publicity Rights in the United States and in Germany: A Comparative Analysis*, 19 Loy. L. A. Ent. L. J. 479 (1999).

[10] Blackshaw Ian, *Adr and Sport: Settling Disputes Through the Court of Arbitration for Sport, the FIFA Dispute Resolution Chamber, and the Wipo Arbitration & Mediation Center*, 124 Marq. Sports L. Rev. 1(2013).

[11] Blanke Jordan M., *Frank Miller's Sin City College Football: A Game to Die for and Other Lessons About the Right of Publicity and Video Games*, 72 Wash. & Lee L. Rev. 379(2015).

[12] Boyd Celeste H. G. and Paynter Stuart, *What A Tangled Family Tree We Weave: Trademarks, Publicity Rights, and the Cross - Pollination of First Amendment Defenses Through Video Games*, 4 J. Int'l Media & Ent. L. 69(2012).

[13] Brian M. Rowland, *An athlete's right of publicity*, 76 Florida Bar Journal 45(2002).

[14] Bryniczka Peter M. & Irvine V., *Talksport Ltd.: Snatching Victory from the Jaws of Defeat - English Law Now Offers Better Protection of Celebrities' Rights*, 11 Sports Law, J. 171(2004).

[15] Cheyenne Conroy - Mosdell, *Sports Law in New Zealand: the Prospect for a Statutory Right of Publicity for Sports Celebrities*, 97 Australian and New Zealand Sports Law Association Commentator, 43(2016).

[16] Cianfrone, Beth A., Baker III & Thomas A., *The Use of Student - Athlete Likenesses in Sport Video Games: An Application of the Right of Publicity*, 20 Journal of Legal Aspects of Sport Winter 35 (2010).

[17] Colucci Michele and Geeraert Arnout, *The "Social Dialogue" in European Professional Football*, 33 Comp. Lab. L. &

Pol'y J. 203(2012).

[18] Conteh Abib Tejan, *The Right of Publicity in Sports: Athletic and Economic Competition*, 3 DePaul J. Sports L. & Contemp 136 (2006).

[19] Corinna Coors, *Are Sports Image Rights Assets? A Legal, Economic and Tax Perspective*, 15 International Sports Law Journal 64 (2015).

[20] Corinna Coors, *Headwind from Europe: The New Position of the German Courts on Personality Rights After the Judgment of the European Court of Human Rights*, 11 German L. J. 527(2017).

[21] Corinna Coors, *Morality, Utility, Reality? Justifying Celebrity Rights in the 21st Century*, 44 Syracuse J. Int'l L. & Com 215 (2017).

[22] Dogan Stacey L. and Lemley Mark A., *What the Right of Publicity Can Learn from Trademark Law*, 58 Stan. L. Rev 1161 (2006).

[23] Evans David and Romer Jason, *A Guide to Guernsey Image Rights*, 8 Journal of Intellectual Property Law & Practice 761(2013).

[24] Ferrari Luca, *Sports Image Rights under Italian Law*, 1 The International Sports Law Journal 13(2004).

[25] Garima Budhiraja, *Publicity Rights of Celebrities: An Analysis Under the Intellectual Property Regime*, 6 NALSAR Student Law Review 85(2011).

[26] Gordon Wendy J., *A Property Right in Self-expression: Equality and Individualism in the Natural Law of Intellectual Property*, 102 Yale L. J. 1533(1993).

[27] Grant Emily, *The Right of Publicity: Recovering Stolen Identities Under International Law*, 7 San Diego Int'l L. J. 559 (2006).

[28] Greene K. J., *Intellectual Property Expansion: The Good, the Bad, and the Right of Publicity*, 11 Chap. L. Rev. 521 (2008).

[29] Greer Carol J., *International Personality Rights and Holographic Portrayals*, 27 Ind. Int'l & Comp. L. Rev. 247 (2017).

[30] Hagen Steffen, *Sports image rights in the Netherlands*, 3 The International Sports Law Journal 116 (2011).

[31] Halpern Sheldon W., *The Right of Publicity: Maturation of an Independent Right Protecting the Associative Value of Personality*, 46 Hasting L. J. 853 (1995).

[32] Heverly Robert A., *One Piece of the Puzzle: A Private Right to Your Image in the Digital Age*, 7 Journal of Law and Policy for the Information Society 299 (2012).

[33] Hughes Justin, *The Philosophy of Intellectual Property*, 77 Geo. L. J. 287 (1988).

[34] Jason Romer & Kate Storey, *Image is Everything! Guernsey Registered Image Rights*, 24 Ent. L. Rev. 51 (2013).

[35] Jeffrey J. Brown, *Defending the Right of Publicity: A Natural Rights Perspective*, 10 Intell. Prop. L. Bull. 131 (2006).

[36] Johansson Brandon, *Pause the Game: Are Video Game Producers Punting Away the Publicity Rights of Retired Athletes?*, 10 Nev. L. J. 784 (2010).

[37] Justyna Balcarczyk, *Sports Image Rights—A Comparative Overview*, 47 Zbornik radova Pravnog fakulteta u Splitu 327 (2010).

[38] Leaffer Marshall, *The Right of Publicity: A Comparative Perspective*, 70 Albany L. Rev. 1357 (2007).

[39] Madow Michael, *Private Ownership of Public Image: Popular Culture and Publicity Rights*, 81 Cal. L. Rev. 132 (1993).

[40] Margolies Alexander, *Sports Figures' Right of Publicity*, 1 Sports Law, J. 359 (1994).

[41] Marr Jeremy T., *Constitutional Restraints on State Right of Publicity Laws*, 44 Boston College Law Review 863 (2003).

[42] Mays Paula B., *Protection of A Persona, Image, and Likeness: The Emergence of the Right of Publicity*, 89 J. Pat. & Trademark Off 819 (2007).

[43] McCarthy J. Thomas, Paul M & Anderson, *Protection of the Athlete's Identity: The Right of Publicity, Endorsements and Domain Names*, 11 Marq. Sports L. Rev. 195 (2001).

[44] McKenna Mark P., *The Right of Publicity and Autonomous Self-Definition*, 67 U. Pitt. L. Rev. 225 (2005).

[45] Moraga Yago Vazquez & Andreu Sarrias, *Sport image rights in Spain*, 3 The International Sports Law Journal 122 (2010).

[46] Moseby Andy and Dalton Peter, *United Kingdom: Image Rights in Videogames Introduction*, 21 Cyberspace Lawyer NL 6 (2016).

[47] Mtima Lateef, *What's Mine Is Mine but What's Yours Is Ours: Ip Imperialism, the Right of Publicity, and Intellectual Property Social Justice in the Digital Information Age*, 15 SMU Sci. & Tech. L. Rev. 323 (2012).

[48] Mulholland William, *Just Who Controls the Rights to a*

Sporting Star's Image? Behind the Leo Barry/AFL/Tabcorp Image Rights Stoush,69 ANZSLA Commentator 3(2007).

[49] Nan Sato and Jacopo Genova,*Protection of Image Rights in the Prospect of the Growing Chinese Super League*,32 Ent. & Sports Law 43(2016).

[50] Nimmer Melville B. ,*The Right of Publicity*,19 Law & Contemporary Problem 203(1954).

[51] O'Brien Robert C. & Lugosi Bela G. ,*Update to the Commercial Value of Rights of Publicity a Picture is Worth a Thousand Words... or Sometimes A Million Dollars*,27 Ent. & Sports Law 2 (2009).

[52] Oke Emmanuel Kolawole,*Image Rights of Celebrities in the digital Era: Is there a need for the Right of Publicity in Ireland?*,4 Irish Journal of Legal Studies 92(2014).

[53] Pamela Edwards, *What's The Score?: Does The Right of Publicity Protect Professional Sports Leagues?*,62 Albany Law Review Winter 579(1998).

[54] Paul A. Czarnota,*Athlete Privacy Rights and Endorsement Contracts: An Analysis of U. S. , U. K. , and Australian Law*, 11 Va. Sports & Ent. L. J. 460(2012).

[55] Posner R. ,*The Right of Privacy*,12 Gal. Rev. 393(1978).

[56] Richard Haynes, *Footballers' Image Rights in the New Media Age*,7 European Sport Management Quarterly 361(2008).

[57] Rosenzweig Benjamin J. ,*A Change of Hart: An Argument Favoring the Transformative Use Test in Right - of - Publicity Cases*, 48 Suffolk U. L. Rev. 229(2015).

[58] Rosmarijn van Kleef R., *The Legal Status of Disciplinary Regulations in Sport*, The International Sports Law Journal 14(2013).

[59] Ross Stephen F. & DeSarbo Wayne S., *A Rapid Reaction to O'bannon: The Need for Analytics in Applying the Sherman Act to Overly Restrictive Joint Venture Schemes*, 119 Penn St. L. Rev. Penn Statim 43(2015).

[60] Sassenberg Anne Marie et al., *A Sport Celebrity Brand Image: A Conceptual Model*, 17 International Journal of Organisational Behaviour 108(2012).

[61] Sato Nan & Genova Jacopo, *Protection of Image Rights in the Prospect of the Growing Chinese Super League*, 32 Ent. & Sports Law 43(2016).

[62] Scheuer Alexander and Strothmann Peter, *Sport as Reflected in European Media Law*, 14 Media L. & Pol'y, Fall 6(2004).

[63] Simon Smith, *The Changing Face of Image Protection in Sport*, 2 I. S. L. R. 37(2004).

[64] Synodinou Tatiana, *Image Right and Copyright Law in Europe: Divergences and Convergences*, 3 Laws 181(2014).

[65] Tushnet Rebecca, *A Mask that Eats into the Face: Images and the Right of Publicity*, 38 Colum. J. L. & Arts 1(2015).

[66] Weaver Risa J., *Online Fantasy Sports Litigation and the Need for A Federal Right of Publicity Statute*, 2 Duke L. & Tech. Rev. 1(2010).

[67] Welch Brian, *Unconscionable Amateurism: How the NCAA Violates Antitrust by Forcing Athletes to Sign Away Their Image Rights*, 44 J. Marshall L. Rev. 533(2011).

[68] Wes Gerrie, *More than Just the Game: How Colleges and the NCAA are Violating their Student – Athletes*, 18 Texas Review of Entertainment and Sports Law 111(2018).

[69] Williams Karen, *Character Sports Merchandising: International Legal Issues: The Legal and Practical Ways and Means of Protecting the Subject Matter in the UK, the Rest of Europe and Internationally*, 1 The International Sports Law Journal 7(2009).

[70] Wilson C. Darryl, *The Legal Ramifications of Saving Face: An Integrated Analysis of Intellectual Property and Sport*, 4 Vill. Sports & Ent. L. J. 22(1997).

七、电子文献

[1] Asser International Sports Law Centre, Study on Sports Organisers' Rights in the European Union (2014), europa assets(Jun. 18, 2014), http://ec. europa. eu/assets/eac/sport/news/2014/docs/study – sor2014 – executive – summary – gc – compatible_en.

[2] Collective Labour Agreement between the Association of Basketball Clubs and the Professional Basketball Players Association, abp(Feb. 3, 2014), http://www. abp. es/wp – content/uploads/2014/02/III – COLLECTIVE – LABOUR – AGREEMENT – ACB – eng. pdf.

[3] Employment income: general: payments for "image rights": royalties: deduction of tax at source, gov(May 22, 2014). https://www. gov. uk/hmrc – internal – manuals/employment – income – manual/eim00736.

[4] Elphick Jon, How to Structure Image Rights Companies for International Athletes Working in the U. K, lawinsport (Feb. 06,

2017), https://www.lawinsport.com/articles/item/how-to-structure-image-rights-companies-for-international-athletes-working-in-the-u-k? highlight=WyJpbWFnZSIsIidpbWFnZSIsImltYWdlJywiXQ==.

[5] EU Athletes and UNI Sport Pro, An analysis of the working conditions of professionalsports players of Basketball, Hockey, Handball and Rugby across a number of European member states (2013), euathletes (Aug. 16, 2013), http://www.euathletes.org/wp-content/uploads/2017/06/2013-UNI-An-Analysis-of-Working-Conditions-of-Professional-Sports-Plyers-ilovepdf-compressed-1.pdf.

[6] Evans David, Can You Protect Your Image Like YourBrand?, wipo (May 2, 2015), http://www.wipo.int/wipo_magazine/en/2015/02/article_0008.html.

[7] 2016-2017 Euroleague Bylaws, euroleague (Jul. 17, 2016), http://www.euroleague.net/rs/79tbcueu9ady8xkb/84bd1f8d-134d-42a0-a8ee-cd688d29aaa2/0d5/filename/2016-17-euroleague-bylaws-book-15-sept-2016.pdf.

[8] Geey Daniel, Five Top tips to Understand Football Image Rights Deals, danielgeey (Nov. 4, 2016), https://www.danielgeey.com/five-top-tips-to-understand-football-image-rights-deals/.

[9] Grégory Basnier, France's Sports Code Makes it Possible for Players' Image Rights Licensing alongside Employment Contracts, lawinsport (Jun. 15, 2017), https://www.lawinsport.com/articles/item/france-s-sports-code-makes-it-possible-for-players-

image – rights – licensing – alongside – employment – contracts.

[10] Hackleton Pete, Image Rights Companies in Football – Where Are We Now?, lawinsport (Jan. 1, 2011), https://www.lawinsport.com/features/item/image – rights – companies – where – are – we – now.

[11] Intellectual Property Rights: image rights: licensing arrangements, gov (Mar. 12, 2016), https://www.gov.uk/hmrc – internal – manuals/capital – gains – manual/cg68425.

[12] International Olympic Committee, IOC Social and Digital Media Guidelines for persons accredited to the XXIII Olympic Winter Games PyeongChang 2018, olympic (Feb. 1, 2018) https://stillmed.olympic.org/media/Document% 20Library/OlympicOrg/Games/Winter – Games/Games – PyeongChang – 2018 – Winter – Olympic – Games/IOC – Social – and – Digital – Media – Guidelines/PyeongChang – 2018 – Social – Media – Guidelines – eng. pdf.

[13] IOC Rio 2016 Olympic Games, Rule 40 Guidelines, manatt (May 17, 2016), https://www.manatt.com/uploadedFiles/Content/4_News_and_Events/Newsletters/AdvertisingLaw@manatt/IOC – Rule – 40 – Guidelines. pdf.

[14] Memorandum of Understanding between the Union des Associations Européennes de Football and Fédération Internationale des Associations de Footballeurs Professionnels, uefa (Oct. 12, 2007), https://www.uefa.com/MultimediaFiles/Download/EuroExperience/uefaorg/Players% 27unions/01/78/06/85/1780685_DOWNLOAD.pdf.

[15] NFL Standard Player Contract, australianbasketballers (Oct.

08,2016), http://www.australianbasketballers.com.au/wp-content/uploads/2016/08/FINAL_SPC_New.pdf.

[16] No. 2017 - 261, legifrance Gouv (Jan. 3, 2017), https://www.legifrance.gouv.fr/eli/loi/2017/3/1/2017-261/jo/article_17.

[17] No. 0742.469, legifrance. Gouv (Jan. 3, 2017), https://www.legifrance.gouv.fr/affichJuriJudi.do? oldAction=rechExpJuriJudi&idTexte=JURITEXT000019883205&fastReqId=959447184&fastPos=9.

[18] NBA Uniform Players' Contract 2017, nbpa Com (Apr. 2, 2017), http://nbpa.com/wp-content/uploads/2016/02/2017-NBA-NBPA-Collective-Bargaining-Agreement.pdf.

[19] Premier League English Football League Contrac, premierleague (Apr. 28, 2014), https://www.premierleague.com/publications.

[20] Universal Declaraton of Player Rights, uniglobalunion (Dec. 17, 2014), http://www.uniglobalunion.org/sites/default/files/imce/world_players_udpr_1-page_0.pdf.

[21] WIPO, Character Merchandising, wipo (Jun. 4, 2023), http://www.wipo.int/copyright/en/activities/pdf/wo_inf_108.pdf.

[22] WIPO, Licenses and Sponsorships in Sport, wipo (Jan. 17, 2024), http://www.wipo.int/ip-sport/en/licenses.html.

案例汇总

表一　国内案例汇总

案号	案例名称	核心要点
(2002)静民一(民)初字第1776号	范某与文汇新民联合报业集团名誉侵权案	被告在其出版发行的《东方体育日报》第一版中刊出题名为《中哥战传闻范某涉嫌赌球》的报道,该文章系转载《体坛周刊》的文章,并对文章中涉及的国脚进行排除式分析后发表的,指明涉嫌球员为原告范某,同时又报道了原告本人的否定意见及足协和国家队其他队员的反应,并引用了网友的文章,最后注明将进一步关注这一事件。原告诉至法院主张被告的行为侵犯其名誉权。法院经审理认为,被告的行为并未构成对原告权利的侵犯。
(2005)一中民终字第8144号	刘某与精品购物指南报社侵害肖像权案	被告精品购物指南报社未经原告同意将其肖像用作《精品购物指南》的封面,并作为中友公司购物节封面广告。原告起诉至法院主张被告的行为侵犯其肖像权。法院经审理认为,被告在使用原告肖像的过程之中,因存在过错而造成原告人格受到侵害,因此构成侵犯肖像权。

续表

案号	案例名称	核心要点
(2011)武民商初字第66号; (2012)鄂民三终字第137号	姚某与武汉云鹤大鲨鱼体育用品有限公司侵犯人格权及不正当竞争案	武汉云鹤公司在产品上擅自将姚某的姓名、肖像及包含姚某姓名的“姚某一代”作为商业标识进行使用,易引人误解,使普通消费者认为武汉云鹤公司的商品来源与姚某存在特定关联。一审法院经审理认为,被告的行为侵害了原告的姓名权和肖像权,应立即停止不正当竞争行为;但原告对一审法院判赔数额不服提起上诉,二审法院将赔偿数额从30万元提高到100万元。
(2012)沪二中民一(民)初字第1号	某运动员诉中国乔丹体育股份有限公司侵犯姓名权案	被告乔丹体育公司未经原告许可,擅自在其商号、产品和商业推广活动中使用原告的姓名“乔丹”,还将原告曾经的球衣号码“23”和原告两位儿子的中文译名均注册为商标。原告起诉至法院主张被告的行为侵犯其姓名权。法院经审理认为乔丹体育公司的侵权行为始终处于持续状态,侵害了原告的姓名权,应当停止侵害、赔礼道歉、消除影响。
(2013)高民终字第3129号	某运动员与上海第九城市信息技术有限公司等姓名权、肖像权纠纷案	被告第九城市计算机技术咨询(上海)有限公司在未经某运动员本人同意的前提下在其研发的网络游戏“热血球球”的多个界面中使用了原告肖像及其外文签名,原告起诉至法院主张被告行为侵害其姓名权、肖像权。二审法院认定,被告新浪公司尽到了一定审查义务,主观上没有过错,不构成侵权。被告上海第九城市信息技术有限公司、第九城市计算机技术咨询(上海)有限公司未经授权而将原告的姓名和肖像用于“热血球球”游戏的运营广告宣传,其未尽到审慎注意义务的过失行为,侵犯了原告的姓名权和肖像权。

续表

案号	案例名称	核心要点
(2015)深南法蛇民初字第1547号	刘某与深圳市广信技术有限公司肖像权纠纷案	被告深圳市广信技术有限公司未经原告同意,在其实名认证的新浪微博中擅自将原告照片与被告青想手机图片及宣传语结合。原告诉至法院主张被告的行为侵犯其肖像权。经法院审理认为,被告的行为在一定程度上具有为被告产品做宣传的动机,构成侵害肖像权。
(2015)丰民初字第4494号	田某与泉州市丰泽欧凡达广告有限公司、泉州盈众润和汽车销售有限公司肖像权、姓名权纠纷案	被告泉州市丰泽欧凡达广告有限公司在未取得原告许可的情况下,擅自在其开办的网站上发布带有原告肖像及姓名的被告泉州盈众公司汽车销售宣传广告。原告诉至法院主张两被告的行为侵犯了其肖像权、姓名权。法院经审理认为在未经原告本人同意的前提下两被告擅自将田某的肖像及姓名用于公司品牌宣传的行为,侵犯了原告的肖像权、姓名权。
(2015)海民初字第43567号	张某与天津猎车科技发展有限公司肖像权纠纷案	被告猎车公司在其官方微信账号中发布名为《第九道奇迹重现真正的跑男!中国的百米飞人,亚洲人的骄傲!猎车网与你一起见证中国速度!》的配图文章。原告诉至法院主张被告的行为侵害其肖像权。法院经审理认为被告的上述行为属于营利性的商业行为,极易误导消费者认为原告与被告之间存在某种合作关系,影响原告正常的商业代言活动,构成了对原告肖像权的侵犯。

续表

案号	案例名称	核心要点
(2016)苏0291民初3157号	丁某与深圳市艾诺智能科技有限公司、林某肖像权纠纷一案	被告深圳市艾诺智能科技有限公司、林某在与丁某的《品牌代言合作协议书》到期之后仍在商场柜台内悬挂印有丁某佩戴其产品形象的宣传海报。原告起诉至法院主张被告的行为侵犯其肖像权。法院经审理认定,被告与林某未经原告允许在宝龙广场悬挂印有原告照片的海报,属于侵权行为,由林某承担民事责任。
(2016)京0108民初第16736号	吴某与美丽说(北京)网络科技有限公司肖像权纠纷案	被告美丽说(北京)网络科技有限公司经过微信认证开办的"美丽说"微信公众号于2016年1月10日推送了标题为《刘某新恋情,纯天然吴某是怎么复仇"整容脸"葛某的?》的文章并配有吴某的图片,用于美丽说公司企业品牌及其销售商品的广告宣传。原告起诉至法院主张被告的行为侵害其肖像权。法院审理后认为,被告美丽说公司在经营过程中使用原告肖像的行为侵犯了其肖像权,应承担相应侵权责任。
(2016)粤0305民初13921号	莫某与安徽鼎龙网络传媒有限公司肖像权纠纷案	被告安徽鼎龙网络传媒有限公司未经原告同意在其主营的微信公众号中推送了《中国最帅的四个好基友是他们,你的好基友呢?》一文,在该文章中使用了原告的照片,并对照片进行了加工修改,写上了被告鼎龙公司的微信名"芜湖圈"。原告诉至法院主张被告的行为侵犯其肖像权。法院经审理认定,被告在使用莫某肖像的过程中,因过错造成其人格受到了商业化的侵害,侵犯了原告的肖像权。

续表

案号	案例名称	核心要点
(2016)粤0305民初5243号;(2016)粤03民终22257号	莫某与石家庄碧桂园房地产开发有限公司、深圳市腾讯计算机系统有限公司肖像权纠纷案	被告石家庄碧桂园房地产开发有限公司在其微信公众号平台转载了某赛事报道并刊登了原告与其他选手在赛场上的合影,并在涉案文章的页面其他部位附加了公众号关注链接和一定的产品宣传。原告诉至法院主张被告的行为侵害其肖像权。一审法院认为涉案图片具有明显的新闻价值,该图片与赛事相关的文字报道配合使用应属于对原告肖像的合理使用,无须经原告本人同意。本案二审法院维持了一审判决。被告使用照片和转载新闻,与其广告并未构成直接联系,客观上也不会误导公众对原告的肖像与被告的产品产生联想和误解,因此,使用涉案图片的行为属于合理使用,并未以营利为目的,不构成侵犯肖像权。
(2016)粤0305民初5242号;(2016)粤03民终20153号	莫某与北京四海兴达食品有限责任公司、深圳市腾讯计算机系统有限公司肖像权纠纷案	被告北京四海兴达食品有限责任公司未经原告同意在微信公众号推送的文章中,擅自使用包含有原告肖像的照片,并将其与被告四海公司销售的野生海参产品及产品宣传信息结合,原告莫某诉至法院主张被告的行为侵犯其肖像权。一审法院经审理认定,被告四海公司的行为具有为其产品宣传的营利性目的,同时容易误导阅读者认为原告的非凡表现与被告四海公司产品之间存在联系,该行为构成了对原告肖像权的侵犯。二审法院维持了一审法院的判决。

续表

案号	案例名称	核心要点
(2016)粤2072民初888号	苏某与广东顺德巧夫人电器有限公司肖像权纠纷案	原告发现被告在未经其许可的前提下，在被告官方微博账号“巧夫人”中擅自使用原告的肖像图片发布内容为《#苏某#夹缝中不断创新，继续前行，#巧夫人#我们一直在突破！》的配图文章，以此进行品牌广告宣传，具有明显的商业宣传属性。原告诉至法院主张被告的行为侵犯其肖像权。法院经审理认为，被告巧夫人公司未经原告苏某同意，使用包含原告与其他二人在内的肖像照片作为配图，并进行修改，在图片上、下方载有被告的经营信息，把原告与被告进行关联、对应，商业性质较为明显，属于营业性宣传，被告的行为已构成对原告肖像权的侵犯，应承担相应侵权责任。
(2016)粤2072民初5294号	苏某与偃师威佳汽车销售服务有限公司肖像权纠纷案	被告偃师威佳汽车销售服务有限公司未经原告同意在其官方微信公众平台中发布标题为《我们代表中国速度！》的配图文章，擅自使用原告的姓名和肖像，并对原告照片进行调整、宣传。被告的行为极易误导消费者认为原告与被告之间存在代言或某种合作关系。原告诉至法院主张被告的行为侵犯其肖像权。法院经审理认为，被告行为属于营业性宣传，商业性质较为明显，已构成对原告肖像权的侵犯。

续表

案号	案例名称	核心要点
(2016)京0108民初19834号	田某与北京搜狐互联网信息服务有限公司肖像权纠纷案	被告在其官方网站发布的多篇文章中使用了原告的大量照片,用于宣传其地产项目,且在该网站显著位置标有楼盘简介、联系方式等详细信息,原告诉至法院主张被告的行为侵犯其肖像权。法院经审理认为,被告未经原告许可擅自使用其肖像进行商业宣传的行为构成对肖像权的侵犯。
(2016)粤0106民初14425号	田某与广州市富安娜家居用品销售有限公司肖像权纠纷案	被告在其“广州富安娜”的微信公众号所发布的文章中擅自使用原告及其女儿田某1的肖像作为商业宣传的配图,配图上亦标有原告本人的姓名,被告未经原告准许,擅自使用其照片进行商业宣传,故原告诉至法院主张被告的行为侵犯其肖像权、姓名权和名誉权。法院经审理认为被告的行为不属于法律许可的使用范围,侵犯了原告的肖像权。
(2016)沪0105民初21173号	田某与统一企业(中国)投资有限公司肖像权纠纷案	被告统一公司在其新浪微博平台认证的官方微博中,使用昵称为“i-统一卤肉面”的账号发布宣传被告经营的食品类商品的博文,在博文的附图中未经原告许可擅自使用了原告的多张肖像照片,对相关商品进行商业宣传,其行为已构成对原告肖像权的侵害。原告诉至法院主张被告的行为侵犯了其肖像权。法院经审理认为被告未经原告准许使用原告的肖像照片,具有营利宣传推广目的,构成了对原告肖像权的侵犯。

续表

案号	案例名称	核心要点
(2016)京0108民初25590号	谢某与北京车之家信息技术有限公司、延边路通汽车贸易有限公司肖像权纠纷案	原告得知被告车之家公司在其经营的网站中擅自使用了其肖像照片,用于路通公司汽车销售项目的宣传介绍,涉案文章为《海马 M3 领你冲刺下一个奇迹》。涉案侵权网页上显示有商家名称、咨询电话、店面地址、车型、报价等信息,具有明显的商业广告性质,侵犯了原告的肖像权。原告诉至法院主张被告人的行为侵犯了其肖像权。法院经审理认为路通公司未经授权在原告的肖像照片中植入其主营的汽车产品信息、经营者信息等,具有商业宣传的属性,构成了对原告肖像权的侵犯。
(2016)粤0305民初5269号;(2016)粤03民终20166号	谢某与北京四海兴达食品有限责任公司、深圳市腾讯计算机系统有限公司肖像权纠纷案	被告四海公司认可微信公众号上的文章确系由其所推送,但文章在推送几天后就被屏蔽,前台用户无法阅读,被告四海公司误认为文章已被删除。直至谢某案开庭(2016 年 3 月 24 日)时,才得知该文章在后台仍然存在。原告诉至法院主张被告的行为侵犯其肖像权。二审维持了一审法院的判决,认为四海公司未经谢某同意,在其微信公众号的文章中,使用了谢某等四人肖像与其公司销售产品宣传信息结合,具有为其产品宣传的营利性目的,构成对谢某肖像权的侵犯。

续表

案号	案例名称	核心要点
(2016)粤0305民初12538号	谢某与无锡渤海医院、深圳市腾讯计算机系统有限公司肖像权纠纷案	被告渤海医院未经原告同意在其文章中使用了原告的照片,且对照片进行了加工修改。被告渤海医院的上述行为具有明显的商业属性,系利用原告的肖像吸引公众注意,从事商业推广活动,该行为严重影响了原告的工作与生活,侵犯了原告的肖像权。此外,被告腾讯公司作为网络服务提供者,应当阻止侵权行为,防止损害持续扩大。原告诉至法院主张被告的行为侵犯其肖像权。法院经审理认为渤海医院的上述行为侵犯了原告的肖像权。被告腾讯公司事前未收到原告的侵权投诉,且在收到原告起诉材料后立刻核实并删除涉案文章,故腾讯公司无须承担责任。
(2016)京01民终4733号	张某与上海花千树信息科技有限公司、北京微梦创科网络技术有限公司肖像权纠纷案	微博认证为花千树公司的“世纪佳缘”新浪微博账户于2015年9月1日发布微博《#北京田径世锦赛#1心1意,9能成功!》并配了一张张某和其他3名运动员获取奖牌后庆祝的照片。照片下方有“1心1意9能成功”“恭喜田径健儿在世锦赛摘得9枚奖牌,位列奖牌榜11位,刷新历史”的信息,文字下方有“世纪佳缘”公众号的二维码。原告诉至法院主张被告花千树公司的行为侵害其肖像权。一审法院经审理认为,被告的行为具有明显的营利性,构成了对原告肖像权的侵犯。二审法院维持一审法院的判决。

续表

案号	案例名称	核心要点
(2016)京0108民初18517号;(2017)京01民终2715号	张某与天津市天山房地产开发有限公司肖像权纠纷案	被告天津市天山房地产公司在其官方微信公众号"天山龙玺"发布名为《38秒01!田径世锦赛男方4×100中国夺银创记录》的文章,其中在未经张某授权的情况下,擅自使用了张某的肖像,用于天山房地产公司的广告宣传,并在图片中配有天山房地产公司的商品宣传页面和信息。原告诉至法院主张被告的行为侵害其肖像权。法院经审理认为被告的上述行为具有明显的商业属性,易让众多消费者误认为张某是其公司的代言人或与其存在合作关系,构成了对原告肖像权的侵犯。二审法院维持了一审法院的判决。
(2016)京0108民初2561号	张某与北京车之家信息技术有限公司、宁夏正通源汽车销售服务有限公司侵犯姓名权、肖像权纠纷案	被告正通源公司在车之家公司主办的网站中,擅自将原告的肖像用于正通源公司的汽车产品(上海大众汽车"全新朗逸"车型)的广告宣传。原告诉至法院主张被告的行为侵害其肖像权、姓名权。法院经审理认为该公司在未经张某授权的情况下,就将其肖像用于正通源公司汽车产品宣传的行为,极容易让众多消费者误认为原告系正通源公司的代言人或与正通源公司存在合作关系,构成了对原告肖像权的侵犯。
(2016)最高法行再20、25、28、29、30、31、32号	某运动员与国家工商行政管理总局商标评审委员会商标争议行政纠纷案	再审申请人某运动员于2012年向商标评审委员会提出申请,请求撤销乔丹体育股份有限公司(以下简称乔丹公司)在多个商品类别上注册的"乔丹""QIAODAN"等多项商标。商标评审委员会于2014年裁定驳回其申请。再审申请人不服而提起行政诉讼。2015年,再审申请人不服北京市高级人民法院作出的68件商标争议行政纠纷案件的二审判决,向最高人民法院申请再审。最高人民法院驳回了再审申请。

续表

案号	案例名称	核心要点
(2017)京0105民初6341号；(2018)京03民终4481号	谌某与广东新一派建材有限公司肖像权纠纷案	被告广东新一派建材有限公司未经过原告谌某同意，在被告微信公众号上发布文章，不仅使用了原告照片，还在文章中植入其产品广告，以实现自身商业宣传的目的，原告起诉至法院主张被告侵犯其肖像权。二审法院审理支持了一审判决，认定被告未经原告同意在其公众号使用原告照片的行为是对原告肖像权的不法侵害。
(2017)最高法民申1757号	某运动员与大连上品堂海洋生物有限公司姓名权、肖像权纠纷案	被告上品堂公司将带有某运动员肖像和签名的配图放置在公司官方网站首页并在配图旁边标注“上品堂大连海参全球推广大使”，同时在其网站发布了“某运动员现身上品堂旗舰店成为上品堂海参推广大使”的文章，主观上以宣传、销售其商品或者服务的营利性目的，使用了原告的姓名和肖像，利用了原告的影响力，原告起诉至法院主张被告行为侵犯其姓名权、肖像权。再审法院审理认定，被告使用原告的姓名和肖像在其网站上进行宣传并未得到原告同意，因此构成侵害姓名权、肖像权。
(2017)京03民终12044号	彭某与李宁(中国)体育用品有限公司、李宁体育(上海)有限公司肖像权纠纷案	被告李宁公司及李宁上海公司于合作合同约定的期限到期后仍在实体门店继续使用印有彭某姓名和肖像的海报进行宣传，原告起诉至法院主张被告行为侵害其肖像权。二审法院审理认定，一审认定事实清楚，适用法律正确，支持一审判定。被告李宁公司超过合同授权期限仍然使用原告海报进行宣传构成侵权，但在其公司网站特定模块使用原告照片不构成侵权。

续表

案号	案例名称	核心要点
(2017)京0112民初9471号	郑某与李宁(中国)体育用品有限公司、李宁体育(上海)有限公司肖像权纠纷案	原告郑某与被告李宁(中国)体育用品有限公司、李宁体育(上海)有限公司签署过合作合同。在 www. lining. com 网页中的“李宁品牌”的下拉菜单中点击“品牌与明星”栏目后可见“签约运动员”栏目,其中展示了曾经赞助过的运动员信息,包括了郑某的名字和照片。法院审理后认为,被告李宁公司的该网站并非商品交易功能的网站,李宁公司在非商品交易板块使用原告的照片,不属于营利为目的,亦未排除原告与其他品牌签约的权利,因此不构成侵犯肖像权。
(2017)粤0106民初7700号	朱某与广州恺萨贸易有限公司、浙江天猫网络有限公司肖像权纠纷案	被告广州恺萨贸易有限公司分别在瑞士飞迪表(中国区)官方网站、唯品会网站、天猫网站内的飞迪表旗舰店以及飞迪表专柜超期使用了朱某的肖像,原告起诉至法院主张被告侵害其肖像权。法院审理后认为,被告公司使用原告肖像,必然带来一定经济效益,与被告本身营利或亏损并无关联,同时未经许可而使用的行为给原告带来一定的经济损失,因此应对原告承担侵犯肖像权的责任。
(2017)沪0107民初23731号	刘某与浙江金湖机电有限公司肖像权纠纷案	被告浙江金湖机电有限公司在其微信公众号“BMW 浙江金湖宝马”中发布了标题为《纪念丨退役亦英雄,他曾为悦全力以赴》的配图文章,未经原告许可使用了原告的肖像图片。原告诉至法院主张被告的行为侵害其肖像权。法院经审理认为,被告未经原告本人同意营利性地使用了原告的照片,侵害了原告的肖像权。

续表

案号	案例名称	核心要点
(2017)沪0107民初25177号	刘某与中国移动通信集团北京有限公司肖像权纠纷案	被告中国移动通信集团北京有限公司未经原告同意在其微信公众号“北京移动”中发布了标题为《【积分免费送】办流量包最高赠5000积分,向跨栏英雄致敬!》的配图文章,使用了原告的肖像图片,并植入“我的跑道我的栏,我的微厅我来办”等广告宣传语,借用原告的社会知名度和退役时间的新闻热点宣传其产品。原告诉至法院主张被告的行为侵犯其肖像权。法院经审理认为,被告中国移动通信集团北京有限公司在使用刘某肖像过程中,因过错造成刘某人格受商业化侵害,侵犯了刘某的肖像权。
(2017)粤03民终1308号	莫某与茂名市碧桂园房地产开发有限公司肖像权纠纷案	被告茂名市碧桂园房地产开发有限公司在其实名认证的微信账号发布涉案文章,该文章未经原告同意发布了莫某等人的多张照片,并与被告的名称、宣传语结合,带有明显的商业目的。原告诉至法庭主张被告的行为侵害其肖像权。本案二审法院维持了一审判决,认定被告的行为属典型的经营性宣传活动,被告知晓原告的运动员身份,依然在介绍房地产项目时登载原告的照片,被告显然具有扩大宣传效果谋取更大经济利益的意图,被告未经原告许可以营利为目的使用原告照片的行为侵害了原告的肖像权。

续表

案号	案例名称	核心要点
(2017)京0108民初11928号	苏某与山东永驰汽车销售服务有限公司、北京微梦创科网络技术有限公司肖像权纠纷案	被告山东永驰汽车销售服务有限公司未经原告同意在被告北京微梦创科网络技术有限公司的网站中将苏某的肖像加工,并添加了永驰汽车公司的广告宣传语。此行为易让众多消费者误认为原告与被告山东永驰汽车销售服务有限公司之间存在代言或合作关系。原告诉至法院主张被告的行为侵犯其肖像权。法院经审理认为,被告山东永驰汽车销售服务有限公司在使用苏某肖像的过程中,商业性质较为明显。两则微博中所用照片虽系比赛中照片,但将其公司相关广告内容放置在一起,足以令浏览者对苏某产生误解,认为其与微博中产品有关联,因此构成侵犯肖像权;被告微梦网络公司无主观过错,无须承担侵权责任。
(2017)京0108民初22149号	田某与江苏伟楼生物科技有限公司侵害肖像权纠纷案	原告所属经纪公司北京盛夏星空影视传媒有限公司与被告签订肖像权使用合同,授权被告使用原告肖像,期限为2014年9月1日至2016年9月1日及3个月延展期(2016年12月1日)。签约后被告在其产品包装、媒体广告以及官网使用原告的肖像进行产品和品牌宣传。2016年12月1日延展期结束后,被告仍未停止使用原告肖像,使消费者误认为原告至今仍为其代言人。被告的行为构成侵权,给原告造成了巨大损失。原告诉至法院主张被告的行为侵犯了其肖像权。法院经审理认为被告未经原告允许使用原告肖像进行商业宣传,构成了对原告肖像权的侵害。

续表

案号	案例名称	核心要点
(2018)沪0107民初3447号；(2019)沪02民终1224号	刘某与北京森强非融资性担保有限公司肖像权纠纷案	被告北京森强非融资性担保有限公司未经刘某同意，擅自在其微信公众号发布的文章中使用刘某的肖像用于营利性的品牌宣传，原告诉至法院主张被告行为侵犯其肖像权。二审法院经审理认为被告未经许可擅自在其微信公众号发布的文章中将原告的肖像用于自身营利性宣传，构成了肖像侵权。
(2018)沪0107民初14926号	刘某与好买财富管理股份有限公司肖像权纠纷案	被告好买财富管理股份有限公司在其主办的微信公众号“好买储蓄罐”中发布了标题为《刘某不哭！退役后我们帮你赚钱!》的配图文章，属营利性的宣传活动，故原告起诉至法院主张被告行为侵害其肖像权。法院经审理认为，被告未经原告同意使用了原告的肖像照片，文章配有的文字涉及被告的理财产品企业信息、应用软件的下载链接方式等，属于营利性宣传活动，侵害了原告的肖像权。
(2018)沪0107民初3399号	刘某与绿地集团合肥紫峰置业有限公司肖像权纠纷案	被告绿地集团合肥紫峰置业有限公司在其运营的微信公众号“绿地中心”中发布了标题为《平凡也能飞翔，致你》的配图文章，未经原告许可使用了一张原告的肖像图片，并在配图中植入被告的Logo，与被告植入的房产项目广告宣传图结合，从而达到宣传被告房产项目的目的。原告诉至法院主张被告行为侵害其肖像权。法院经审理认为，被告绿地集团合肥紫峰置业有限公司未经原告同意在其公众号中发文并使用原告的照片，配有的文字涉及被告的经营范围，属营利性的宣传活动，侵害了原告的肖像权。

续表

案号	案例名称	核心要点
(2018)沪0107民初14938号	刘某与杭州富阳华滋中旺联众房地产有限公司肖像权纠纷案	被告杭州富阳华滋中旺联众房地产有限公司在其主办的微信公众号“山水美庐”中发布了标题为《刘某离婚了,真的不能怪葛某!》的配图文章,将该热点事件与其房地产项目做关联性描述,并在该文章显著位置植入房地产项目的广告词、抢房热线、户型图等商业宣传信息。原告诉至法院主张被告的行为侵害其肖像权。法院经审理认为,被告在其运营公众号发布的文章中营利性地使用了刘某的照片,侵害了刘某的肖像权。
(2018)沪0107民初17850号	刘某与三亚京海成房地产开发有限公司肖像权纠纷案	被告三亚京海成房地产开发有限公司在未经原告授权许可的前提下,在主办的官方微信公众号“lugangxishan—鹿港溪山”中推送了标题为《你知道刘某退役之后要去哪吗?》的配图文章,将原告的肖像图片用于文章配图。原告诉至法院主张被告的行为侵犯其肖像权。法院经审理认为被告未经原告本人同意擅自使用原告照片在微信公众号上进行宣传的行为,侵害了原告的肖像权。
(2018)沪0107民初14928号;(2019)沪02民终4032号	刘某与快快金融信息服务(上海)有限公司肖像权纠纷案	被告快快金融信息服务(上海)有限公司是一家从事金融活动的经营性公司,其在运营的微信公众号发布涉案文章,该文章未经刘某同意发布了刘某的14幅照片及图片,其中配有的文字涉及快快公司的产品宣传信息、经营地址和电话以及应用软件下载链接等,明显带有商业目的。原告诉至法院主张被告的行为侵害其肖像权。本案二审法院维持了一审法院的判决,认定快快金融信息服务(上海)有限公司的行为属典型的营利性宣传活动,原告刘某作为公众人物,他人如果基于娱乐目的,非恶意

续表

案号	案例名称	核心要点
		地推出漫画,也许是在合理范围内,但本案被告将原告肖像与其商业经营紧密联系在一起,超越了合理范围。被告未经原告同意,使用照片的行为侵害了原告的肖像权。
(2018)沪0107民初7255号	刘某与被告泰州茂业置业有限公司肖像权纠纷案	被告泰州茂业置业有限公司未经原告同意在其微信公众号“泰州茂业天地”发布了标题为《“飞人”,刘某退役后大猜想》的配图文章,文章显著位置植入了房地产项目宣传图、项目地址、销售热线等商业宣传信息,对其房地产项目“泰州茂业天地”进行商业宣传。原告诉至法院主张被告的行为侵犯肖像权。法院认定被告的行为构成了对原告刘某肖像权的侵犯。
(2018)沪0107民初14931号	刘某与北京物美商业集团股份有限公司肖像权纠纷案	被告北京物美商业集团股份有限公司未经原告许可在其主办的官方微博“物美超市”中推送了使用原告肖像图片的配图微博,并植入产品商标、产品图片、广告词等商业信息,做成产品宣传图,旨在利用原告的社会知名度引人关注,达到宣传推广其品牌和产品的目的。原告诉至法院主张被告的行为侵犯其肖像权。法院经审理认为,被告在其运营的微博中发布了涉案图文,使用了原告的照片进行了营利性的宣传。被告未在合理的期限内停止对原告肖像图片的使用,未及时删除涉案微博图文,侵害了原告的肖像权。

续表

案号	案例名称	核心要点
(2018)沪0107民初3355号	刘某与中山市雅建房地产发展有限公司肖像权纠纷案	被告中山市雅建房地产发展有限公司未经原告同意在其主办的微信公众号"雅居乐万象郡"中发布了标题为《谢谢你,刘某！下一个时代,看我的》的配图文章,擅自使用原告的肖像图片并进行加工修改,利用原告的社会知名度宣传自身房地产项目。原告诉至法院主张被告的行为侵犯其肖像权。法院经审理认为,被告在其微信公众号发布的文章中使用了原告的照片并营利性地与被告的经营活动联系,侵害了原告的肖像权。
(2018)沪0107民初7238号	刘某与燕京啤酒湖南营销有限公司肖像权纠纷案	被告燕京啤酒湖南营销有限公司未经原告同意在其主办的微信公众号"湖南燕京啤酒"中发布了标题为《生而不凡,冠军故事刘某:110米栏的极限挑战,不能忘却的亚洲飞人》的配图文章,在文章末尾将原告与被告的产品做关联性描述,并植入被告的产品宣传图,对其产品和品牌进行商业宣传。原告诉至法院主张被告的行为侵犯其肖像权。法院经审理认为,被告燕京啤酒湖南营销有限公司在使用刘某肖像过程中,因过错造成刘某人格受到商业化侵害,侵害了原告的肖像权。
(2018)粤0305民初6269、6271号	苏某、莫某与华润万家有限公司、华润万家有限公司南山欢乐颂购物中心、华润万家有限公司、深圳市麦点九毛九餐饮管理有限公司肖像权纠纷案	被告欢乐颂购物中心主办的微信公众号"funsquare深圳欢乐颂购物中心"发布了标题为《Fun吃货丨九毛九,九月疯狂一天！9是疯狂,9月9全场手工面9.99元/份》的文章,其中擅自使用两原告在田径赛场的合影照片,被告欢乐颂购物中心、九毛九公司的上述行为极易误导消费者以为两原告与被告之间存在代言或某种合作关系。两原告诉至法院主张三被告的行为侵犯其肖像

续表

案号	案例名称	核心要点
		权。法院经审理认为,被告欢乐颂购物中心在使用两原告肖像过程中,因过错造成两原告人格受商业化侵害,因此构成侵犯肖像权;被告九毛九公司为受益主体,须承担被告欢乐颂购物中心上述侵权行为的连带责任;被告欢乐颂购物中心是被告华润万家有限公司依法设立的分支机构,故被告华润万家有限公司应对被告欢乐颂购物中心的上述赔偿责任承担补充清偿责任。
(2018)京0105民初77287号;(2019)京03民终3172号	田某与河南哲思出版传媒股份有限公司肖像权纠纷案	被告哲思公司在其主办的微信公众号中未经田某授权发布文章,使用了田某肖像,且该微信公众号对哲思公司进行了宣传,行为具有营利目的性。原告诉至法院主张被告的行为侵犯其肖像权。一审法院经审理认为被告哲思公司使用原告田某肖像的行为以营利为目的且未经原告授权,侵害了田某的肖像权。二审法院维持了一审法院判决。
(2018)京0105民初76441号	田某与南京汇银乐虎电子商务有限公司肖像权纠纷案	被告南京汇银乐虎电子商务有限公司未经同意擅自在其用户名为“汇银乐虎世界说”的微信公众号发布的文章中使用原告照片作为配图。原告诉至法院主张被告的行为侵犯其肖像权。法院经审理认为被告未经授权使用原告肖像图片,且以营利为目的,其行为侵犯了原告的肖像权。
(2018)京0105民初81282号	田某与上海爵安股权投资基金有限公司肖像权纠纷案	被告在其运营的微信公众平台上擅自将原告照片用于标题为《拒绝“靠脸吃饭”田某夫妇发展隐形资本》一文,旨在利用原告的名人效应吸引阅读者进而达到让阅读者关注被告的广告宣传的目的。原告诉至法院主张被告的行

续表

案号	案例名称	核心要点
		为侵犯了其肖像权。法院经审理认为被告未经允许擅自使用原告肖像图片，具有推广营利目的，构成了对原告肖像权的侵害。
(2018)京0105民初81286号	田某与名医汇(北京)科技有限公司肖像权纠纷案	被告名医汇(北京)科技有限公司在其运营的微信公众平台上擅自将原告照片用于标题为《田某二婚实力宠妻！她才是真正活成了爱情最美好的样子》一文，旨在利用原告的名人效应吸引阅读者进而达到使其关注被告的广告宣传的目的，侵犯了原告的肖像权。原告诉至法院主张被告的行为侵犯了其肖像权。法院经审理认为被告未经允许擅自使用原告肖像，达到了营利推广的目的，构成了对原告肖像权的侵害。
(2018)京0105民初77290号；(2019)京03民终3061号	田某与北京银百汇网络科技有限公司肖像权纠纷案	被告银百汇公司未经原告同意擅自在涉案公众号中使用田某照片作为营利性配图。原告诉至法院主张被告的行为侵犯了其肖像权。一审法院经审理认为该公司在其主办的公众号上未经田某允许擅自使用当事人的肖像进行了营利性商业宣传，构成了对田某肖像权的侵犯。二审法院维持了一审判决。
(2018)京0105民初81280号	田某与深圳市卓炎科技有限公司肖像权纠纷案	原告发现被告在其运营的微信公众平台上擅自将原告照片用于标题为《田某巅峰离队原因曝光？没想到体坛这么乱!》一文，被告利用该文章标题、配图形成的名人效应吸引读者，从而达到使阅读者关注其所营销的相关服务并进行商业宣传的目的。原告诉至法院主张被告的行为侵犯了其肖像权。法院经审理认为被告未经田某同意营利性地使用其肖像，构成了对原告肖像权的侵犯。

续表

案号	案例名称	核心要点
(2018)粤0305民初6267、6268号	张某、谢某与华润万家有限公司南山欢乐颂购物中心、华润万家有限公司、深圳市麦点九毛九餐饮管理有限公司肖像权纠纷案	被告欢乐颂购物中心主办的微信公众号发布了标题为《Fun吃货｜九毛九,九月疯狂一天！9是疯狂,9月9全场手工面9.99元/份》的文章,其中擅自使用两原告在田径赛场的合影照片,在文章中使用“第九道奇迹”评价两原告在第15届田径世锦赛的男子4×100米接力决赛中获得银牌的成绩,并以“第九道奇迹”为广告语对被告的九毛九品牌日全场手工面一律9.99元/份的活动进行宣传和推广。另外,文章末尾还配以“深圳欢乐颂购物中心”微信公众号的二维码。两原告诉至法院主张被告的行为侵犯其肖像权。法院经审理认为被告的上述行为属于营利性的商业行为,极易误导消费者认为原告与被告之间存在某种合作关系,构成了对原告肖像权的侵犯。
(2019)京0106民初29059号	晁某与拓胜(北京)科技发展有限公司肖像权纠纷案	被告拓胜(北京)科技发展有限公司以原告的名义定制了世界游泳冠军泳帽,并在被告天猫旗舰店进行销售,还把原告的照片刊登在天猫旗舰店上。原告诉至法院主张被告侵犯其肖像权、荣誉权。法院审理认为原告的主张依据不足,不予认定。
(2019)京0105民初17704号	刘某与宝马(中国)汽车贸易有限公司肖像权纠纷案	被告宝马公司在终止了与中国田径协会及刘某等多方的合作协议之后仍然以营利为目的使用原告刘某的肖像,原告刘某诉至法院主张被告侵害其肖像权。法院审理后认为被告宝马(中国)汽车贸易有限公司未经过原告本人同意使用其图片,其行为构成了对原告肖像权的侵犯。

续表

案号	案例名称	核心要点
(2019)沪0107民初3180号	刘某与儋州恒大滨海投资有限公司肖像权纠纷案	被告儋州恒大滨海投资有限公司在其微信公众号发布的文章中使用了原告的照片,配有的文字涉及被告的经营范围,属营利性的宣传活动。原告诉至法院主张被告行为侵犯其肖像权。法院经审理认为被告儋州恒大滨海投资有限公司未经原告允许,在其微信公众号发布的文章中营利性地使用了原告的照片,侵害了原告的肖像权。
(2019)沪0107民初9535号	刘某与台山市德铭房地产有限公司肖像权纠纷案	被告台山市德铭房地产有限公司运营的微信公众号发布的文章使用了原告的照片,配有的文字涉及被告的经营范围,属营利性的宣传活动。原告以肖像权被侵犯为由诉至法院,法院经审理认为,被告未经同意营利性地使用了原告的照片,其行为构成对原告肖像权的侵害。
(2019)沪0107民初20977号	刘某与惠州市汇景丰房地产开发有限公司肖像权纠纷案	被告惠州市汇景丰房地产开发有限公司在其主办的微信公众号“牧云溪谷花园”中发布了标题为《再见,刘某!你好,不平凡!》的文章。未经刘某许可,擅自在文章中使用了多张刘某的肖像图片。故原告起诉至法院主张被告的行为侵害了其肖像权。法院经审理认为,被告在其公众号中发文并配有原告8张图片,推荐其房地产项目的行为具有很明显的商业性,侵害了原告的肖像权。
(2019)沪0107民初3181号	刘某与济南西业置业有限公司肖像权纠纷案	被告济南西业置业有限公司未经原告同意在其主办的微信公众号“济南恒大金碧新城”(实名认证为济南西业置业有限公司)中发布了标题为《刘某退役后能干什么》的配图文章,文章将原告

续表

案号	案例名称	核心要点
		与被告的售房业务做关联性描述,并擅自在文章中使用了多张原告的肖像图片,还进行了加工修改,用于被告的广告活动宣传。原告诉至法院主张被告的行为侵犯其肖像权。法院经审理认为,被告营利性地在其微信公众号发布的文章中使用了原告的照片,侵害了原告的肖像权。
(2019)沪0107民初3179号	刘某与北京信保信息技术有限公司肖像权纠纷案	被告北京信保信息技术有限公司未经原告同意在其主办的微信公众号“易车二手车精选”(实名认证为北京信保信息技术有限公司)中发布了标题为《致刘某:人生如车,还跑道,更能跑!》的配图文章,擅自在文章中使用了多张原告的肖像图片,并在原告肖像图片的下方植入广告词,旨在宣传推广其品牌和房地产。原告诉至法院主张被告的行为侵犯其肖像权。法院经审理认为,被告在其微信公众号发布的文章中营利性地使用刘某的照片,侵害了原告的肖像权。
(2019)沪0107民初20988号	刘某与三河市兴达房地产开发有限公司肖像权纠纷案	被告三河市兴达房地产开发有限公司未经原告同意在其主办的微信公众号中发布了标题为《刘某退役,你我上场》的配图文章,擅自使用了多张原告的肖像图片,并在该文章显著位置植入“夏威夷·蓝湾”业主运动大会活动信息海报、名片、订阅号二维码等商业宣传信息,旨在宣传其品牌和房产项目。原告诉至法院主张被告的行为侵犯其肖像权。法院经审理认为,被告运营的微信公众号发布的文章中使用了原告的照片,配有的文字涉及被告的经营范围,属营利性的宣传活动,侵害了原告的肖像权,应承担相应的法律责任。

续表

案号	案例名称	核心要点
(2019)沪0107民初16281号	刘某与广东众美网络科技有限公司肖像权纠纷案	被告广东众美网络科技有限公司未经原告同意在其主办的微信公众号“好吃妹旅游”中发布了标题为《飞人刘某退役后去哪儿？也许你会在这5个地方遇到他！》的配图文章，该文章将原告与被告的旅游业务做关联性描述，并擅自在文章中使用了多张原告的肖像图片，用于被告的广告活动宣传。原告诉至法院主张被告的行为侵犯其肖像权。法院经审理认定，被告在使用刘某肖像的过程中，因过错造成刘某人格受到了商业化的侵害，侵犯了刘某的肖像权。
(2020)沪0107民初4634号	刘某与杭州笛盛葵服装有限公司肖像权纠纷案	被告杭州笛盛葵服装在其微信公众号中发布文章将原告与被告宣传品牌的产品做关联性描述，在未经原告许可的前提下，擅自将多张原告的肖像图片用于自身的广告活动宣传，故原告诉至法院主张被告的行为侵犯其肖像权。法院经审理认为，被告未经原告本人同意擅自使用原告照片进行营利性的宣传活动，侵害了原告的肖像权。
(2020)沪0107民初4636号	刘某与被告深圳市前海海淘城电子商务有限公司肖像权纠纷案	被告深圳市前海海淘城电子商务有限公司在未经原告许可的前提下，擅自在其主办的官方微信公众号文章中使用了多张原告的肖像图片，在该文章显著位置植入被告的热销潮流单品图片及促销信息等商业宣传信息。原告诉至法院主张被告行为侵害其肖像权。法院经过审理认为，被告未经原告本人同意，在其微信公众号发布的商业性文章中使用原告照片的行为侵害了原告的肖像权，应该承担法律责任。

续表

案号	案例名称	核心要点
(2020)沪0107民初2135号	刘某与江苏华强房地产开发有限公司肖像权纠纷案	被告江苏华强房地产开发有限公司在其主办的微信公众号"hqjcgj－金宸国际花园"中发布了标题为《以换房致敬刘某!——与飞人一起切换跑道继续飞翔》的配图文章,属营利性的宣传活动。原告诉至法院主张被告行为侵害其肖像权。法院经审理认为,被告江苏华强房地产开发有限公司在其运营的公众号发布的文章中营利性地使用了原告的照片,侵害了原告的肖像权。
(2020)沪0107民初6391号	刘某与中植投资(潜江)有限公司肖像权纠纷案	被告中植投资(潜江)有限公司未经原告同意在其主办的官方微信公众号中推送了标题为《平凡也能飞翔,换一个跑道更精彩!》的配图文章,擅自使用原告多张图片,并在文章中植入"潜江食品科技产业园,邀请你,和我们一起,巅峰相遇,投资财富未来,见证精彩"等广告宣传语及电话、地址等商业宣传信息。原告诉至法院主张被告的行为侵犯其肖像权。法院经审理认为,被告的行为存在过错,使刘某人格受到商业化侵害,因此构成侵犯肖像权。
(2020)沪0107民初6386号	刘某与无锡万斯伯健身有限公司肖像权纠纷案	被告无锡万斯伯健身有限公司未经原告同意在其主办的官方微信公众号中发布了标题为《英雄不会迟暮,向这个改变世界的平凡人致敬!》的配图文章,在文章中擅自使用了多张原告的肖像图片,用于被告的广告活动宣传,还在该文章末尾处植入微信公众号二维码、热线电话等商业信息。原告诉至法院主张被告的行为侵犯其肖像权。法院经审理认为,被告的行为存在过错,使原告刘某的人格受到商业化侵害,因此构成侵犯肖像权。

续表

案号	案例名称	核心要点
(2020)沪0107民初6380号	刘某与广州市唯衣网络科技有限公司肖像权纠纷案	被告广州市唯衣网络科技有限公司未经原告同意在其主办的官方微信公众号中发布了标题为《【重磅】刘某为什么选择此时退役？原因居然是这个……》的配图文章，在文章中擅自使用了多张原告的肖像图片，用于被告的广告活动宣传。原告诉至法院主张被告的行为侵犯其肖像权。法院经审理认为被告的行为存在过错，使刘某人格受到商业化侵害，因此构成侵犯肖像权。
(2020)沪0107民初6377号	刘某与福建宇翔汽车有限公司肖像权纠纷案	被告福建宇翔汽车有限公司未经原告同意在其主办的官方微信公众号“fjyx－2014宇翔江淮4S店”中发布了标题为《刘某退役，速度不退役！》的配图文章，在文章中使用了多张原告的肖像图片，用于被告的广告活动宣传，并在该文章显著位置植入“瑞风S5”品牌汽车广告宣传及“地址、官方微信二维码、联系电话”等商业宣传信息。原告诉至法院主张被告的行为侵犯其肖像权。法院经审理认为，被告福建宇翔汽车有限公司在使用刘某肖像过程中，因过错造成刘某人格受商业化侵害，侵犯了刘某的肖像权。
(2021)沪0107民初13537号；(2022)沪02民终1063号	刘某与天津武清一商友谊百货有限公司财产损害赔偿纠纷案	被告天津武清一商友谊百货有限公司在其微信公众号发布了标题为《[热点]飞人刘某正式宣布退役》的配图文章，并配有刘某的肖像图片17张，文中插入了被告经营的友谊商厦官方网站地址等信息。原告诉至法院主张被告的行为侵犯其肖像权。二审法院经审

续表

案号	案例名称	核心要点
		理认定,被告天津武清一商友谊百货有限公司未经权利人同意以营利为目的使用原告肖像的行为,侵害了其肖像权。
(2021)沪0107民初13531号;(2021)沪02民终11336号	刘某与惠州市龙光房地产有限公司肖像权纠纷案	被告惠州市龙光房地产有限公司在其运营的微信公众号发布涉案文章,该文章未经刘某同意发布了刘某的14张肖像图片,其中配有的文字涉及被告的广告信息,带有明显的商业目的。原告诉至法院主张被告的行为侵害了其肖像权。本案二审法院维持了一审法院的判决,认定被告惠州市龙光房地产有限公司的行为属营利性宣传活动,其行为侵害了原告的肖像权。

表二　域外案例汇总

序号	名　　称
1	*Oliver Kahn v. Electronic Arts*, OLG Hamburg 25. 4. 2003
2	*Ali v. Playgirl, Inc.* ,206 USPQ 1021 (S. D. N. Y. 1978)
3	*Hirsch v. S. C. Johnson &Sons, Inc.* , 90 Wis. 2d, 205 USPQ 920 (1979)
4	*Krouse v. Chrysler Canada Ltd.* , [1972] 25 DLR (3D) 49
5	*Daniels v. Fanduel, Inc.* , 884 F. 3d 672 (7th Cir. 2018)
6	*Milder v. FordMotor Co.* ,549 F. 2d 460 (9th Cir. 1988)
7	*Motschenbacher v. R. J. Reynolds Tobacco Co.* , 498 F. 2d 821 (C. A. 9 1974)
8	*Tolley v. J. &S. Fry &Sons Ltd.* [1931] AC 333

续表

序号	名　　称
9	*Haelan Laboratories Inc. v. opps Chewing Gum Inc.*, 202F. 2d 866 (2d. Cir. 1953) 868
10	*Carson v. Here's Johnny Portable Toilets, Inc.*, 218 USPQ 1 (6th Cir. 1983)
11	*T. J. Hoocker v. Columbia Pictures Industry, Inc.*, 551 F. Supp. 1062(N. D. Ill. 1982)
12	*White v. Samsung Electronics America, Inc.*, 971F. 2d 1395, 23U. S. P Q. 2d 1583, 20 Media L. Rep. 1457(9th Cir. 1992)
13	*Lombardo v. Doyle, Dane &Bermbach Inc.*, 579 F. 2d 215(C. A. 2 1978)
14	*Von Hannover v. Germany*(BGH, VI ZR 125/12 of 28 May 2013) para. 15 – 20
15	*Allison v. Vintage Sports Plaques*, 136 F. 3d 1443, 1446 n. 6 (11th Cir. 1998)
16	*Centrale spelersraad, Vereniging van contractspelers and Proprof v. (all) KNVB soccer clubs.* ECLI:NL: GHAMS; 2013; 4501
17	Franz Beckenbauer, BGH NJW 1979, 2203
18	*O'Bannon v. NCAA*, No. 14 – 16601 (9th Cir. 2015)
19	*Athans v. CanadianAdventure Camps Ltd.* [1977] 80 DLR (3d) 583.
20	*James v. Bob Ross Buick, Inc.*, 167 Ohio App. 3d 338, 2006 – Ohio – 2638, 855 N. E. 2d 119 (Ohio App. 2 Dist. 2006)

续表

序号	名　　称
21	*Donald Hugh Henley v. Dillard Department Stores*. 46 F. Supp. 2d 587. United States DistrictCourt, N. D. Texas, Dallas Division. No. Civ. A. 3:97 - CV - 2276 - P. Feb. 4, 1999
22	*Steven Smit v. Virtus Pallacanestro Bologna S. p. A.* BAT 0413/13
23	*Arbitration CAS 2015/A/3923 Fábio Rochemback v. Dalian Aerbin FC*, award of 30 October 2015